上海高校
资助育人
理论与实践研究

上海市教育委员会学生处 编

东华大学出版社·上海

图书在版编目（CIP）数据

上海高校资助育人理论与实践研究／上海市教育委员会学生处主编 . -- 上海：东华大学出版社，2022.12
ISBN 978-7-5669-2168-0

Ⅰ.①上…　Ⅱ.①上…　Ⅲ.①高等学校—助学金—学校管理—案例—上海　Ⅳ.① G649.20

中国版本图书馆 CIP 数据核字 (2022) 第 252239 号

上海高校资助育人理论与实践研究
SHANGHAI GAOXIAO ZIZHU YUREN LILUN YU SHIJIAN YANJIU
上海市教育委员会学生处　主编

责任编辑 /	周慧慧
装帧设计 /	曾国铭
出版发行 /	东华大学出版社有限公司
	地址：上海市延安西路 1882 号　邮编：200051
	电话：021-62193056
	网址：http://dhupress.dhu.edu.cn/
印　　刷 /	上海当纳利印刷有限公司
开　　本 /	710 mm × 1000 mm　1/16 开
印　　张 /	20.5
字　　数 /	492 千字
版　　次 /	2022 年 12 月第 1 版
印　　次 /	2022 年 12 月第 1 次印刷

ISBN 978-7-5669-2168-0　　　　　　　　定价：88.00 元

版权所有　翻版必究

编 委 会

主 任：丁 良　赵靖茹　廖丽金

副主任：马 欣　沈 漫

编 委：董珊珊　徐丽英　乔发超　叶 磊　赵 爽

序 言

学生资助是重要的保民生、暖民心工程。以习近平同志为核心的党中央高度重视学生资助工作，要求"健全学生资助制度""提高家庭经济困难学生资助水平"。党的二十大报告明确提出"完善覆盖全学段学生资助体系"，把学生资助工作摆在了更加重要的位置，为学生资助工作高质量发展指明了方向。学生资助工作事关民生，连着民心，做好学生资助工作，是促进教育公平和社会公平的必然要求，是建设人力资源强国的迫切需要，也是教育高质量发展的应有之意。

为全面贯彻落实党中央、国务院决策部署，落实教育部党组对学生资助工作要求，不断提升资助育人工作队伍政治能力和业务水平，提升资助工作队伍专业化建设水平，近年来，上海市教委多措并举，着力提升上海高校学生资助育人工作实效。2020年起，市教委面向全市高校征集评选上海高校资助育人典型案例，启动资助工作绩效评估、新时代大学生荣誉体系等专项调研，举办全市资助育人工作高峰论坛等，着力提升资助育人工作在教育高质量发展中的作用。

上海各高校积极应对资助育人工作的新形势、新任务、新要求，不断健全学生资助制度，大力推进精准资助和资助育人，在资助工作的各条战线上取得了丰硕成果。为提炼经验、总结成果，市教委面向全市高校征集、遴选了一批优秀的资助理论和案例研究成果，从全市高校众多研究成果中好中选优、优中选强，精选了17篇资助理论研究文章、15个典型工作案例编撰成《上海高校资助育人理论与实践研究》，旨在帮助高校资助育人工作者开拓工作思路，提供可学可鉴经验做法，为全面提升高校资助育人工作水平提供参考。因篇幅有限，还有一些优秀的理论研究和案例未能入选，在此向所有理论研究和案例提供单位和个人表示感谢，向一直以来辛勤工作的资助同仁表示崇高的敬意！

上海市教育委员会副主任　倪闽景
2022 年 12 月

目 录

理论探索篇

002　上海高校家庭经济困难学生认定综合指标体系研究
　　　　　　上海高校家庭经济困难学生认定综合指标体系研究课题组

013　资助育人背景下的高校家庭经济困难学生感恩教育路径研究
　　　　　　　　　　　　　　　　　　　　　　　　　　　复旦大学

021　基于深度学习思维的家庭经济困难学生精准认定探索
　　　　　　　　　　　　　　　　　　　　　　　　　上海交通大学

030　资助育人视域下入伍大学生爱国主义教育的实效性提升研究
　　　　　　　　　　　　　　　　　　　　　　　　　　　同济大学

048　新时代高校资助育人的"获得感"及其提升策略
　　　　　　　　　　　　　　　　　　　　　　　　　　　东华大学

058　发展型资助对少数民族大学生培养质量的影响探究
　　　　　　　　　　　　　　　　　　　　　　　　　华东师范大学

071　基于资助育人理念下的高校学生资助工作绩效评价及提升方案研究
　　　　　　　　　　　　　　　　　　　　　　　　　上海理工大学

083　基于提升学生自助能力的高校发展型资助育人研究

上海海事大学

095　精准资助视域下国家助学贷款资助需求满足度评价体系探究

上海中医药大学

106　激励机制在高校资助育人工作中的实践与思考

上海师范大学

114　"三全育人"理念下高校学生资助事务管理研究

上海对外经贸大学

120　高校资助育人体系协同与长效机制的建构

上海立信会计金融学院

127　构建高校受助学生主体责任意识的有效途径探析

上海电机学院

135　关于民办高校建立社会奖学金资助体系支援西部发展实践探索
　　　——以上海立达学院设立"兴泉立达·立德树人"社会奖学金为例

上海立达学院

140　高职贫困生自我效能感提升路径探究

上海旅游高等专科学校

146　基于"三圈三全十育人"体系的高职院校资助育人实践路径研究

上海电子信息职业技术学院

153　新时代劳动教育视域下民办高职院校资助育人体系构建

上海工商外国语职业学院

实践案例篇

160　新时期高校学生资助宣传大使的使命与价值

上海市学生事务中心

166	经济资助，成才辅助，助力学生终身发展
	复旦大学
174	资助育人视域下勤工助学的劳动育人体系
	上海交通大学
180	聚焦"资助＋志愿服务＋X"新模式，深化教育扶贫
	东华大学
186	践行资助育人理念，推进综合素养提升
	——华东师范大学"助力扬帆计划"
	华东师范大学
194	把握规律、搭建平台，协同助力困难学生成长成才
	上海财经大学
198	以资助促发展，"发展型"资助育人模式思考与实践
	上海海洋大学
202	全流程融入育人元素的一体化勤工助学平台建设
	上海中医药大学
207	新时代高校资助育人"双助"模式的实践与思考
	上海工程技术大学
213	基于上海高校"行走祖国"主题教育的协同育人创新实践
	上海应用技术大学
218	点识成金，助力成长
	——"学生发展银行"项目
	上海立信会计金融学院
223	坚持立德树人，充分发挥资助育人效能
	上海杉达学院

227　高校困难大学生面向就业的资助工作创新

　　　　　　　　　　　　　　　　　　　　上海视觉艺术学院

235　以爱为魂，铸梦成才
　　　——构建"521大爱铸梦"发展型资助育人工程

　　　　　　　　　　　　　　　　　　　　上海电子信息职业学院

241　助困与育人并举，扶贫与砺志并重

　　　　　　　　　　　　　　　　　　　　上海工商职业技术学院

调查研究篇

248　上海高校学生荣誉体系构建路径探析

　　　　　　　　　　　　　　　　　　新时代大学生荣誉体系研究组

266　新时代本科生奖助体系研究项目成果报告

　　　　　　　　　　　　　　　　　　　新时代本科生奖助体系研究组

279　本专科生奖助学金育人作用的困境及提升路径研究

　　　　　　　　　　　　　　　　　　　新时代本科生奖助体系研究组

287　新时代研究生奖助体系研究报告

　　　　　　　　　　　　　　　　　　　新时代研究生奖助体系研究组

299　新时代大学生勤工助学管理工作体系研究

　　　　　　　　　　　　　　　新时代大学生勤工助学管理工作体系研究组

317　后记

理论探索篇

上海高校家庭经济困难学生认定综合指标体系研究

上海高校家庭经济困难学生认定综合指标体系研究课题组[*]

一、家庭经济困难学生认定的现存问题及对策

家庭经济困难学生认定程序现存认定标准及方法不统一、认定额度的分配标准单一及认定分配手段过于刻板等问题。本课题组认为可以通过提炼指标、设计权重及界定标准三大手段完善认定程序。

（一）家庭经济困难学生认定的现存问题

近年来，我国家庭经济困难学生认定的形式日益多样、资助额度逐渐增加、资助人群不断扩大，但是仍然存在一些问题，如资助对象不准、资助针对性不强、资助管理低效等，其主要有三个具体表现：第一，家庭经济困难学生认定标准及方法尚未有明确标准。目前高校对家庭贫困学生的认定标准和方法还没有一个定性或定量的指标，家庭困难作为困难认定的首要依据在实际操作中很难权衡，因而资助管理机构难以把握困难学生的信息和更新。第二，家庭经济困难学生认定额度的分配标准较为单一。在贫困学生认定额度及分配时，我国通常将贫困生分为一般家庭困难贫困生和特别家庭困难贫困生两档进行不同额度的资助。根据教育部文件，"支付教育费用很困

---

[*] 课题组组成人员包括上海市教育委员会财务处1人、上海市教育委员会学生处1人、上海大学3人、上海建桥学院2人、中心资助部4人。

难"的是一般困难生,而"无力支付教育费用"的则是特困生[①]。根据这种定义,难以界定一般困难生和特困生,对各级学生资助管理机构来说缺乏可操作性。第三,家庭经济困难学生认定分配过于刻板,需要具体问题具体分析。在对不同区域进行资助额度分配时,往往采用平均的方式。这种方式容易使经济发达的市(区、县)不是十分贫困的学生得到资助,而经济落后的市(区、县)较为贫困的学生无法得到资助,从而降低了学生资助资源的使用效率。

可见,若想要有效解决当前学生资助工作存在的上述问题,就必须从资助对象靶向精准瞄准开始,对真正家庭经济困难的学生开展针对性资助,提高资助精准度和实效性,实现资助资源的优化配置,促进教育公平。

(二)构建上海高校家庭经济困难学生认定综合指标体系

针对我国家庭经济困难学生认定的现存问题,上海市学生事务中心从三个方面对上海高校家庭经济困难学生认定综合指标体系进行了研究。

第一,提炼指标。我们对家庭经济困难学生数据库标准字段及备注信息进行综合指标的分析整理和提取,同时结合专家咨询与研讨,形成家庭经济困难学生认定评价指标。各校在认定家庭经济困难学生时,以民政、残联等部门认定结果为基础依据,以影响家庭经济状况的因素为参考依据。主要因素如下:第一,持有市民政局、市残联等部门颁发的证件的特殊群体。其主要包含建档立卡贫困家庭学生、城乡低保家庭学生、特困供养学生、低收入困难家庭学生、孤残学生、烈士子女、家庭经济困难残疾学生及残疾人子女等情况。第二,地区经济社会发展水平因素。其主要包含校园地、生源地经济发展水平、城乡居民最低生活保障标准,学校收费标准等情况。第三,家庭经济因素。主要包括家庭收入、财产、债务等情况。第四,突发状况因素。其主要指遭受重大自然灾害、重大突发意外事件等情况。第五,学生消费因素。主要指学生消费的金额、消费结构等的合理性。第六,学生获奖助贷、勤工俭学情况。根据上述六个方面的依据、进而形成上海市高校学生家庭经济情况量化测评指标体系,即三级指标体系。一级指标主要为六个认定

---

① 教育部、财政部:《关于对高等学校生活特别困难的学生进行资助的通知(教财〔1993〕51号)》,1993年7月26日。

依据；二级指标为15个量化指标；三级指标为68个观测点。并根据大数据分析的海量、客观的优势特征，将一系列定性的数据转换成定量的数据。以高校家庭经济困难学生认定指标体系为例，可以从生源地、家庭情况、学生情况、辅导员评价、学校等多个维度认定资助对象。采用的评定标准都是客观数据可核查的，如家庭成员是否有残疾、重大疾病，父母的职业，是否为政策兜底对象，学习生涯中是否获得资助等。其他各级各类学校家庭经济困难学生认定指标体系可在此基础上进行修正补充。

第二，设计权重。根据家庭经济困难学生数据库共性指标出现的频次，运用层次分析法确定各指标权重，对指标进行量化处理。通过调查比照形成评价标准，进而构建家庭经济困难学生认定指标体系。根据当代高校家庭经济困难学生认定影响因素的多维性，进行相关指标权重分析以及量化实例。

第三，界定标准。通过各类调查分析，对各指标进行归纳整理，将复杂的定性问题量化处理，对指标的重要程度进行标度划分，并予以阐述及解释形成指标体系。通过大数据信息分析和整合，实现指标体系中权重分值设定和分解，同时采用综合层次分析和两两比较矩阵等统计方法，对指标体系进行进一步检验和修正。通过不断的实证分析和验证，我们初步建立起家庭经济困难学生认定对象靶向精准衡量指标体系。该体系由"家庭经济情况量化指标、民主评议量化指标、异常情况综合考察指标"三个部分组成，通过对学生家庭经济情况、学生民主评议以及异常情况考核三方面进行量化考核，对量化考核的分值分别赋予不同权重，得到总的测评分值，建立困难学生数据库。在经济困难学生资格认定的基础上，根据经济困难程度的不同（分值的不同）给予不同程度的资助，提升资助的科学化和精准化水平。

第四，家庭经济情况量化指标。家庭经济情况量化指标包括"6个一级指标、15个二级指标和68个观测点"。根据各种因素影响家庭经济的程度，将每一项测评指标的不同观测点赋予不同的分值。申请认定的学生如实完成信息的填写、提交和申请，高校即根据指标相应分值对学生家庭经济情况进行打分（X）。家庭经济测评分值（X）满分是210分。

第五，民主评议量化指标。除了家庭经济情况量化指标体系外，高校要求组建民主评议小组，该小组由申请学生所在班级班干部、学生党员、学生代表（男女）、辅导员等民主评议代表组成。认定评议小组成员根据申请人在"表现情况、消费情况"等两方面进行评议。民主评议小组成员每人在《高校家庭经济困难学生班级民主评议表》上无记名打分，全体成员所打分值得出民主评议测评分值（Y），并录入系统。民主评议测评分值（Y）满分是 15 分。

第六，异常情况综合考察指标。家庭经济困难学生困难程度测评分值X、Y值确定后，学校学生资助管理机构把名单的测评得分与评议得分进行累加，算出总分，按总分从高到低进行排序，并按一般困难学生和特别困难学生比例进行分档，初步形成家庭经济困难学生名单及档次，下发各院（系）。为避免测评指标分值误差，我们将筛选出 X、Y 值差距比较大的异常数值进行综合考察，使家庭经济困难程度分值尽量服从正态分布原则，相关数据处于置信区间内，从而更加客观、真实地反映学生的家庭经济困难情况。对筛选出的需要考察的异常情况学生名单，要采用大数据分析、电话访谈、上门家访等方式，深入、直观地了解学生家庭经济状况，及时发现那些困难但未受助、不困难却受助的学生，及时纠正认定结果偏差，最终确定高校家庭经济困难学生认定名单。为了便于操作，需按精准认定操作流程对资助对象精准指标体系工作流程进行厘清，如图 1 所示。

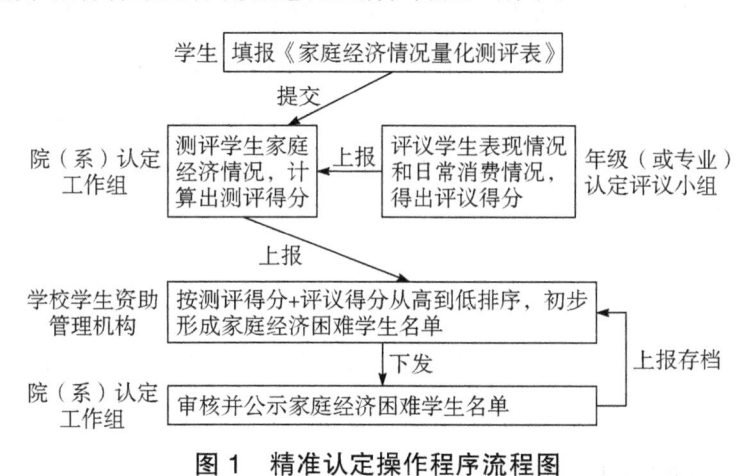

图 1　精准认定操作程序流程图

综上，提炼指标、设计权重、界定标准三个方面相辅相成、互为补充、相互促进，加速构建上海高校家庭经济困难学生认定综合指体系。

二、上海高校家庭经济困难学生认定综合指标体系预期功能及效果

（一）预期实现新功能

上海高校家庭经济困难学生认定综合指标体系预计能实现以下四个方面的新功能：

第一，实现"信息多跑路，学生少跑腿"。在校生可以直接在线上填写申请信息，上传相关材料，无需准备各纸质表格，提供各种各样的证明材料，真正做到信息多跑路，学生少跑腿，极大地方便了学生。同时教师可以通过PC端后台管理系统进行线上审批，化繁为简，有效减少了工作量，显著提升了工作效率。

第二，实现隐私保护与公开透明相得益彰。在校生直接在手机端填写申请信息，既有效保护了个人隐私，又避免了往年线下纸质申请时因个人信息泄露，尊严可能会受到不良影响的情况。因此，有更多的家庭经济困难学生愿意提交申请，全省家庭经济困难学生精准认定人数也在逐年增加。

第三，实现定量评价与定性评价有机结合。精确匹配教育部等六部门发布的《关于做好家庭经济困难学生认定工作的指导意见》，采用统一的认定标准和流程对家庭经济困难学生进行精准认定，能运用科学的量化指标体系，进行定量评价。采用班级民主评议、院系访谈和家访等环节，将定量评价和定性评价有机结合，从而更加准确地评估学生实际情况，显著提升认定结果的真实度和可信度。

第四，实现资助资金精准发放有效监管。资助管理中心在与财政等相关部门积极协调的基础上，共同研究可行性方案，将逐步实现资助资金通指定App集中发放，使资助资金更加快速地发放到学生手中，减少下达资助金的环节，显著提高资助金时效性。上海市有关部门可实时监控资金下达情况。

（二）预期达到新效果

上海市学生资助管理中心将根据教育部等六部门发布的《关于做好家庭经济困难学生认定工作的指导意见》，基于福建省教育厅规划课题研究成果（即学生家庭经济情况量化测评指标体系），结合上海市资助工作的实际情况，开发上海市学生家庭经济情况量化测评体系。基于上海市开发的学生家

庭经济情况量化测评体系，将逐步实现以下两个方面的新效果。

一方面，资助资源逐步向全国经济欠发达地区倾斜。资助资源逐步向全国经济欠发达地区，尤其是贫困地区家庭经济困难学生精准倾斜，逐步向市内"老少边穷岛"地区高校精准倾斜。在量化测评体系中，可以增加对全国经济欠发达地区，尤其是贫困地区的分值，从而将资助资源向上述地区家庭经济困难学生精准倾斜。同时教育行政主管部门还可以根据高校所在地区以及办学性质，对家庭经济困难学生认定的名额和比例进行调整与优化，从而使真正家庭经济困难的学生享受到国家资助政策的帮扶。

另一方面，彻底改变原有院系之间一刀切的情况，资助资源向艰苦专业精准倾斜。通过使用指定 App，可以一定程度上改变了原有高校下属院系之间只能按照固定比例逐级分解名额，一刀切的情况，在高校内部做到家庭经济困难学生认定统一标准、统一流程。在上海市全市范围内做到家庭经济困难学生认定统一标准、统一流程，使真正家庭经济困难的学生能够被精准认定，资助资源向艰苦专业逐步倾斜。

（三）综合指标体系验证

为了检验本文方法的合理性，上海市学生资助管理中心按照分层抽样的方法分院系、分年级随机抽取 2018—2019 学年上海大学在校学生 538 人，按照本文的综合指标体系验证方法，通过学生自主填写量化指标，计算出 538 名学生家庭经济情况量化指标分值，通过民主评议量化与异常情况综合考察，最终计算出所有学生的家庭经济困难程度的排序结果。通过把排序结果与之前学工部门已经完成的认定评价结果进行对比，结果显示符合率达 99.63%。如图 2 如示。

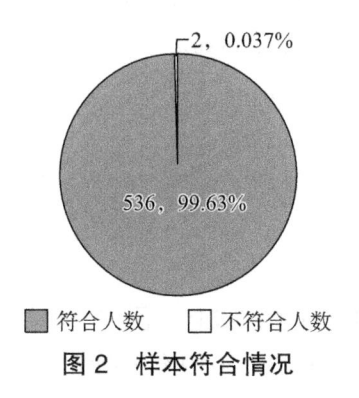

图 2 样本符合情况

针对综合指标体系验证的满意度情况，本研究选取一定的学生、教师以及辅导员进行测评，并开展相关访谈进行优化。数据显示，抽样学生平均满意度为97.48%，教师平均满意度为98.43%，辅导员平均满意度为98.64%，整体平均满意度达98.18%。大部分人员认为这种方法相较于之前的方式更加客观、公平。样本打分数据如表1所示。

表1 综合指标体系满意度

抽取人员	人数	平均满意度（%）
学生	158	97.48
教师	45	98.43
辅导员	20	98.64

可见，使用本文的综合指标体系来认定高校家庭经济困难学生具有科学性与合理性，可以使资助资源得到较为合理的分配，保证国家的高校资助政策和相关措施能够切实的落实到家庭经济困难的学生身上，真正为家庭经济困难的学生提供帮助，切实做到"不让一个学生因家庭经济困难而失学"。

三、上海高校家庭经济困难学生认定综合指标体系试用体验及修改建议

基于2019年上海高校家庭经济困难学生认定综合指标体系修改退回情况（见图3、图4），课题组结合本校师生对于上海大学困难生认定信息系统的试用体验，认为认定系统存在如登录程序繁琐、内部操作低效、审核修改设限等以下十个方面的现存问题，并给出了相应的修改建议。

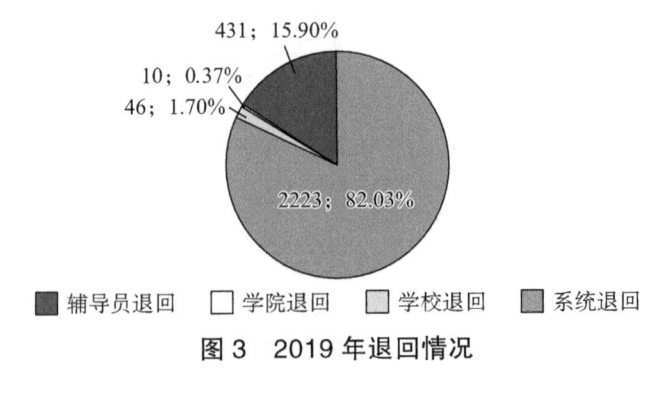

图3 2019年退回情况

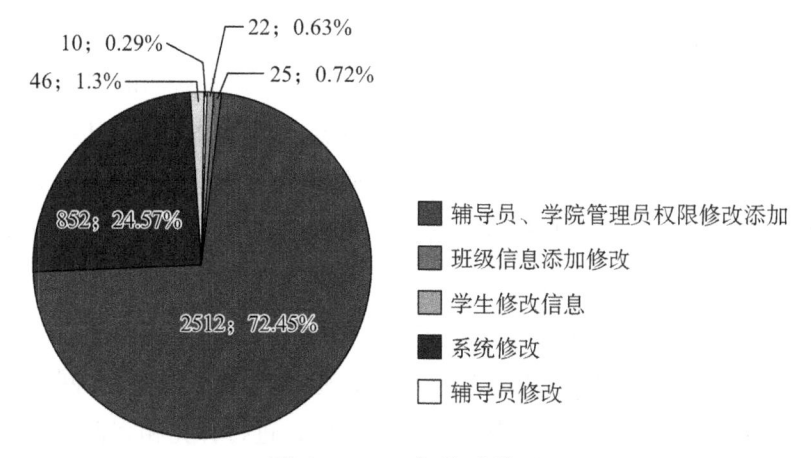

图 4　2019 年修改情况

第一，登录程序繁琐。有较多教师针对系统的登录问题进行了反馈，对于登陆时需要输入身份证号，很多教师表示登录程序过于繁琐，并对个人安全隐私问题有较大顾虑，且登录系统时，教师经常收不到或不能及时收到验证码、无操作时重新登陆时间设置太短。从安全及便捷性的角度考虑，课题组建议简化登录程序，可用教师工号和学生学号登陆系统。

第二，内部操作低效。在系统使用上，因涉及群体人员多，辅导员需要在系统里进行重复操作，效率较低、常常需要反复检查督促。课题组建议简化系统内部操作流程，可采用线下收集班级数据后统一导入系统的方法。

第三，审核修改设限。学生一旦在认定系统内提交信息后就无法自行进行修改，但是实际情况却是由于系统未设定必填项等内容，学生所交信息错误较多，造成后期需要大量修改。2019 年，我们采用的方式是技术后台统一退回到预审阶段，先在线下审核后，再经由"辅导员审核—学院审核—学校审核"三级程序，继而由后台统一批量审核通过。但是这样，线上审核失去了效率性、便捷性。因而，课题组认为应改进系统修改及审核权限，如设定"在辅导员未审核前学生可以修改""学院未审核前辅导员可以修改（但是不能修改学生的信息）"或者"学校未审核之前学院可以修改"等优化设置。

第四，查询审核不便。有辅导员反映在查询或审核学生时查询的路径太深，"学院—专业—班级"的查询路径过于繁琐，需先知道学生是哪个班级的方能查询，然而有些学校一般不太使用班级的概念。课题组希望认定系统内部查询或审核的界面扁平化升级，如能直接在学院的一级界面查询学生的学号、姓名等信息。

第五，量化指标不规范。课题组认为目前的认定系统内的量化指标存在三个方面的问题：一是量化指标没有完全符合全国资助中心信息系统需要上报的数据，后期上报不方便，如多个数据放在一个指标里，则无法知道学生填的是哪一项；二是量化指标存在表述不明确的情况，存在歧义、可以进行多种理解，造成学生填报混乱；三是信息采集和量化指标存在数据重复化问题，却不具有关联性，导致学生填写前后不一致，错误较多。课题组针对以上情况给出的如下建议：一是设置必填项，避免审核后不合格退回补填，同时，对接全国和上海市资助信息系统必填字段，进行补充和完善；二是学生界面隐藏显示量化指标系统，把需要采集的数据做成问卷形式，避免学生为了分数勾选；三是能够从学籍库读取的学生基本信息，学生界面也不需要显示，减轻学生的负担，进而简化信息采集中的相同数据；四是学生界面的信息采集，按信息的类型进行分组，每一组填写完成后进行保存，最后所有填报完成后再进行提交。

第六，附件上传审核。2019年上传至系统内的附件图片显示存在不完整、不清晰的问题，上传位置不明确、重复出现，导致教师审核程序繁琐。课题组建议附件上传前需要校验，规定尺寸大小、像素和清晰度的要求，设置指定的位置上传指定的附件，等等。

第七，民主评议不完善。民主评议环节仍需进行完善和修改，进而发挥其功能。目前其还存在以下缺陷：首先，民主评议环节，学生如果操作错误则无法修改；其次，未发挥避嫌原则，被评议学生可以给自己做民主评议；再次，民主评议小组成员限制过高，需要提供身份证信息，导致有的学生因不愿提供而难以评议；进而，同一学生常常会评议若干个被评议人，学生每做一个评议就要再登陆一次提交自己的身份信息，程序过于繁琐；最后，民主评议的结果和实际情况差异比较大，分数比较低的学生经过调查了解，没有高消费和不良情况，而高消费的学生没有通过民主评筛选出来，民主评议的结果对最终的审核结果和困难档次没有产生任何修正作用。

第八，同分排序困难。2019年按比例划分困难档次时，存在同分跨档的现象，因而造成分档困难。课题组建议，同分排序时按名次划档，分数相同的时候，看特殊情况排序，如可按照"孤儿—特困救助学生—残疾学生—低保—建档立卡—单亲—父母残疾"进行再排序。

第九，系统提前开放。由于2019年系统开放时间过短，导致来不及测试，所以有些问题未能提前发现。课题组建议新系统能提前一个月左右开放，进而学校有空余时间提前做一定人数的测试，实验完整审核流程的通畅性，导出数据进行检查，待系统调试彻底、稳定后，再开放供所有学生使用。

第十，系统内相关其他设置。除以上九个方面的具体问题外，还存在着其他相关设定的问题，如困难档次用字母代替的问题，师生通常不知道字母的代表意义，失去便捷化效果，课题组建议直接用汉字"特别困难、比较困难、一般困难"设置。

四、结语

课题组成员在研读国家相关政策文件的基础上，综合检索资助的文献，结合上海大学、上海建桥学院等学校实际情况，汇总传统困难认定方式存在的问题，寻找克服这些问题的实际做法，提出利用上海市学生奖、助信息平台，实现家庭经济困难学生科学化认定指标体系的构建与信息化应用。该项目立足于困难学生认定工作，切实关注到学生的实际利益，有助于促进高校资助工作在实际操作层面的公平性与合理性。

家庭经济困难学生科学化认定指标体系在上海大学、上海建桥学院有一定的实践基础，通过此课题的推进和整合，上海打造并推行相对系统的家庭经济困难生科学化认定三级指标体系：一级指标主要考查家庭经济困难生的家庭收入因素；二级指标主要考查家庭经济困难生的家庭支出因素以及家庭突发因素；三级指标主要考查家庭经济困难生的已受资助情况因素。配套成熟的学生动态管理与跟踪模式，及时应对学生在校情况，高效处理突出问题，做到有监督、有反馈、有落实、有提升。同时结合上海市学生奖、助信息平台，实现家庭经济困难生科学化认定指标体系的信息化应用。

除此之外在"上海助学"项目顺利推广的基础之上，上海市学生资助管理中心拟继续深化与兴业消费金融股份公司合作，为上海市教育事业做贡献，赋能教育扶贫，进一步完善量化测评指标体系，运用大数据、云计算、人工智能等技术持续助力精准资助。与此同时，持续开展金融知识校园行活动与诚信教育，最终建立大学生诚信档案，为国家诚信体系建设添砖加瓦，以期形成可复制、可推广的"上海模式"，将"上海助学"项目及精准资助、资助育人的成功经验与做法向全国推广，助力更多家庭经济困难学生。

参考文献：

[1] 范先佐,唐斌,郭清扬.70年学生资助工作的系统回顾与经验总结[J].华中师范大学学报(人文社会科学版),2019,58(05):1-15.

[2] 陈宝生.学生资助要在脱贫攻坚中发挥更大作用[J].农村·农业·农民(B版),2019(07):17-18.

[3] 张志勇.新形势下高校资助育人工作探索[J].学校党建与思想教育,2019(11):84-86.

[4] 陈宝生.进一步加强学生资助工作[J].中国高等教育,2018(06):4-5.

资助育人背景下的高校家庭经济困难学生感恩教育路径研究

复旦大学

家庭经济困难学生的资助工作是高校人才培养工作的有机构成，是促进教育公平和教育事业协调发展的重要保障。在高校资助体系不断完善的背景下，如何从"经济资助"向"资助育人"转变，对高校的资助工作提出了更高的要求。党的二十大报告明确指出，育人的根本在于立德。感恩教育是资助育人的重要内容，也是高校思想政治教育的重要组成部分，对涵养道德情操、厚植家国情怀、培养社会主义核心价值观等具有重要意义。

经调研显示，目前大学生的感恩意识、回馈行为和回报能力明显不足，高校的资助工作主要存在以下几个问题：重"经济资助"、育人力度不够；重"大水漫灌"、精准把握学生特点不够；重"理论宣教"，浸润式体验不够；体系建构、平台搭建、效果评估机制缺乏。以感恩教育为切入点，加大资助育人力度，完善资助育人体系，是提升育人质量、培养时代新人的必要举措。

关于感恩教育的研究由来已久，感恩教育的重要性已受到教育界的极大重视。根据陶志琼的表述，感恩教育是教育者运用一定的教育方法与手段，通过一定的感恩教育内容对受教育者实施的识恩、知恩、感恩、报恩和施恩的人文教育。中共中央、国务院《关于进一步加强和改进大学生思想政治教育的意见》中指出，"感恩社会、感恩国家是大学生应有的道德之义"。感恩教育不仅关乎学生个人的品行，更关乎社会的进步、国家的发展和民族的未来。

一、感恩教育的重要意义：不同维度下的价值共识

（一）感恩教育是传承中华传统文化的内在需求

感恩是中华民族的传统美德，也是当今社会高度重视的崇高品德。中共中央办公厅、国务院印发的《关于实施中华优秀传统文化传承发展工程的意见》中提到："传承发展中华优秀传统文化，就要大力弘扬自强不息、敬业乐群、扶危济困、见义勇为、孝老爱亲的中华传统美德。"作为彰显共同文化价值的道德意识，感恩素养是中华传统修养的重要组成部分，是中华民族深入骨髓的道德基因。"文化是一个国家、一个民族的灵魂"，传承中华优秀传统文化是肩负民族复兴大任的新时代大学生的责任和义务。由此，高校应当将大学生感恩素养的培育作为发展德育的着力点，将传统文化的优秀基因牢牢根植在学生的内心，确保传统美德不因时代变迁、不因代际更迭而流失。

（二）感恩教育是践行社会主义核心价值观的必然要求

党的十八大以来，中共中央高度重视社会主义核心价值观的培育和践行。社会主义核心价值观中，个人层面"爱国、敬业、诚信、友善"是对感恩素养最直接的体现。党的十九大报告中指出，"要培育和践行社会主义核心价值观，要以培养担当民族复兴大任的时代新人为着眼点，强化教育引导、实践养成、制度保障，发挥社会主义核心价值观对国民教育、精神文明创建、精神文化产品创作生产传播的引领作用，把社会主义核心价值观融入社会发展各方面，转化为人们的情感认同和行为习惯"。党的二十大报告又进一步强调："社会主义核心价值观是凝聚人心、汇聚民力的强大力量……用社会主义核心价值观铸魂育人，完善思想政治工作体系，推进大中小思想政治教育一体化建设。"加强大学生感恩素养的培育，引导学生知恩、感恩、施恩，促进社会良好风气的形成，推动社会主义和谐社会的建设，是培育和践行社会主义核心价值观的重要渠道。

高校作为重要的育人单位，立德树人是根本任务，立何德树何人将直接决定办学方向和人才培养的质量。根据中共中央、国务院《关于深化教育教学改革全面提高义务教育质量的意见》的要求，"构建德智体美劳全面培养的教育体系""坚持德育为先，教育引导学生爱党爱国爱人民爱社会主义"。

德育教育作为高校育人工作的重要内容，感恩素养的培育显然是重中之重。

（三）感恩教育是资助育人的核心内容

家庭经济困难学生比普通学生受到更多来自学校、社会和国家的资助和帮扶，以他们作为感恩教育的对象，具有更明确的指向，也更容易引发学生的情感共鸣。高校资助工作经过十几年的发展，资助体系不断完善，通常学生在校期间可以获得来自不同层面的资助。学生获得资助后，对捐赠人情况不了解、对捐赠人缺乏感恩之心或回馈意愿淡薄等现象较为普遍。究其原因，一方面在于高校对资助育人工作的不够重视，重"资助"轻"育人"，在完成"经济资助"后没有及时抓住教育契机，培育学生的感恩素养；另一方面在于学生本身，受成长环境、网络社交、自我意识等影响，没有形成感恩意识，或不具备表达感恩、正向反馈的能力。由此，在资助育人背景下着重开展感恩教育，不仅有利于培养学生的良好品德、助力学生的成长成才，同时有利于构建良好的资助生态，形成"受助助人"的正向循环，进而营造良好的校园氛围，有利于构建和谐社会。

二、当前高校家庭经济困难学生的新特点与新变化

近年来，"00后"逐渐成为高校大学生的主力军。每一代人的成长，都离不开时代背景和成长环境。据笔者多年的学生工作经验以及调研发现，当前高校家庭经济困难学生既具有传统意义上的普遍特点，又因社会环境尤其是"网络时代"的影响，带有明显的时代烙印。

（一）价值取向和行为方式较易受互联网的影响

作为网络"原住民"的一代，网络既是他们生活的社会环境，也是他们了解世界的重要渠道。网络时代对家庭经济困难学生的影响，主要体现在以下几个方面：其一，相比经济条件优越的学生，家庭经济困难学生接触网络、使用互联网工具相对较晚，因此在步入大学校园后，一方面容易感受到互联网技术、互联网思维的落差，引发自卑心理；另一方面从紧张、被约束的高中生涯过渡到相对放松、无人"监管"的大学生活，加之为了逃避现实的落差，容易在网络中寻求满足感和成就感，可能导致网络沉迷等不良习

惯。其二，互联网的开放性和便捷性，使得学生获取信息的能力和渠道比以往有大幅提升，而大量信息的灌入，容易使"三观"尚未定型的学生产生思想波动，其价值取向和行为方式也因此而存在更多不可控因素，对学生的教育引导相应增加了难度。其三，网络时代的到来，有利于保护家庭经济困难学生的隐私，在屏幕背后，不同背景、不同身份的人在形式上更加平等；但社交的"网络化"，使得人与人之间的关系相对变得疏离，较难感受到彼此的温情。

（二）软实力的差距较为明显，综合素养的提升更为迫切

通常而言，高校的资助政策最为关注的是学生的经济困难，确保学生在经济上无后顾之忧。然而，除了经济因素，受成长经历、家庭背景、教育资源分配等影响，家庭经济困难学生往往在软实力、综合能力等方面与其他学生存在更大的差距。和经济条件优越的同学相比，家庭经济困难学生普遍英语、计算机等能力较为薄弱，此外在进入大学前，他们接受的素质教育、拓宽视野的机会相对较少，因而在软实力方面有较强的可塑性和提升空间。与此同时，学生的自我认知和心理素质也值得关注。据统计，经济困难往往会诱发学业困难、心理困难、就业困难等多重困境，因此高校的资助工作应以"经济资助"为基础，着力于"资助育人"，全方面提升学生的综合素养，助力学生更好地成长成才。感恩教育的开展正是建立在这样的基础上，作为"资助育人"的切入点，在培育学生感恩意识、完善学生道德修养的同时，提升学生的感恩回报能力，为感恩行为的实施奠定基础。

（三）更加注重自我意识的表达和自身诉求的满足

"00后"学生从小生长于物质经济较为发达的时代，物质主义的充斥与现实贫困的落差，容易使家庭经济困难学生对社会主流价值观的理解和认识产生偏差。在市场经济的发展过程中，受社会上各种思潮的影响，对传统文化和人文精神的教育传承相对缺失，社会主义核心价值观亟需建立并加大宣传教育力度。此外，当下家庭教育更多以孩子为中心，容易形成更加自我的个性表达。在此背景下，部分学生会更加注重自我意识的表达和自身诉求的满足，感恩意识、家国情怀、大爱精神等需要进一步激发和培育。

三、感恩教育的多层内涵：基于学生特点的成长助力

感恩教育，并非简单的"老调重弹"。结合学生特点和成长需求，笔者认为，当前的感恩教育，应当包含"自身—他人—国家"三个维度，以立德树人为目标，构建助力学生成长、推动高校育人事业、建立和谐社会的感恩教育体系。

（一）生命教育：感恩生命、感恩父母

近些年来，高校学生心理健康问题层出不穷，相比以往有上升趋势，其中不乏轻视生命、自伤伤人等恶性事件。从某种程度而言，生命教育是感恩教育的基础，只有珍惜自己的生命，尊重、感念父母的养育之恩，才有可能感恩他人和社会。中国传统文化中，自古有"百行孝为先"的倡导，孝是感恩的前提。因此，应当重视生命教育、重视对"孝文化"的传承，无论社会如何发展、时代如何变迁，对生命的珍重、与父母的连接，都是割舍不断的一脉相承。对于家庭经济困难学生而言，可能会存在因为自己的出生、因为父母无法提供优越的成长环境而存在内心不平衡的状况，因此要引导学生以健康积极的心态正确看待这个问题。

（二）道德教育：感恩资助者、关爱他人

与其他学生相比，家庭经济困难学生受到更多来自他人的资助，有更多契机能够感受到他人的帮扶和关爱。因此，首先应该建立起对资助者的感恩之情，以积极正向的情感回应资助者的拳拳爱心，以力所能及的方式给予反馈甚至回报。其次，应当将这份关爱推己及人，关心、善待他人，做正能量的传递者，整个社会也会因此变得更美好。以资助者的身份施以援手是关爱他人的一种方式，以志愿者的身份帮助弱小、创建美好社会是另一种方式。对于学生而言，关键在于培养感恩意识，从身边的小事做起，等到未来有能力了，可以对他人、对社会提供更多的帮助。

（三）爱国主义教育：感恩党、感恩国家

高校针对家庭经济困难学生的资助历程伴随着国家的扶贫史不断推进，尤其是 2007 年国务院印发《关于建立健全普通本科高校高等职业学校和中等职业学校家庭经济困难学生资助政策体系的意见》（国发〔2007〕13 号）

以来，高校的资助体系经过十余年的发展渐趋完善，确保没有一位家庭经济困难学生因经济贫困而辍学。结合政府为消除贫困地区实施的扶贫举措以及在高校为家庭经济困难学生提供的资助政策，能够明显感受到党和国家的政策扶持和关怀力度。以此为切入点，引导学生了解国家政策和社会的进步、发展，增强政治认同、培养家国情怀、坚定理想信念。

四、感恩教育的实施路径：符合认知规律的意识培养与转化

根据心理学的相关研究表明，人的心理过程由认知、情绪情感和意志组成。因此，感恩教育应着力培养学生在认知上"知恩"、在情感上"感恩"、在意志上"报恩"，并将意识转化成行动，促成行动上"施恩"，打造"知情意行"的感恩链条。立足当前资助工作现状，结合学生特点和成长需求，构建行之有效的感恩教育体系，提升资助育人能级。

（一）体验"感恩"：感恩教育渗透资助全过程

感恩教育应与资助工作的开展相互衔接。一是，高校应对感恩教育高度重视，将感恩教育作为资助工作的重要内容大力推进。二是，优化资助流程，将感恩教育渗透资助全过程，紧扣每个资助环节，充分利用资助平台强化学生的感恩认知，激发学生的感恩意识。通常情况下，助学金和困难补助都会遵循"学生申请—学工部门和资助方评审—资助的发放"的流程，在实施过程中，可以将感恩意识作为重要的评价指标，引导学生树立感恩意识。比如，在资助政策的宣传和资助标准的公布中，明确将感恩意识作为重要指标和导向。在资助评审过程中，一方面以学生的家庭经济情况为依据，另一方面以学生的日常行为表现尤其是志愿服务经历为参照，优先资助具有公益心的学生，鼓励他们积极参与志愿服务。在学生获助后，通过发放资助证书、举行交流座谈、组织参加志愿服务或社会实践等方式，让学生明确了解自己的获助情况、捐赠方的背景和对受助学生的期待，激发感恩意识。此外也为学生表达感恩、给予回馈提供机会和平台，进一步强化感恩意识。

（二）内化"感恩"：线上线下联动开展主题教育

利用资助平台，将感恩意识的引导贯穿资助全过程，在此基础上，通过

线上线下联动的方式主动开展感恩主题教育，营造感恩氛围，进一步提升学生的感恩意识。感恩主题教育的开展，应当抓住教育契机，以学生喜闻乐见的方式针对性地展开，以此提升教育质量，达到教育目标。

以笔者多年学生工作的经验，新生入学、传统节日、社会热点事件是可以利用的三大教育契机。依托新生入学，通过开学典礼、迎新大会、新生主题班会等，将感恩教育作为入学教育的重要内容，从新生入校开始，便将感恩的种子播撒到学生的心中。借助传统节日，引导学生对父母、师长表达感恩之情。利用社会热点事件，将其作为切入点对学生的思想行为进行适时的引导，往往可以收到事半功倍的效果。结合现有的教育资源，将感恩教育的元素融入其中，既不显得突兀，又能水到渠成。

网络思政是当下开展主题教育的主阵地之一。如前文所述，当代大学生生活在"网络时代"，是典型的网络原住民，对网络的依赖度极高，可谓"无人不网、无时不网、无处不网"。在此背景下，借助网络平台开展感恩教育，是重要契机，也是大势所趋。一方面，将线下的感恩主题活动在网上进行传播，进一步扩大其教育范围，让更多学生从中受益；另一方面，借助网络便捷、快速的传播效应，在学生乐于关注的网络平台，通过主题推送、微视频等方式将感恩教育的元素融入其中，引发学生对感恩问题的思索。与此同时，树立感恩人物的典型，并进行推广宣传，引领更多青年学子积极对标，形成"争相感恩"的校园文化氛围。

（三）践行"感恩"：搭建实践平台，提升感恩能力

感恩意识最终要落实到行动上，才有切实的评判依据。据笔者针对某商学院毕业生的一份调研显示，自认为接受过资助的学生公益捐款的金额明显高于未受资助的学生，说明其回报社会的效果更好。另一个数据表明，受过资助的学生比未受资助的学生涨薪幅度低，受多次资助学生比受一次资助的学生涨薪幅度更低。究其原因，也许与受资助学生职业忠诚度高、同时综合能力相对不足有关。因此，开展感恩教育，应当引导学生树立正确的感恩观，以自己力所能及的方式表达感恩、回馈社会。感恩有多种多样的形式，不同阶段不同能力不同条件可以采用不同的方式，只要存有感恩之心，无论何时何地都可以践行"感恩"。

对高校而言，积极搭建实践平台，提供志愿服务机会，并将参与志愿服务作为资助育人的重要内容，对家庭经济困难学生提出相关要求。通过志愿服务活动，引导学生不断进行情感体验，培养服务意识和感恩精神。对于大学生而言，他们的知识层次较高，对他们的道德教育既要有理论的教育，更要重视道德实践的体验。良好的品德是人们在环境因素的作用下，经过由内化到外化再到更高层次的内化过程的反复实践而形成的。通过实践进一步升华和提高思想认识，进而逐渐养成良好的道德习惯，做出正确的道德判断与行为，真正达到提高自身道德素质的要求。

（四）升华"感恩"：坚定理想信念，培养家国情怀

高校的根本任务是立德树人，我们要培养的是德智体美劳全面发展的社会主义事业建设者和接班人。对于资助工作而言，作为高校思想政治教育工作的重要载体，应当在感恩教育的实施过程中，提高思想站位，拓宽"感恩"的范畴，将爱国主义作为重要内容纳入感恩教育体系之中，培养学生的家国情怀和大爱精神。利用思政课程、主题班会、主题活动等形式，面向全体学生开展爱国主义教育。针对家庭经济困难学生，结合其自身成长背景和获助经历，动之以情、晓之以理，循循善诱地引导其认识到党和国家的关怀，从理性上认识到社会主义制度的优越性，从感性上加强爱国之情、树立报国之志。

参考文献：

[1] 陶志琼.关于感恩教育的几个问题的探讨[J].教育科学,2004(01).

[2] 朱飞,李萍.基于资助平台的高校贫困生感恩教育实践路径探析[J].思想教育研究.2009(11).

[3] 刘宁,卜士桢."微时代"背景下高校资助育人工作的路径[J].华北理工大学学报（社会科学版）,2017(01).

[4] 邓锐.高校家庭经济困难学生感恩教育机制构建[J].江汉大学学报（社会科学版）,2018(01).

[5] 胡楠.我国高校受助贫困生感恩伦理研究[D].沈阳：沈阳师范大学,2016.

（执笔人：王银飞）

基于深度学习思维的家庭经济困难学生精准认定探索

上海交通大学

一、高校家庭经济困难生认定工作现状

2007年6月26日，教育部和财政部联合下发了《关于认真做好高等学校家庭经济困难学生认定工作的指导意见》，成为此后十年高校开展家庭经济困难学生认定工作的政策依据。2018年，教育部等六部门再次联合下发《关于做好家庭经济困难学生认定工作的指导意见》（教财〔2018〕16号），明确将认定依据确定为家庭经济因素、特殊群体因素、地区经济社会发展水平因素、突发情况因素、学生消费因素、其他影响家庭经济状况的有关因素等六大类。但根据全国学生资助管理中心针对117所高校的一项调查显示，当前大多数高校家庭经济困难学生认定操作主要可分为三类：

一是简单量化型。该类型主要参照高校所在地民政部门公布的城市居民最低生活保障标准，以学生家庭人均月收入（或月生活费）作为判断依据，确定一般家庭经济困难学生和特困生。目前，采取此类认定标准的高校占被调查高校的一半以上。

二是定义衡量型。该类型以家庭经济困难学生的定义为逻辑起点，以家庭能否提供学生的生活费、学费、住宿费为依据。家庭仅能提供生活费的，为一般家庭经济困难学生；家庭不能解决任何费用的，为家庭经济特别困难学生。

三是综合评定型。该类型结合学生家庭人均月收入、家庭住房情况、受灾情况以及工作情况、健康状况等多种因素综合认定，考察点多，内容全面但主要依赖于民主评定，依赖于工作主持者个人能力与责任感。

其实，各高校所采取的认定办法虽然能大致归入以上三类，但在细节和具体操作中，都根据各自情况进行了适应性的调整，取得了很大的进展和成就，积累了丰富的工作经验。但纵览全局，依然存在三个重要的薄弱点。

一是认定依据公信力有待提高。由于目前取消了生源地民政部门盖章，认定工作的信息来源完全基于学生自行填报，虽说大多数学生基本能够按照实际情况如实申报，但不能保证一些同学故意虚报，或是根据评审标准对号入座，各个高校在申请材料的审阅过程中，较难发现其信息不实。该问题目前多通过实地走访、调研方式予以缓解，但存在成本高、组织困难、走访结论受走访队员主观感受影响大等问题；或是通过民主监督的方式进行侧面了解，但涉及隐私问题，且以上两种方式主观性较强，易受到执行者的主观判断不同，而造成标准不同。

二是认定标准精准性有待加强。当前各高校的认定标准，尤其是量化标准，不够精准，造成这一问题有两个方面的原因。一是由于认定工作人力精力有限，无法设置很详细的评价指标，随着评价指标维度的增加，审核工作的复杂度将呈指数增长；二是由于认定工作中对于学生提供申请信息背后的隐藏信息难以挖掘。例如对不同生源学生，往往缺乏差异化的区分，无法将地区发展差异在贫困生认定过程中的差异弱化、消除。认定标准过于僵化，缺乏兼容性、适应性，更重要的是缺乏精准性。

三是认定方法成长性有待挖掘。高校认定工作是牵一发而动全身的工作，事关前期通过认定的同学，涉及需要认定、需要据此评定助学金的同学，还需要向设奖方提供认定结论。因此，认定办法不适宜年年改、年年换。但社会、经济的迅猛发展，这就要求高校实行的认定办法能够根据社会经济的变化情况自动调整，具有自我成长性，例如，低保线每年都在变化，且不同地区的增长幅度各不相同，如何将低保线更加科学合理地运用在贫困生认定工作中成为摆在高校资助工作者面前的一个重要课题。

本文旨在对系统分析、整合计算等范式改进进行可行性分析，从而使认定工作的关注点不再只停留在显性信息上，而是扩大至传统意义上的隐性信息，促使认定工作更加具有现实中的判断意义。在此范畴中，笔者将具体介绍如何在深度学习思维下对认定工作进行改进。

二、深度学习思维与家庭经济困难生认定

当前，家庭经济困难学生认定工作虽然提倡采用量化指标进行精准的衡量，但归根结底，认定工作做的还是人的工作，目的还是为了更好地育人，认定的过程应该公开公平公正，认定机理应当简单明了、易于理解和信服。深度学习技术本身可以适当用于认定工作，但由于深度学习技术中存在"暗箱"机制，导致运行机理无法言明等特点，故笔者并不提倡将其全面运用于认定工作，而是倡导运用深度学习的思维，从信息挖掘、到操作细节都充分考虑显性因素与隐性因素。

（一）深度学习概述

深度学习的概念源于人工神经网络的研究，含多个隐藏层的多层感知器就是一种深度学习结构。神经网络训练模型一般由多层级的神经元结构构成，图1所示是一个简单的单隐层神经网络模型。目前，随着可获取数据量的逐步增加，需要使用多个隐层来增加神经网络的容量与复杂度，从而引发了对深度学习的研究。其传输模型见图1。

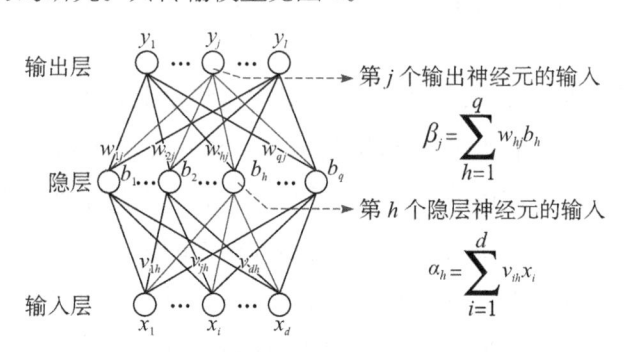

$$\beta_j = \sum_{h=1}^{q} w_{hj} b_h$$

$$\alpha_h = \sum_{i=1}^{d} v_{ih} x_i$$

第 j 个输出神经元的输入

第 h 个隐层神经元的输入

图1 神经网络信息传输模型

当前我国对于深度学习的研究多集中于计算机领域、教育教学应用、策略研究以及技术支持等几个方面。在实际应用方面，多涉及学科教学领域和计算机领域。例如在电商平台的目标客户判别系统中，会通过构建多层神经网络，对用户的年龄、性别、地区、学历、职业、兴趣爱好、婚姻情况、房

车情况、信用情况、居住地址、消费时段、点击行为、使用时间、停留时间、收藏行为、浏览路径、眼球轨迹等几十至数百个客户特征进行收集，通过深度学习后，推荐其最可能感兴趣的产品。

深度学习的日渐兴起也为数据分析与判定带来了更多可能，改变以往传统的自上而下式的信息传输方式，将信息传输过程中的隐性或显性的因素看作一个个节点，节点之间相互关联、相互影响，是一种模仿大脑的神经元之间传递、处理信息的模式，深度学习思维模式为高校家庭经济困难学生认定工作带来了新思路。

（二）深度学习思维下的家庭经济困难生认定

"家庭经济困难学生"在教育部等六部门下发的《关于做好家庭经济困难学生认定工作的指导意见》（教财〔2018〕16号）文件中的定义为：本人及其家庭的经济能力难以满足在校期间的学习、生活基本支出的学生。从定义出发，认定工作涉及的核心指标一是"本人及其家庭的经济能力"，需要获得这一核心指标，又存在着诸如"家庭收入、家庭成员正常支出、因病支出、多子女、赡养老人、受灾、农作物滞销"等需要了解和分析的家庭个体因素；第二个核心指标是"在校期间的学习、生活基本支出"，对此指标的定位和理解也会影响到认定的结论。以上这些内容在各高校的具体工作中，无论以简单量化抑或是民主评议讨论的方式，都有所涉及和考虑，属于显性信息。

深度学习思维模式下，需要在科学量化这些要素的基础上增加对生源地和高校所在地经济发展水平差异的考虑。举个例子，同样收入水平的家庭在东部沿海地区和西部偏远地区，其生活质量有着巨大的差别，来自这样两个家庭的学生在传统思维模式下并没有进行规范性的区分。诸如此类的要素还有很多，例如，经济困难生认定要求每年开展，但是生源地经济发展水平与高校所在地经济发展水平并不是保持既定比例不变，这种差异也需要在认定过程中体现出来。

深度学习思维强调信息整合、促进知识建构、面向问题解决、提倡主动终身[2]。在学生资助领域，尤其是高校家庭经济困难生认定模式的建构过程中，引入并采用深度学习思维，是一个新的尝试和探索。基于深度学习思维的家庭经济困难生认定，旨在构建一种能够主动适应宏观政策背景变化，强调对影响学生家庭经济情况的不同要素和信息的整合，同时允许高校可控因素在现有条件下进行浅层调整操作的制度，提升可信度、精准度及适应性，并且具有自成长性。

（1）深度学习思维下，认定信息的可信性进一步提升。从深度学习技术层面上看，通过输入大量特征数据，对于多层神经网络进行训练后，可以用于对于申请数据的可信度进行判别。一般来说，通过刻意隐瞒或对号入座所填报的数据在某些维度上会产生不合常理的现象。例如对于多种特征相同的对象，某一对象填报收入值明显低于其他，通过将信息输入由神经网络训练后的模型，可对其进行判别，并进一步核实其填报资料。从深度学习思维层面上看，操作细节上需摒弃简单的信息填写、学校审核之类的模式，应增加实地走访、资助政策送上门等人性化的隐性认定手段，更加精准地设计认定信息获取时间和渠道，则会进一步提升认定信息的可信度。

（2）深度学习思维下，认定精准度进一步增加。从深度学习技术层面上看，随着输入的训练集显性信息与隐层节点的有序丰富，深度学习后的神经网络模型将会更加精准。认定过程中，除了考虑家庭收入、支出之类的显性因素外，基于深度学习思维的指导，还必须考虑国家低保线的每年变化、各地区经济水平的差异、学生家庭存在的特殊情况等隐性因素，并需要将这些因素对认定结果的影响路径加以明确，切实有效提升贫困生认定的精准性。

（3）深度学习思维下，认定标准实现自成长性。在深度学习的过程中，当一个看不见的隐性因素的变化，会通过一系列的传递变化，影响最终结果的变化，如果能够构建起基于深度学习思维的认定制度，那么不论地区发展差异，抑或是随着国家经济水平的提高，家庭经济困难学生的界定标准发生变化，认定工作都能够通过这些因素间的相互链接影响，自动生成科学合理的结果，高校不需要每隔两三年就修订认定办法，产生政策衔接等问题，这也就是所谓的认定标准的自成长性。

三、深度学习思维下高校精准认定实现路径

深度学习思维指导下，高校认定工作进入了新阶段，精准认定的实现路

径也随之变化,"整合梳理显性因素的同时筛选推理隐性因素,理清隐性因素影响认定结果的路径"将是家庭经济困难生认定工作的指导原则,从信息采集时的显性隐性信息相结合,到操作过程中采取"实地走访"的显性手段,纳入"采集时间点"的隐性考量……在深度学习思维下,精准认定工作将会充分发挥精准资助的基础性关键作用,在确保对象精准的同时,将资助育人融入认定之初,贯穿资助工作的始终。

(一)全面获取学生家庭经济收入的显性信息

美国教育部将贫困生资格认定依托FAFSA(联邦学生资助免费申请表)实现,美国教育部依据国会通过的计算公式,根据申请人在FAFSA中填写的个人和家庭基本信息、收入和资产信息,计算出EFC预期家庭贡献,以判断申请人的困难程度并衡量家庭在教育支出中的承受能力。诚然,美国的贫困生认定之所以具有较强公信力,与其完善的征信体系和税收制度密不可分,但不可否认的是,认定制度中对家庭情况的全面了解也是其制度完善的重要体现。即使我国目前的情况下,无法做到税收制度完善前提下的贫困生认定,但至少在信息提供层面上,应当按照全面精准的目标改革。

当前,在《教育部财政部关于认真做好高等学校家庭经济困难学生认定工作的指导意见》(教财〔2007〕8号)中,对家庭经济情况调查表有指导性的设计,其中,主要就家庭收入进行了量化的要求,对于重病、伤残、多子女等情况只是表述性的描述或类型勾选。随着经济、社会的不断发展,因病致穷、因灾返贫的情况已经成为高校家庭经济困难生认定中十分常见且重要的原因,全面获取相关信息,并进行量化考量,能够提升认定的精准度和效率,更加精准地进行判断,及时准确地作出反应。

深度学习思维下,属于家庭经济收入的显性信息可以分为可量化与不可量化两大类,具体而言,显性可量化信息包括父母收入、已就业未结婚兄弟姐妹收入、同住祖辈收入;显性不可量化信息包括家庭住房情况、家庭用车情况、建档立卡户、城乡低保户等民政资质情况等,各高校可根据自己传统做法进行整理。

(二)合理计算学生本人支出的显性信息

曾经有高校因为学生使用智能手机、笔记本电脑而取消了学生的资格。

对此，笔者并不认同。基于学生发展和发展机遇公平的视角，我们无法简单地认为家庭经济困难学生就必须过着低人一等的物质生活，不能追求更高品质的生活。反而应当鼓励并且为学生的发展提供更多可能，例如海外游学、技能培训等。在进行认定时，如何界定学生必须的费用支出也是一个重要的因素，往往体现着高校对待家庭经济困难学生的教育理念。

深度学习思维下，学生本人支出的显性信息包括学费、住宿费以及生活费三类，其中学费、住宿费是定量信息，而生活费则可以参考高校所在地低保线水平这一指标。虽然是低保线水平，但由于学生这一独特的身份，以及学校这样一个相对廉价的消费场所，低保线水平的支出能够保证一个学生日常生活水平且不存在铺张浪费的情况。

（三）将生源地最低生活保障线、税收抵扣项目及金额作为隐性因素纳入考量，全面获取学生家庭支出情况

当前各高校的认定工作，大多通过考量家庭经济收入水平来判定学生是否为家庭经济困难学生，但事实上，一个家庭的经济收入不会也不能全部用于支持学生的学习生活，其他家人必要的经济支出是必须考虑的重要因素。而这些经济支出往往是通过生源地经济水平展现出来。因此，在深度学习思维下，生源地经济水平与认定结论建立起了链接。反之，高校在进行认定时，为了兼顾效率与公平，想要了解学生家庭的必要支出，可以通过生源地的最低生活保障线这一公开发布的数据信息进行判断，然后在此基础上，增加对赡养老人、学生家庭重病、多子女情况的考量，参考税收抵扣项目和相应金额，可以较为准确地获取家庭整体的支出情况，从而推算出家庭经济能够支持学生学习生活费用的具体金额。将生源地最低生活保障线、税收抵扣项目及金额作为隐性因素纳入考量，还能实现量化指标的自成长性，认定量化结果跟随社会经济水平的发展而相应调整。

（四）将生源地经济发展水平与校园地经济发展水平之间的差距作为隐性因素纳入考量，科学呈现地域差别对于认定结果的影响

近年来，随着社会分层的不断加剧，中低收入家庭在一、二线城市的数量正在逐步增加，此类家庭收入处于认定的临界值，抵御意外风险的能力较差，还往往因为孩子考上大学导致家庭成员生活水准大幅下降，因此，中低

收入家庭将成为全面脱贫攻坚后高校家庭经济困难生的主要组成部分，有必要在认定制度中加以考虑。同时还需要将中低收入家庭与低收入家庭以及偏远地区贫困家庭进行公平的衡量和比较，这就需要综合分析生源地经济水平与高校所在地经济水平的关联。

深入学习思维下，可以首先计算校园地低保线水平和平均消费水平之间的系数关系（后称经济发展水平系数），随后将这一系数关系作为基础系数纳入考量，生源地低保线越低，说明生源地经济发展水平越低，孩子到校园地就读的成本相对于家庭所在地而言更高，需要更多的支持力度，在此逻辑下，可通过调高生源地经济发展水平系数，增加家庭收入用于家庭其他成员的资金量实现支持力度调高的目的。反之，生源地经济发展水平高于校园地时，说明生源地经济发水平更高，家庭收入用于支持学生的学习生活压力相对较小，可通过调低生源地经济发展水平系数，使家庭收入用于家庭其他成员的资金更趋近于生源地低保线。通过这一方法，最终实现不同地区的支持力度不同，使认定结果实现了综合考量地区差异的目的。

（五）将认定信息获取方式以及获取时间节点作为隐性因素纳入考量

一般认为，新生在收到录取通知书之时，意味着身份角色的正式转变，他们的情绪是愉悦的，态度是重视的，行为是配合的，人们在积极的情绪状态下更容易产生亲社会行为，也即是更容易配合他人的行动，这种角色效应可以促使新生以及家长对于学校要求填写的各类信息认真对待的程度远远超过入学后。因此，认定所需信息的获取时间作为一个认定的隐性因素应当被纳入整体考量，最佳方案为新生入学前填写认定所需信息；另一方面，为了全面获取学生家庭经济收入的显性信息，需要学生与家长共同填写，因此，选择新生尚在家中时完成信息的采集，可更为准确，避免学生不了解而错误填写。在信息获取方式上，为了在客观上确保新生及家长能够认真填写信息，在设计信息获取方式上应尽量简洁明了，同时，通过专人上门讲解辅助填写的方式，确保信息填写的准确度，从根源上提升认定信息的精准性。从这个角度来看，获取信息的方式也是隐性因素，理应共同纳入认定工作的考量。

基于上述的分析，深度学习思维下，认定工作从注重显性信息、简单计算的方式向系统分析、整合计算的范式改进，在认定工作可信度、精准度上向前迈进一大步。上海交通大学自 2015 年开始，逐步完善家庭经济困难生的认定工作，对本文所提出的深度学习思维指导下的家庭经济困难生认定工作机制进行了深入的实践探索。基于上海交通大学五年来的认定结果分析，在整合梳理显性因素的同时筛选推理隐性因素，理清隐性因素影响认定结果的路径，促使实践和算法相得益彰，真切地实现了认定工作的完善，在认定结果的公信力、精准度和自适应性方面有了非常显著的提升。

参考文献：

[1] 周志华,王珏.机器学习及其应用 2009[M].北京：清华大学出版社,2009.

[2] 张浩,吴秀娟.深度学习的内涵及认知理论基础探析[J].中国电化教育,2012(10).

[3] 蔡红建,薛单,王兵团.对高校家庭经济困难学生认定问题的探索[J].中国青年研究,2009(12).

[4] 吴迪.高校家庭经济困难学生资助制度的公平性分析及建议[J].高教探索,2010(2).

（执笔人：程茵、满艺）

资助育人视域下入伍大学生爱国主义教育的实效性提升研究

同济大学

一、入伍大学生爱国主义教育情况现状及问题

（一）入伍大学生受爱国主义教育的环节不连贯

当前大学生入伍参军到退伍复学是一项按部就班的闭环工作，爱国主义教育基本只停留在征兵入伍的前期宣传工作中，而新时代下爱国主义教育的新路径可以根据每一位入伍大学生的不同成长阶段，从这支队伍的组织建设、朋辈间的精准帮扶、多元校园文化开展、党建推进这四个层面层层铺展，找到入伍大学生在大学各阶段开展爱国主义教育过程的切入点、突破点、着力点和落脚点，例如，在应征入伍之前，加大宣传突出参军本身的使命感，强化建功立业的爱国教育；在服兵役阶段，虽脱离了学校生活，但学校学院与其之间的思想教育、动态联络不能中断，应时刻关心关注，加深其爱国主义教育；在退伍复学后，他们会面临着学业、心理、社交和就业等一系列问题，同时这支队伍也承担着他们以点带面形成辐射影响力来感染教育普通大学生爱国主义情况的作用。然而目前，在入伍大学生全过程的成长过程中，其受到爱国主义教育的环节存在着不连贯的现象，主要集中在学生入伍前的前期宣传征兵工作，学生到部队中的生存再到退伍后的返校学习过程中的教育仍有缺失，表现为部分学生入伍后，学校难以及时得知学生的思想

动态，也无法及时向学生分享最新学业或专业领域信息及校园动态，学生退伍复学后，针对学生的学业、心理需求，学校未能及时予以帮助。因此，需要拆解现有的爱国主义教育链上的每一个施教环节，找到入伍大学生在大学各个阶段开展爱国主义教育过程的切入点、突破点、着力点和落脚点，使爱国主义教育实现学生从入学到毕业全阶段的全覆盖。

（二）入伍大学生受爱国主义教育的链条尚不完整

新时代下爱国主义教育的链条要求重点覆盖入伍复学全过程，并希望退伍学生在复学后能有效发挥辐射作用，形成示范引领效果，激发身边同龄人的爱国主义情怀，构建出完整的"接受教育—自我教育—教育他人"爱国主义教育链，形成全校学生有机互动螺旋上升的良好氛围。然而检视目前的入伍大学生受爱国主义教育的链条，由于主要集中在学生入伍前的前期宣传征兵工作，重点施力在了爱国主义教育链条中"接受教育—自我教育"这两段聚焦于学生个体成长的部分，而链条后段的激励其发挥"教育他人"作用的部分目前较为缺失，造成入伍大学生接受爱国主义教育的链条尚不完整。

（三）参与入伍大学生爱国主义教育的育人主体有缺失

根据中央印发的《新时代爱国主义教育实施纲要》和《教育系统关于学习宣传贯彻落实〈新时代爱国主义教育实施纲要〉的工作方案》，结合我校"三全育人"综合改革试点工作的纵深推进的阶段性工作安排，制定的系列"育人共同体"行动计划，针对入伍大学生展开全面深入的爱国主义教育，其中必须对各部门涉及的爱国主义教育版面进行深入挖掘和深入研究分析，学校武装部、组织部、学生资助部门、学业指导中心、心理咨询中心、团委、学院辅导员应形成协同合力，共同对入伍大学生进行全方位的爱国主义教育。但是目前对入伍大学生的爱国主义教育工作主要由武装部、学生资助部门分别负责，组织部、学业指导中心、心理咨询中心、团委、学院辅导员之间没有形成有效的联动耦合机制，使得"三全育人"工作要求下的参与入伍大学生爱国主义教育的育人主体有所缺失，难以形成入伍大学生培育成朋辈教育的有力施教队伍。

（四）入伍大学生退伍复学后的育他辐射力存在不足

入伍大学生退伍返校后，卸下军人的身份，对普通大学生而言，他们相互之间的相近性和趋同性，使朋辈教育更多地呈现直接性和示范性。入伍大学生相较于其他同学，心理相对更加成熟，独特的军旅经历使其在同学中更具吸引力，他们发挥出的朋辈育人效应是教师对学生方面所难以涉及的，更能产生辐射影响。但是由于各部门之间没有形成协同育人的有效机制，对入伍中学生的信息分享延迟以及对退伍学生的关注度不够高，所以尽管入伍大学生退伍复学后的荣誉感和使命感依旧存在，学校没有相关的活动平台供其展示，使得退伍大学生们的良好生活习惯和精神品质未能广泛感染影响普通大学生，即辐射力不足，未能达到理想的辐射作用。

二、新形势下入伍大学生爱国主义教育工作的要求

（一）加强当代大学生爱国主义教育的重要性

爱国主义是祖国民族精神的核心，是社会主义核心价值观体系的主要内容之一，是凝聚全国各族人民的要素和第一位的价值观。五千多年来，中华民族之所以能够经受住无数难以想象的风险和考验，始终保持旺盛生命力，生生不息、薪火相传，同中华民族有深厚持久的爱国主义传统是密不可分的。

大学生是祖国未来的建设者和接班人，肩负着祖国繁荣富强、实现中国梦的伟大使命，一定程度上决定着祖国未来发展的走向。国家的发展需要社会的和谐稳定，需要各族人民万众一心，众志成城，需要全国人民的艰苦奋斗。当代大学生作为中国发展的中流砥柱，加强爱国主义教育，弘扬民族精神，使其保持与时俱进、自强不息、开拓创新的精神状态，有利于推动社会主义事业的发展。

（二）国家爱国主义主题教育年的具体要求

2020年是国家爱国主义主题教育年，爱国主义是中华民族精神的核心，是中国人民和中华民族维护民族独立和民族尊严的强大精神动力，深刻认识中国共产党团结带领全国各族人民进行的革命、建设、改革实践是爱国主义的伟大实践。为推动教育部党组印发的《教育系统关于学习宣传贯彻落实

〈新时代爱国主义教育实施纲要〉的工作方案》的贯彻落实，同济大学根据国家发布的《新时代爱国主义教育实施纲要》中的总体要求发布了《同济大学落实〈新时代爱国主义教育实施纲要〉行动计划》。

该计划明确了各系列爱国主义教育活动的牵头责任单位，细化了爱国主义主题教育开展的具体方案和重点举措，为学校"育人共同体"中各职能部门如何参与"新时代爱国主义教育"指明了方向，提出了要求。例如，落实"立心铸魂"行动计划，充分发挥学校人才资源优势，挖掘并注重本校红色基因，围绕爱国主义教育主题推广展示一系列精品项目，加强爱国主义理论研究阐述等国家重大发展战略开展社会实践，在实践中坚定报国志向、锻炼本领能力，促进爱国行为养成等，力求从上到下，从小到大全线围绕爱国主义教育体系的八大行动建立循序渐进的且可持续发展的爱国主义教育工作体系，着力通过颂扬先进形象、打造有效载体、营造浓厚氛围、激发爱国情感、利用重要仪式、激励使命担当等途径砥砺爱国奋进。

三、入伍大学生人群特点分析

（一）入伍大学生群体的特点

绝大多数服兵役学生政治思想素质高，生活习惯好、学习认真、意志坚定、能严格要求自己。服兵役学生在经过部队生活的洗礼后，能够形成纯正的爱国主义观，并且能够将心中的爱国思想化为真正的实际行动，形成自身的内生动力。在服兵役学生退伍复学后，其能够借鉴部队养成的良好生活习惯来要求自己，从而默默感染和影响身边的普通大学生，这对在校大学生进行爱国主义教育同样是一个良好的契机。

服兵役学生在个人做好爱国主义思想教育内化于心后，还能够充分发挥服兵役学生群体的朋辈优势，将自己感受到的优秀的爱国主义教育辐射他人，感化他人主动投入爱国主义队伍中去。服兵役学生在退伍复学后，其仍然具有严格纪律性、高度服从性，且强调积极主动、强调创造性学习，同时还会重建这支队伍的"战友"圈子，该群体能够将在部队习得优秀生活习惯和技能来感染影响普通大学生，比如该群体能够围绕每年一次的征兵动员工作以及学校的升旗仪式活动对在校大学生进行爱国主义教育，对学校开展爱国主义教育工作来说是一个良好的契机，即能够充分利用本校经验的资源，对在校大学生进行生动的爱国主义教育。

（二）入伍大学生群体的成长需求

大学生在入伍前后受到的爱国主义主题教育活动明显不同。入伍前，学生主要参加了以军理课、行政课为代表的，学校统一组织的教育活动，形式较为单一。而在入伍复学后，学生参加的教育活动形式多种多样，既包括党团活动这些学校统一组织的活动，也有升旗仪式、军训、国防馆参观、射击比赛这些由武装部组织的社团类活动，还有征兵宣传、分享会、进博会这样的志愿活动。

（三）入伍大学生群体的朋辈教育优势

入伍大学生群体作为"三全育人"大思政工作下爱国主义教育的重点对象，将激发普通大学生的爱国之情与参军大学生投身报国之行相融合，构建其相辅相成培养体系的长效机制，充分体现了以爱国主义教育为中心，以全员全方位全过程为框架的人才培育思想，以及"加强群团组织建设"的育人工作要求。这种由小放大、层层渗透的教育模式能够积极弘扬和践行爱国主义精神，得到学校全体师生、甚至是社会的高度认可，更具有实效性和时代特征。

入伍大学生群体的前期宣传征兵工作到部队中的生存再到退伍后的返校学习，他们的自身成长感受、对国家更深层次的热爱、感恩情怀以及付诸行动的责任感和他们在部队的经历，更能感召普通大学生，引领他们更好地理解爱国主义深层次的意义，而不只是停留在思政教育。入伍大学生退伍返校后，卸下军人的身份，对普通大学生而言就是前辈、学长，他们发挥出的朋辈育人效应是教学所难以涉及的，更能产生辐射影响。此外，入伍大学生的全周期培养教育均与爱国主义教育、党团建设、校园文化活动有着深度的融合或是有机的结合。

四、入伍大学生现接受的爱国主义教育链条拆解

从入伍大学生群体的入学教育、前期宣传征兵工作到部队中的生存再到

退伍后的返校学习以及日后的毕业就业，他们的全周期培养教育均可以与爱国主义教育、党团建设、校园文化活动有更深度的融合。以他们的自身成长感受为切入点，从朋辈需求的角度来分析，探索"三全育人"大思政工作格局下更有效的针对这支学生群体的爱国主义教育新路径，将他们心中对国家更深层次的热爱、感恩情怀以及付诸行动的责任感和他们在部队的经历，细化并且具像化当前针对入伍大学生的全过程全方位教育的过程，真切地感召普通大学生，引领他们更好地理解爱国主义深层次的实践意义。

参考上海市各院校大学生入伍现状情况和入伍前中后的入党率，分析现阶段爱国主义教育的实行机制和目前的取得成效，总结其特点和优势，将现有做法提炼成经验，找出可复制可示范的规律性，完善入伍大学生爱国主义教育体系，使其形成可视化的全链条机制，再逐步推广成为全校范围内可辐射可实行的爱国主义教育模式。

目前的爱国主义教育链条可以拆解为入学后和入伍前的社会主义核心价值观教育、中国特色社会主义理论体系等相关的入党思想教育以及宣传服兵役国家相关政策，进行国防安全教育以及社会责任感教育。退伍复学后的爱国主义报告会、军训、升旗、入伍宣传分享等朋辈教育激发爱国情怀系列活动。同时也发现链条中缺乏对入伍中学生的教育以及入伍大学生退伍后的学业指导和就业指导。

因此，可以从入伍大学生在入伍前、入伍中、退伍复学后、毕业前等时间点切入，完善育人主体，集中教育，从而逐渐发挥朋辈引领作用，构建新型的爱国主义教育链条。

五、基于"三全育人"共同体的爱国主义教育协同育人分析

（一）参与爱国主义教育的"三全育人"共同体的育人主体

根据中共中央、国务院印发的《新时代爱国主义教育实施纲要》和《教育系统关于学习宣传贯彻落实〈新时代爱国主义教育实施纲要〉的工作方案》，结合我校"三全育人"综合改革试点工作的纵深推进的阶段性工作安排，制定的系列"育人共同体"行动计划，针对入伍大学生展开全面深入的

爱国主义教育，其中必须对各部门涉及的爱国主义教育块面进行深入挖掘和深入研究分析，学校武装部、组织部、学生资助部门、学业指导中心、心理咨询中心、团委、学院辅导员应形成协同合力，共同对入伍大学生进行全方位的爱国主义教育。

在学生入学后，学校应对其进行激发爱国情怀系列教育活动，包括武装部的宣传动员、政策介绍，以及组织部、学研工部的新生爱国主义思想教育。

而入伍学生在入伍前应进一步接受社会主义核心价值观教育、中国特色社会主义理论体系等相关的入党思想教育，这就需要武装部、组织部、学研工部、学院辅导员协同起来，集合统一再次展开爱国主义及党建思想主题教育，形成一支有凝聚力和行动力的专属队伍，针对在伍学生，武装部、学研工部应通过入伍期间的思想汇报、线上教育等形式观察并及时掌握学生的思想动态，并向学生分享最新学业或专业领域信息及校园动态。

在学生复学后，学生资助中心、学业指导中心、心理咨询中心、学院辅导员要积极展开入伍大学生群体的调查，了解他们在经济、学业、心理上的需求，同时组织部、团委、学研工部、学院要再次组建集合这支队伍，集中性培育成朋辈教育主力队伍，内部系统再次展开爱国主义教育，激发朋辈效应，多层次培养普通大学生的爱国主义教育。

在入伍大学生毕业前，就业指导中心及组织部要按需指导专题教育、集中爱国教育，加强鼓励和引导学生赴重点区域、重大工程、重大项目、重要领域实习或就业。

（二）育人主体参与爱国主义教育的发力点

结合服兵役学生群体的成长需求和教育目标，关注其在入伍前、入伍时及退伍后各阶段的需求，根据其特点精准帮扶。学研部、就业指导中心、心理指导中心应当为入伍大学生提供学习、生活和心理上的辅助与开导。帮助其在不同阶段及时适应不同环境，顺利完成入伍士兵和在校大学生身份的切换，提升自我综合能力和各方面自信，使得其在部队感受到的爱国主义教育在充分的保障下外化于行。

着力挖掘校园文化中蕴含的爱国主义教育元素和承载的丰厚优秀示范资

源，传承学校精神文脉。利用入伍大学生群体的朋辈优势，将有意从事党政基础工作的退伍学生作为朋辈引导对象，展开朋辈学业指导等活动，培养青年制度自信，同时加强鼓励和引导学生赴重点区域、重大工程、重大项目、重要领域实习或就业，建立学生未来指导配套制度。一方面及时落实政府规定的针对退伍复学大学生的政策，重视大学生士兵的权益方面，贯彻实施大学生士兵学费减免政策，并根据学生在军营的表现，对其复学后的奖惩情况进行跟踪，构建相应的档案管理制度，解决其后顾之忧；另一方面主动为服兵役学生提供心理调适方面的帮助。如开展心理讲座等，提供调节情绪的技巧以及维持自己积极心态的方法，减少迷茫和孤独，实现由部队到学校、由士兵到学生角色的转变。培养入伍大学生群体的自信心和责任感。详见表1、图1。

表1 "三全育人"视域下入伍大学生爱国主义教育体系

全程	全方位育人	全员育人	参考数据	拟完善举措
入学后	1. 宣传服兵役国家相关政策，进行国防安全教育以及社会责任感教育； 2. 激发爱国情怀系列活动	武装部：宣传动员、政策介绍； 组织部、学研工部：新生爱国主义思想教育； 班主任、专业辅导员：爱国主义情怀思想感化、了解大学生心理需求	服兵役意愿情况；宣讲会听后的感想	强化新生军训的爱国主义教育
入伍前	1. 社会主义核心价值观教育； 2. 中国特色社会主义理论体系等相关的入党思想教育	武装部：学生召集； 组织部、学研工部：党建活动； 班主任、辅导员：强化党建思想、国防健身理想信念教育	入党率 入伍率	集合统一再次展开爱国主义及党建思想主题教育，形成一支有凝聚力和行动力的专属队伍
入伍中	1. 身体健康状况、思想动态跟踪； 2. 分享最新学业或专业领域信息及校园动态	以必要的入伍体检、入伍期间的思想汇报等形式观察学生状况，涉及部门及人员：武装部、组织部、所属党支部、专业辅导员等	体检报告、军训日记、问卷调查	由于入伍期间各学生被分配到不同连队，无法进行集中教育，依旧可以通过新媒体等进行线上自我学习教育

(续表)

全程	全方位育人	全员育人	参考数据	拟完善举措
退伍复学后	1. 自身需求：学业、心理； 2. 立体式激发朋辈效应下的爱国主义情感，组织学生军人视角下爱国主义报告会，开展军训思想动员大会，把爱国主义内容融入党支部"三会一课"和党日团日、主题班会之中以及各类教育活动，如升旗、入伍宣传分享	学业指导中心：积极展开入伍大学生群体的调查，了解他们在学业、心理上的需求； 组织部、团委、学研工部：多层次培养普通大学生的爱国主义教育，激发朋辈效应； 心理、学业引领示范：军训、升旗、新生入党介绍人	问卷调查、心理咨询、新生入党率、军训参与率	再次组建集合这支队伍，集中性培育成朋辈教育主力队伍，内部系统再次展开爱国主义教育，随后引领这支队伍激发普通大学生的爱国情怀
毕业前	1. 就业指导，社会责任感教育； 2. 公民道德教育和感恩思想教育	就业指导中心按需指导专题教育；组织部集中爱国教育	就业去向	加强鼓励和引导学生赴重点区域、重大工程、重大项目、重要领域就业，或留校任思政辅导员

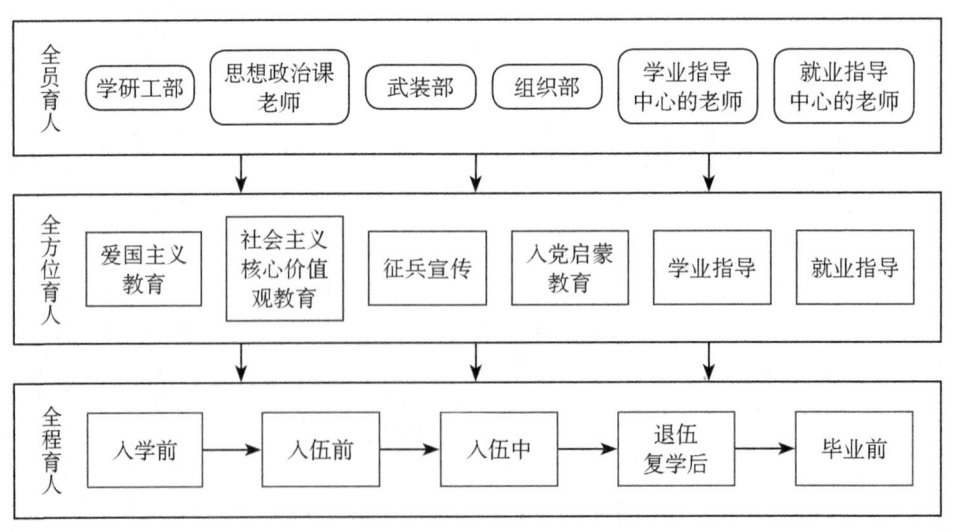

图 1 "三全育人"视域下入伍大学生爱国主义教育体系

六、构建全新的基于资助育人目标的入伍大学生爱国主义教育链

（一）提高入伍大学生个人素质，促进爱国主义教育内化于心

着力挖掘校园文化中蕴含的爱国主义教育元素和承载的丰厚优秀示范资源，传承学校精神文脉，根据每个部门的定位和职能分工，积极统筹协调，寻找"三全育人共同体"下的"爱国主义教育共同体"。例如，武装部在组织征兵工作时可结合"青春告白祖国""手书中国"等校园文化活动融入爱国主义教育宣传活动，贯彻由浅入深，将激发爱国之情与投身报国之行相结合；组织部突出党建内容，将爱国主义融入党建活动中，增强活动吸引力、号召力，在行动实践中加强思想教育；学研工部、组织部等可以联合，加强重点群体的培训引导，引导师生了解中华民族的悠久历史和灿烂文化，将有意从事党政基础工作的服兵役学生作为朋辈引导对象，展开朋辈学业指导等活动，培养青年制度自信，真正让入伍大学生群体做到爱国主义教育内化于心。

（二）关切入伍大学生成长需求，促进爱国主义教育外化于行

结合服兵役学生群体"全程全方位"的成长需求和教育目标，一方面提高兵员学历水平，优化士兵队伍知识结构，提高军队官兵的整体素质，加强新型军事人才建设；另一方面及时到位地关切服兵役学生复学后的困难与需求。学研部、就业指导中心、心理指导中心应当为服兵役学生提供学习、生活和心理上的帮扶。帮助服兵役学生适应部队生活与校园生活的转换，在学业上使其重拾信心。在生活上关照校园同部队较为复杂的人际关系，及时通过退伍战友组织为其寻找同伴提供帮助。学生资助中心、就业指导中心、心理指导中心的联合帮助，能够使服兵役学生顺利回归校园生活，使得其在部队感受到的爱国主义教育在充分的保障下外化于行，提升自我综合能力和各方面自信。

（三）搭建朋辈教育平台，助力爱国主义教育辐射他人

根据《关于同济大学入伍大学生爱国主义教育情况的数据分析报告》显示，服兵役学生群体入伍复学后，学生参加的教育活动形式多种多样，既包

括党团活动这些学校统一组织的活动,也有升旗仪式、军训、国防馆参观、射击比赛等这些由武装部组织的社团类活动,还有征兵宣传、分享会、进博会这样的志愿活动。说明大学生在经过部队的历练退伍复学后,通过以上发挥朋辈优势渠道的探索和建立,服兵役学生能够主动向身边同学,以自己的亲身经历分享自己的爱国主义观,同时在分享的过程中进一步检验和升华自己的爱国主义思想,成为爱国主义教育的骨干力量。详见图2。

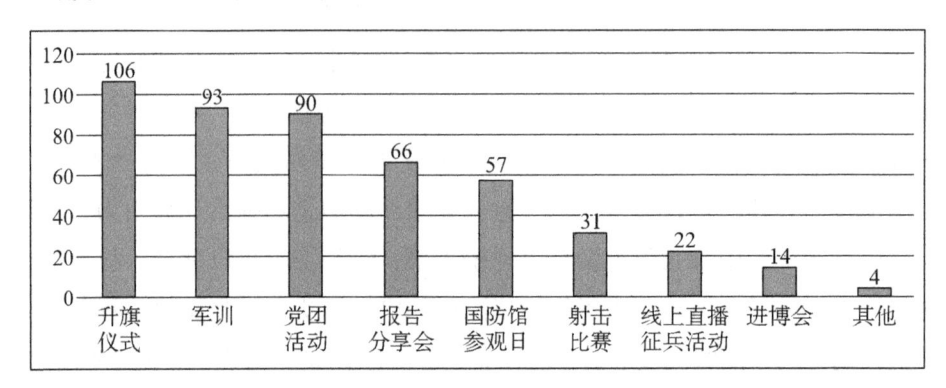

活动	人数
升旗仪式	106
军训	93
党团活动	90
报告分享会	66
国防馆参观日	57
射击比赛	31
线上直播征兵活动	22
进博会	14
其他	4

图2　复学后参加的爱国教育活动

七、取得的实效

(一)入伍大学生现状

为深入了解同济大学入伍大学生的爱国主义教育情况,通过线上调查问卷的形式,面向同济大学入伍大学生群体发放问卷,并对问卷结果进行分析。同济大学目前在校入伍大学生212名,回收问卷159份,其中有效答卷数159份,收集到的样本数占调查总体的75%。且调查样本在性别、学历上分布合理,因此本次调查得到的数据在统计学意义上具有代表性。该调查问卷共设置22道题目,分为填空、单选、多选三种题型,涵盖了入伍大学生的基本情况、接受的爱国教育及思想提升情况、遇到的生活困难以及对未来的规划等四方面问题。通过运用SPSS软件,对问卷反馈进行频数分析、相关分析以了解入伍大学生群体的综合状况,并分析各变量的分布特点及相互间的关系。详见表2、表3。

表2　调查样本性别分布情况

性别	人数	百分比
男	151	94.97%
女	8	5.03%

表3　调查样本学历分布情况

学历	人数	百分比
本科在读	106	66.67%
硕士在读	48	30.19%
博士在读	5	3.14%

（二）分析结果

1. 入伍前后入党率分析（表4、表5）

表4　入伍前政治面貌

政治面貌	人数	百分比
共青团员	139	87.42%
入党积极分子	10	6.29%
预备党员	1	0.63%
中共党员	9	5.66%
合计	159	100%

表5　目前政治面貌

政治面貌	人数	百分比
共青团员	79	52.67%
入党积极分子	42	28%
预备党员	16	10.67%
中共党员	13	8.67%
合计	159	100%

根据《关于同济大学入伍大学生爱国主义教育情况的数据分析报告》，从以上表可以看出，在搜集的服兵役学生入伍前后政治面貌的数据对比中，入伍前学生的入党率为12.55%（包括中共党员、预备党员和入党积极分子），而目前的政治面貌数据显示当前的入党率达到47.34%，增加了近三倍，这说明入伍大学生在经过部队的历练后，思想得到了明显提升。此外，根据调查显示，在调查的总共159例样本中，有22名同学还能够在退伍后作为他人的入党介绍人，数据统计显示其总共介绍了98人入党，平均每人介绍4~5人入党，可见服兵役学生能够主动将其内化于心、外化于行的爱国主义教育辐射他人。

服兵役学生群体的前期宣传征兵工作到部队中的生存再到退伍后的返校学习，他们的自身成长感受、对国家更深层次的热爱、感恩情怀以及付诸行动的责任感和他们在部队的经历，更能感召普通大学生，引领他们更好地理解爱国主义深层次的意义，不只是停留在思政教育。入伍大学生退伍返校后，卸下军人的身份，对普通大学生而言就是前辈、学长，他们发挥出的朋辈育人效应是爱国主义课堂式教学所难以涉及的，更能产生辐射影响。此外，服兵役学生的全周期培养教育均与爱国主义教育、党团建设有着深度的融合。服兵役学生退伍后能够助力党团建设活动，作为他人的入党介绍人。

2. 入伍前后征兵宣传教育分析（表6）

表6　入伍前了解大学生服兵役的方式

选项	小计	比例
学校武装部的征兵宣传	146	91.82%
学院征兵宣讲会	61	38.36%
通过线下宣传资料了解，如征兵海报	89	55.97%
通过线上网络宣传了解，如官方微信、退伍学生朋友圈、微信群及其他	63	39.62%
家长告知	17	10.69%
前辈介绍	35	22.01%
学校国防教育展览馆了解	17	10.69%
其他	4	2.52%
本题有效填写人次	159	100%

调查结果显示，目前大学生了解大学生服兵役的主要方式是学校、学院以及官方公众号的宣传。说明同济大学的征兵宣传工作开展得比较深入、全面。同时表格也反映出，同济大学的国防教育展览馆在征兵宣传上发挥的作用仍不够，还需进一步改善。详见表7、表8。

表7　复学后是否与身边同学介绍、分享、宣传部队生活及服兵役体验

选项	小计	比例
是	150	94.34%
否	9	5.66%
本题有效填写人次	159	100%

表8 以何种形式向身边同学介绍、分享、宣传部队生活及服兵役体验

选项	小计	比例
线下分享会	123	82%
线上交流	65	43.33%
其他形式	12	8%
本题有效填写人次	150	

在退伍复学后，该群体能够持续借鉴部队养成的良好生活习惯来感染影响普通大学生，围绕每年一次的征兵动员工作以及学校的升旗仪式活动对在校大学生进行爱国主义教育。本次《关于同济大学入伍大学生爱国主义教育情况的数据分析报告》显示，目前大学生了解大学生服兵役的主要方式是学校、学院以及官方公众号的宣传，但是入伍大学生退伍后会通过线下分享会的形式向身边同学介绍分享服兵役体验，此次调查159名入伍大学生中有150名同学在复学后进行线下分享，说明入伍大学生在学生群体中是前辈、是学长，得到的认可度更高。选择以此为切入点，充分发挥入伍大学生的朋辈引导作用，是引领普通大学生更好更充分地理解爱国主义深层次意义的潜在渠道。

3. 在伍时与学校保持联系的情况（表9）

表9 入伍后，在部队是否与学校保持联系

选项	小计	比例
否	23	14.47%
是	136	85.53%
本题有效填写人次	159	100%

调查结果显示，在应征入伍后，85.53%的同学依然与学校保持联系。针对这85.53%的同学再进一步调查了解到，这些同学主要通过与学校武装部、同学进行联系。这启示我们，可以通过同学情谊，充分发挥朋辈效应以促进入伍大学生与学校之间的联系，以加强学生的荣誉感、使命感和爱国主义情怀，见表10。

表10　136位与学校保持联系的学生的联系方式

选项	小计	比例
与学校武装部联系人次	98	72.06%
与学院联系人次	51	37.5%
与辅导员联系人次	60	44.12%
与同学联系人次	123	90.44
本题有效填写人数	136	100%

4. 入伍前后接受的爱国主义教育（图3、图4）

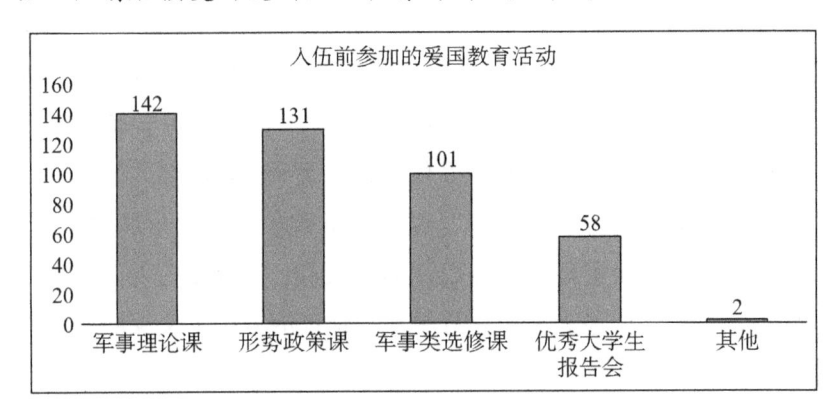

图3　入伍前参加的爱国教育活动

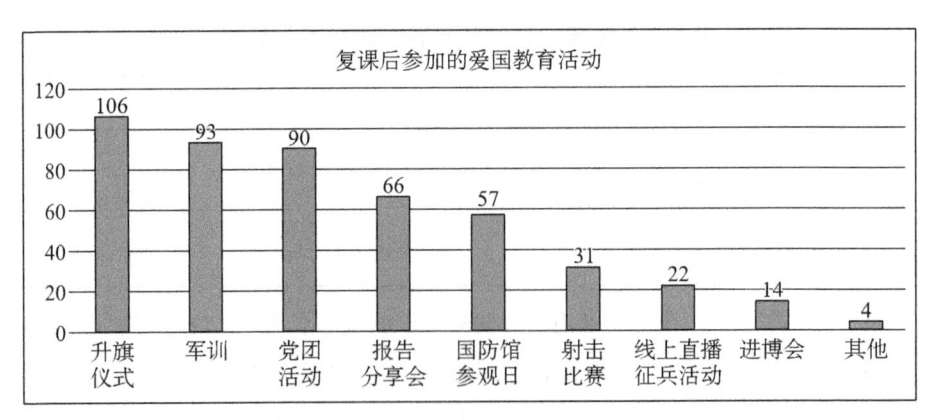

图4　复学后参加的爱国教育活动

通过对比，可以看出大学生在入伍前后受到的爱国主义主题教育活动明显不同。入伍前，学生主要参加了以军理课、行政课为代表的，学校统一组织的教育活动，形式较为单一。而在入伍复学后，学生参加的教育活动形式多种多样，既包括党团活动这些学校统一组织的活动，也有升旗仪式、军训、国防馆参观、射击比赛这些由武装部组织的社团类活动，还有征兵宣传、分享会、进博会这样的志愿活动。这说明大学生在经过部队的历练后，思想更加进步，成为了爱国主义教育的骨干力量。

5. 复学后的学习生活（图5）

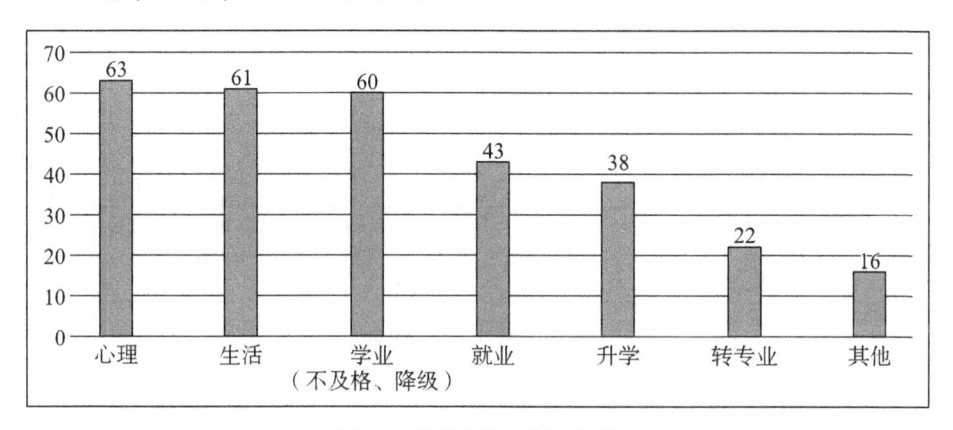

图5　复学后遇到的困难

同时，我们也注意到入伍大学生复学后会面临各种各样的困难，从调查结果来看，主要集中在复学后面临的学业压力以及生活习惯的不适应，以及由此造成的各种焦虑。再进一步调查同学们复学后的生活学习状况，我们得知，在159位学生中，保研率达55.97%，另有28.93%的学生暂不确定，可见入伍大学生在部队养成的良好生活、学习习惯对他们自身的发展起到了积极促进作用。因此，学校可以进一步帮助复学学生重拾知识点，跟上学习节奏，以此来帮助复学学生更快地适应学校生活，减少焦虑。

6. 对未来的规划（图6）

图6　复学后的规划

调查结果显示，大部分入伍学生在复学后对自己的规划是希望能继续学业，进一步调查他们对自己的就业规划，如图7所示：

未来就业规划

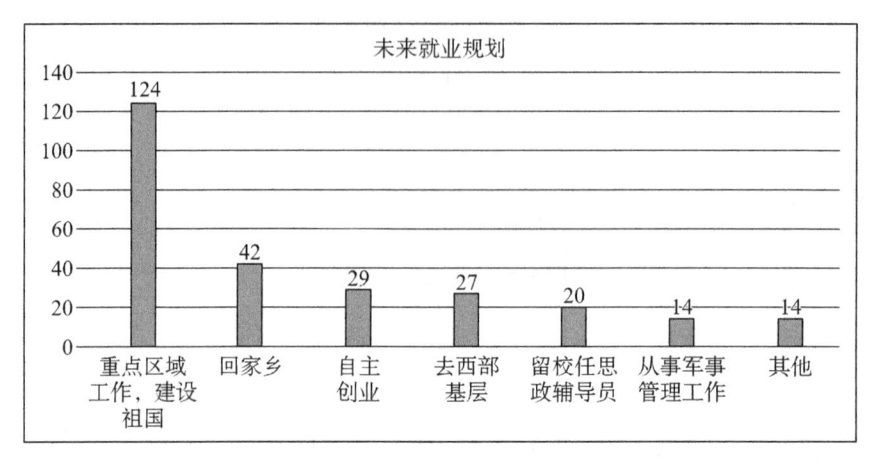

类别	人数
重点区域工作，建设祖国	124
回家乡	42
自主创业	29
去西部基层	27
留校任思政辅导员	20
从事军事管理工作	14
其他	14

图7　未来就业规划

上图表明77.99%的同学愿意去往重点区域工作，43.4%的同学愿意前往基层或家乡进行建设，可见入伍大学生更具有责任感和使命感。从访谈中，入伍大学生代表也表示退伍之后他们的人生规划变得更加想往祖国建设靠拢，到祖国需要的地方去成了他们的人生规划。

八、结语

根据《新时代爱国主义教育实施纲要》和《教育系统关于学习宣传贯彻落实〈新时代爱国主义教育实施纲要〉的工作方案》，结合学校"三全育人"综合改革试点工作的纵深推进的阶段性工作安排及制定的系列"育人共同体"行动计划，针对入伍大学生展开全面深入的爱国主义教育时所涉及的育人主体（学校各相关职能部门）的工作职能进行深入挖掘和深入研究分析，结合受资助入伍大学生的成长成才需求，以高校服兵役学生国家教育资助工作为抓手，构建有机良性的协同育人模型，形成爱国主义教育合力。

完善全新的"接受教育—自我教育—教育他人"爱国主义教育链，将新时代下爱国主义教育新要求及重点引领入伍大学生群体成长成才的全过程，通过高校服兵役学生国家教育资助工作开展的每个关键环节和时间节点，融入爱国主义教育，延展并充分发挥了入伍学生在复学后有效发挥辐射作用、形成示范引领效果的后半段爱国主义教育链，实现激发身边同龄人的爱国主义情怀，形成全校学生有机互动的良好态势的目的。

参考文献：

[1] 王陶冶.激发爱国情怀,理性应征入伍——大学生应征入伍辅导案例[J].北京教育：德育,2014(02).

[2] 高博鑫,邓鹏,程海波.构建参军大学生培养体系激发高校学生爱国情怀[J].教育教学论坛,2020(02).

[3] 庄芹.上海高职院校大学生入伍现状及对策研究[J].现代职业教育,2019(02).

（执笔人：岑余璐）

新时代高校资助育人的"获得感"及其提升策略

东华大学

重视和关注人民群众的"获得感"是"以人民为中心"根本立场的具体体现。2015年,习近平总书记在《中央全面深化改革领导小组第十次会议》上强调,"要科学统筹各项改革任务,推出一批能叫得响、立得住、群众认可的硬招实招,……让人民群众有更多'获得感'"[1]。自此,"获得感"成为具有"中国特色"的新词迅速流行。党的十九大报告中,习近平首次将"获得感"与"幸福感""安全感"并列提出,进一步深化了人民对"获得感"的认识。在新时代,提升高校资助育人"获得感"是学生资助育人工作创新发展、提质增效的关键着力点,回答了"培养什么人、怎样培养人、为谁培养人"这一根本性问题,对实现教育强国梦想具有重要现实意义。

一、新时代高校资助育人"获得感"的生成逻辑

"获得感"一般是指个体获取某种利益后所产生的满足感,是一种积极的心理状态。高校资助育人"获得感"是指受助个体对资助环节、育人理念和工作内容等客体产生持续、正向的主观感受,受助者不仅收获自身的成长发展,更在资助育人过程中产生喜悦、认同和满足的情感反馈。在新时代,高校资助育人"获得感"有着独特的时代价值和生成逻辑。

（一）回应人才培养的价值诉求

在新时代，为了实现中华民族伟大复兴的中国梦，党和国家对德智体美劳全面发展人才的需求比任何时候都更加迫切。2015年，教育部在工作要点中提出要落实和完善学生资助政策，突出精准资助。2017年，教育部启动全面资助育人，把"扶困"与"扶智"、"扶困"与"扶志"相结合，构建起物质帮助、道德浸润、能力拓展、精神激励有效融合的发展型资助体系，为新时代高校资助育人指明了工作方向。可以看出，在精准型资助和发展型资助的要求下，高校资助育人已迈入了新历程，从家庭经济困难大学生的经济保障，延伸到对其个人的发展支持和价值引领中，不断增强靶向服务，着力提升关爱、服务、教育和引导的工作成效。资助育人的逻辑变迁、范式转化、内涵拓展凸显了提升"获得感"来激发受助学生内生动力，引导他们成长为全面发展的人才已成为高校答好"时代之卷"的有力抓手。

（二）落实立德树人的使命追求

高校学生资助工作是一项保民生、育人情、暖民心的重要工程，事关国家教育公平、脱贫攻坚、教育现代化大业。从马克思主义哲学视角来看，作为现实的人的需求是"获得感"的根本来源，"人的需要的满足过程是人认识、确证和实现自己的社会本质的过程；人的需要充分地表现了人的社会性、历史性和过程性，充分地表现了人的本质"[2]。家庭经济困难大学生随着自身成长、受教育水平的逐渐提高，内心需求也相应提高。在其成长发展的"拔节孕穗"时期，高校通过资助育人工作进行关心和支持，不仅缓解了学生物质生活上的压力，也有助于他们解除焦虑，在追求个人价值实现的道路上获得满足感和归属感。因此，从家庭经济困难大学生的角度来看，高校资助育人"获得感"来自资助对象本身，与资助育人工作过程一致，但又超出了资助工作本身附加价值，持续的、正向的"获得感"能够帮助学生更好地成长发展，体现了高校落实立德树人使命的追求。

（三）彰显提质增效的时代需求

当前，我国正处于历史以来最好的发展时期，同时也面临着百年未有之大变局，给高等教育带来的新形势、新机遇、新挑战比以往任何阶段都更为复杂和多样。2017年12月，教育部印发的《高校思想政治工作质量提升工程实施纲要》提出要大力提升高校思想政治工作质量，着力构建一体化育人体系。高校资助育人唯有不断深化内涵建设，推动自身工作转型升级，才能不断增强育人成效，适应新的时代发展需求。教育部原部长陈宝生指出："获得感是判断我们改革成功与否的根本标准，衡量我们工作成效的根本标准，也是检验我们工作作风的根本标准。"[3]在决胜全面建成小康社会的关键时刻，在"两个一百年"奋斗目标的历史交汇期，高校资助育人把"获得感"提升作为推进工作向新向前的关键抓手，突出了资助育人在历史新方位上，契合时代发展，服务于国家需求的战略定位。

二、新时代高校资助育人"获得感"的理论意涵

高校资助育人"获得感"是一个内涵丰富且具有中国特色的教育概念。"获得感"直接决定高校资助育人德育效果，是新时代资助育人工作改革发展的评价标准，其理论意涵可以从安全感、主体感、存在感和价值感四个层面来阐述。

（一）充分经济保障的安全感

作为一个心理学概念，安全感具有丰富的含义。马斯洛将安全感定义为"一种从恐惧和焦虑中脱离出来的信心、安全和自由的感觉，特别是满足一个人现在和将来各种需要的感觉"[4]。从马斯洛的理论来看，人的心理需要分为五种：生理需要、安全需要、归属和爱的需要、尊重的需要以及自我实现的需要。在最基本的生理需要被满足后，人对安全感的需要就凸显出来了。研究发现，在高校资助育人工作中，由于家庭经济情况较为困难，贫困学生往往面临着学业和生活的双重压力，他们在心理上或多或少处于自卑状态，"人际关系、抑郁、焦虑等方面的问题高于其他大学生"[5]。从经济层面而言，高校资助育人"获得感"就体现为对家庭经济困难大学生读书求学提供安全保障。一直以来，党和国家高度重视家庭经济困难大学生"上大学"问题，庄严承诺"不让一个学生因家庭经济困难而失学"，高校也坚决贯彻党和国家对资助育人工作的总体要求，探索建立了"奖、勤、补、助、贷、免"六位一体的经济保障体

系。应该说，当前高校资助育人政策体系很大程度上解决了家庭经济困难大学生的经济困扰，让他们读书求学无后顾之忧，安全感也得到极大提升。

（二）素质全面提升的主体感

主体感属于意识范畴，它来源于现实生活中的人，是主体参与到现实实践的主观感受。主体感的觉醒、萌动和确立是"获得感"提升的关键。高校资助育人具有显著的主体指向属性，从主体性角度而言，资助育人的主体由（资助）教师和（受助）家庭经济困难大学生共同组成，学生不是被动地管理、服务和教育的对象，作为资助育人过程中具有自我意识的主体，他们同样作为平等主体参与资助全过程，在参与中实现主体价值。因此，高校资助育人的主体感就是家庭经济困难大学生的主体意识，他们能够意识到自己作为主体，是资助育人活动的能动实践者。习近平总书记在2018年全国教育大会上提出了要"培养德智体美劳全面发展的社会主义建设者和接班人"的教育目标，对新时代的高校资助育人提出了新要求，不仅要在工作中激发学生的主体性，还要贴近他们的成长需求，帮助他们提高思想水平、政治觉悟、道德品质、文化素养，成为德才兼备、全面发展的人才。

（三）高度自我认同的存在感

"存在感就是指人对自身存在的体验。人在意识到自身的存在时，能够超越各种分离，将自己整合起来。只有人的自我存在意识才能使人的各种经验得以连贯和统整，将身与心、人与自然、人与社会等连为一体。"[6]存在感来源于两方面：一是外部环境的认可，二是个体内心对自身的定位。对高校资助育人工作而言，存在感是指家庭经济困难大学生能够与学校共建和共享资助育人价值的传递场域，在这个场域中学生达成了对自我学习、生活状态、价值实现等方面的认可。从外在来看，体现为家庭经济困难大学生获得外界（如获得老师、朋辈）的尊重和肯定。从内在来看，表现在他们摆脱自身的贫困卑微心理，在精神上、生活上走向自立自强。家庭经济困难大学生通过资助育人工作获得"满满的"存在感，他们的"获得感"也会相应提升。近年来，以北京大学为代表的高校持续探索以家庭经济困难大学生为主体组建"慈善公益服务队"，让学生在服务队组织中融入集体，在公益劳动中收获尊重，极大增强了学生的存在感，并已成为一种成熟的经验模式在众多高校资助育人工作中推广。

（四）青春梦想实现的价值感

高校资助育人工作有着双重使命，一方面要确保在经济上"精准帮扶"家庭经济困难大学生；另一方面要对家庭经济困难大学生进行价值引导，让他们的道德观念、价值认知得到提升。高校资助育人的价值感就是家庭经济困难大学生对自我价值实现的肯定状态。在新时代，习近平总书记寄语大学生："实现中华民族伟大复兴的中国梦，广大青年生逢其时，也重任在肩。"[7] 对高校资助育人工作而言，价值感的内容也要因事而化、因时而进、因势而新，要从当前引导学生知恩感恩和自强自立，上升到对党和国家主流价值观的认同践行上，引导他们增强爱国意识，树立远大理想，自觉把个人的青春梦融入伟大中国梦，在追求国家富强、民族复兴的征程中实现人生价值，从而"扣好人生第一粒扣子"。

三、提升新时代高校资助育人"获得感"的现实困境

新时代提升资助育人"获得感"依然存在着经济解困尚未精准有效、无偿资助滋生依赖心态、评价指标缺乏价值导向、供求偏差抑制育人效能的现实困境，这些问题制约着资助育人效能的发挥。

（一）经济解困尚未精准有效

在高校资助育人工作中，家庭经济困难大学生面临的首要问题是经济困难。帮助家庭经济困难大学生解决经济问题，才能让他们在全面发展、成长成才的道路上没有后顾之忧。习近平总书记曾就"精准扶贫"作出指示："要做到对症下药、精准滴灌、靶向治疗，不搞大水漫灌、走马观花、大而化之，实现贫困人口精准脱贫。"[8] 此后，教育部也明确提出"精准资助"的要求，强调高校要为经济条件确实艰苦的贫困学生提供精准有效资助。随着国家对家庭经济困难大学生的经济扶持力度不断加大，全面落实"精准资助"已经成为时代要求。然而，笔者调研发现，不少高校在学生资助工作实际操作中，依然存在着不够精准问题，主要表现为政策上过于强调整体性，方法上简单采用"一刀切"，缺乏针对本校家庭经济困难大学生实际的认定标准。

一些高校把学生困难情况简单分为三个等级，再根据每个等级给学院分配相应名额，这种做法不仅区分度不够清晰，也无法考虑地区性差异等因素，容易出现认定的经济困难学生是相同困难等级但经济困难程度截然不同的情况，导致学生对认定标准提出异议。部分高校资助工作的形式过于单一和死板，没有根据学生需求和成长规律的实际变化进行动态调整，导致学生对资助育人工作的"获得感"不足。

（二）无偿资助滋生依赖心态

近年来，全国高校普遍建立起"奖、勤、补、助、贷、免"一体化的学生资助体系，"励志奖学金"和助学金、补助金成为家庭经济困难大学生获得无偿资助的主要来源。设立奖学金和助学金一方面能够保障家庭经济困难大学生的基本生活，另一方面也鼓励他们凭借优秀的学习成绩来获得部分经济奖励。应该说，国家资助政策的无偿帮扶客观上保障了家庭经济困难大学生度过经济难关，顺利成长成才。

但是，如果过于依赖政策性的资助而忽略加强价值维度的教育引导，就容易导致少部分家庭经济困难大学生滋生"等、靠、要"的懒惰思想和不良心态，给高校资助工作带来新的挑战。通过对部分家庭经济困难大学生开展访谈发现，有学生认为获得无偿资助是个人权利，国家资助自己读书求学是理所应当的，其对参加学校"慈善公益服务队"的活动抱有一定抵触情绪；还有学生认为获得资助是对其学习取得优异成绩的奖励，加之个别高校在评选"励志奖学金"过程中过于强调学生的学习成绩，对其政治素质、公益行为等方面的综合考量不够，更加助长了学生类似的错误观念。因此，这类受到国家资助的学生看似具备了一定"获得感"，实际只是个人依赖感在经济帮扶中的间接体现。

（三）评价指标缺乏价值导向

当前，大部分高校都建立了资助育人工作的评价体系，在家庭经济困难大学生的困难认定、经济资助、考核激励方面有着较为详细的实施方案，一定程度上确保了高校资助工作的公平性和科学性。但是总体上，这些评价指标都是偏向于资助工作的事务性操作。高校资助工作价值导向在于通过资助的有效载体实现其育人功能，如果从这个评判视角来看，当前不少高校的资助工作尚缺乏价值性的评价指标,一定程度上影响了其在学校人才培养环节的作用发挥。在资助育人的实践环节,不少高校形成了偏重量化指标建设、轻视价值指标考评的倾向,学校资助主管部门对二级学院资助中心开展的家庭经济困难大学生的价值引导工作要么不评估,要么进行笼统性评价,长此以往,必将形成资助工作重具体事务而轻价值育人的弊病,严重降低高校资助育人的"获得感"。

(四)供求偏差抑制育人效能

党的十八大以来,党和国家对高等教育日益重视,不断加大投入,高校学生资助工作也取得了长足发展。这期间,高校对资助育人进一步加强了顶层设计和体系构架,为学生资助工作有效开展提供了政策和制度保障。不少高校也不断拓展资助内容,以期帮助家庭经济困难大学生补"能力短板"来提升竞争力。如成立阳光学业支持中心,开设英语培训班、领导能力培训班、公务员考试辅导班等。但笔者在走访调研中也发现,不少家庭经济困难大学生对学校资助主管部门的"关怀举措"并不热衷,认为学校的帮扶政策没有契合他们的真正需求,反而是资助主管部门的"一厢情愿"。这种现象并非个例,充分说明当前高校资助工作"供给侧"空前丰富的同时存在"所助非所需,所需无所助"的供求错位,也反映出部分高校在学生资助工作中过于依赖主观判断和既有经验,对家庭经济困难大学生的需求调研不足,从而极大地影响了资助育人的"获得感"。

四、新时代高校资助育人"获得感"的提升策略

坚持在改革创新中提升高校资助育人的"获得感",需要我们进一步优化高校学生资助工作体系,通过普及有偿资助、深化精准资助、创新发展资助、推行需求资助来构建一体化的资助育人新格局。

(一)坚持参与导向:普及"有偿资助",强化劳动意识

针对部分家庭经济困难大学生对于无偿资助过于依赖的现状,学校可以在家庭经济困难大学生中培养劳动意识,推行"有偿资助"。所谓"劳动意识"就是让助学金、困难补助从无偿变为"有偿",学生获得多少助学金和

补助，就应该完成相应时长的公益服务或者其他劳动付出。让受助的家庭经济困难大学生摒弃助学金是"权利"和"福利"的观念，引导他们通过辛勤劳动、诚实劳动和创造性劳动收获幸福感和成就感，享受以自身劳动换取"经济回报"的快乐。对于那些学有余力、身体健康但一心只想伸手拿钱、逃避公益劳动的学生，学校有权利在批评教育无效的前提下终止助学金发放。这样，一方面可以保护家庭经济困难大学生的自尊心，同时也能培养学生的吃苦精神、责任意识和劳动情怀。此外，助学金还可以与勤工助学岗位打通，家庭经济困难大学生完成其所需完成的必要公益劳动时间后，可以选择在勤工助学岗位上继续工作，从而进一步减轻其经济压力，不断提升对学校资助育人工作的"获得感"。

（二）坚持主体导向：深化"精准资助"，探索精准匹配

教育部《高校思想政治工作质量提升实施纲要》对精准资助提出明确要求，要构建资助对象、资助标准、资金分配、资金发放协调联动的精准资助工作体系。高校应该改变当前经济帮扶中"一刀切"的资助方式，深化精准化的资助模式来提升资助育人工作的"获得感"。首先，要全面分析家庭经济困难大学生的家庭经济情况、生源地经济情况、家庭组成情况，并对他们的贫困状态进行提前评估，为学生提供精准化的资助方案。如针对部分家庭经济情况特别困难的学生，学校资助主管部门可与工会、校友会、社会团体等共同合作，采用一对一帮扶的形式帮助家庭经济困难大学生脱困。其次，要改进资助方式。如针对"95后""00后"大学生对"困难生"身份标签十分敏感的现象，一方面，可以改变传统直接评选和公示助学金的方式，变显性的经济资助为隐性的生活帮扶；另一方面，可为不愿意接受资助的家庭经济困难大学生提供"自我解困"的条件，如建立临时小额免息贷款解学生燃眉之急，或者设立专门的勤工助学岗位让他们自己赚取生活费用。最后，学校资助主管部门还应定期开展"满意度"测评，通过"自我成长满意度"和对学生"帮扶政策满意度"的调查，及时发现资助育人工作中的短板，从而作出有针对性的调整。

（三）坚持目标导向：创新"发展资助"，健全制度保障

高校资助育人要促进学生全面发展，使其成为德才兼备的高素质人才，在中华民族伟大复兴的伟大实践中建功立业，需要在顶层设计上为"获得感"提升做好制度保障。首先，完善价值引导的考评体系。打破当前主要进行经济帮扶成效考量的弊端，探索建立一体化的考评机制。一方面，把家庭经济困难大学生参与无偿献血、响应国家号召参军入伍、参与"三支一扶"计划和西部计划、进入国家战略需求的行业就业等纳入考量范畴。另一方面，对家庭经济困难大学生诚实守信、知恩感恩、勇于担当、自强自立、奉献社会等行为形成综合素质档案，作为评优评奖的重要参考。其次，构建统筹协调的合力育人体系。要系统整合政府、社会、高校等资助多元主体的育人力量，形成全员化、全过程、全方位的资助育人体系，科学设计目标和实施方案，保障活动经费、场地设施等方面的投入。最后，拓宽制度参与渠道。高校要合理释放资助考评体系的政策制定空间，畅通网络反馈渠道和线下座谈参与渠道，全方位征集家庭经济困难大学生的建议，在规范确立过程中充分体现学生主体立场，不断提升资助育人的"获得感"。

（四）坚持问题导向：推行"需求资助"，深化育人内涵

与精准资助不同，需求资助要求转换视野，从家庭经济困难大学生角度看待问题，而不是简单地把资助资源按照一定的标准下发，要让学生资助工作充分契合学生成长和发展的需求。首先，建立资助数据库。要定期举办全校家庭经济困难大学生代表的大访谈，利用互联网新媒体开展需求调研，建立资助学生个人受助数据库，从而全面掌握学生的需求。其次，提供个性化资助服务。高校资助管理部门要根据学生需求变化及时丰富资助内容。可以借鉴高校书院管理模式，在进行统一性资助的基础上，开放更多可选择性资助资源，如提供丰富的能力培训课程、心理拓展活动、学业指导服务、社会实践锻炼、企业岗位挂职等，鼓励学生根据个人需求来进行选择。最后，激发学生主动性。学校资助管理部门可以与教务部门合作，对参与公益劳动、课程学习的学生给予一定的学分认定；与国际交流学院合作，为成绩优异、信念坚定的家庭经济困难大学生提供到国际组织岗位锻炼、名校交流游学的机会，从而提升学生参与资助活动的积极性和主动性。

参考文献：

[1] 中共中央宣传部.习近平总书记系列重要讲话读本[M].北京:学习出版社、人民出版社,2016.

[2] 张国安.马克思关于人的本质的四重含义及其现实意义[J].甘肃社会科学,2015(6):27-31.

[3] 陈宝生.办好中国特色社会主义教育 以优异成绩迎接党的十九大胜利召开:2017年全国教育工作会议工作报告[J].中国高等教育,2017(3):4-14.

[4] 雷伯.心理学词典[M].李伯黍,译.上海:上海译文出版社,1996:765.

[5] 沈成平,叶一舵,丘文福.近十年贫困大学生心理健康状况的元分析[J].集美大学学报(教育科学版),2017(2):23-29.

[6] 罗洛·梅.人的自我寻求[M].北京:中国人民大学出版社,2013.

[7] 习近平在北京大学考察时强调:抓住培养社会主义建设者和接班人根本任务努力建设中国特色世界一流大学[N].人民日报,2018-05-03(01).

[8] 习近平论扶贫工作——十八大以来重要论述摘编[J].党建,2015(12):5-13.

（执笔人：卢文芸）

发展型资助对少数民族大学生培养质量的影响探究

华东师范大学

一、研究背景与问题提出

大学生思想政治工作要重点关注"十个育人",其中资助育人要求建立国家资助、学校奖助、社会捐助、学生自助"四位一体"的发展型资助体系。发展型资助即指高校根据教育规律和家庭经济困难学生的成长需求,通过以资金帮扶、心理辅导、科研指导、项目驱动、社会实践、能力培养等多种方式,帮助家庭经济困难学生在努力克服自身困难的同时,提高自身素质技能,健全人格品格,促进自身全面发展的一种资助模式。它不仅符合促进教育公平的时代要求,更有利于培养家庭经济困难学生的综合素质,提高生存能力和社会竞争力,激励家庭经济困难学生成长、成才。[1]

提升学生培养质量对高校来说是关乎生存和发展的重要任务,也是推进"双一流"建设的关键所在。[2]随着我国高等教育体制改革的不断深入,少数民族学生数量增多,而其在学习以及综合能力等方面显现的弱势也不容忽视。因此,重点关注高校少数民族大学生的发展,通过有效的资助途径和方式,确保少数民族大学生健康成长,对高校资助育人工作发展尤为重要,同时,对于维护社会和谐稳定和少数民族地区团结发展具有重要的意义。[3]然而,发展型资助、培养质量等主题在少数民族大学生研究中受到的关注相对较少,是少数民族大学生研究中较为薄弱的环节,现有的研究大多从理论层面探讨相应的策略。本研究从理论和实证层面对发展型资助对少数民族大学生培养质量影响进行深入剖析，对少数民族大学生在发展型资助背景下的个人发展现状和需求进行探索，以期为少数民族大学生培养质量的相关研究或其他学科提供新的研究视角，同时为我国其他高校同类问题提供一个案例参考。

二、方法与数据

（一）数据来源

本研究采用简单随机抽样的方法，于2019年4月对上海市H大学少数民族本科在校生开展问卷调查，发放关于"发展型资助对少数民族大学生成长成才的影响"调查表。调查内容包括5个部分：个人基本信息、资助政策知晓度、发展型资助活动参与度、发展型资助活动满意度以及对发展型资助的期望。本次调查共回收问卷630份，其中有效问卷568份，样本量占本学年少数民族本科生的38.93%。

（二）样本分析

调查对象当中，涵盖了本科阶段各个年级的学生。其中，男生为107人，占调查对象的18.8%，女性461人，占81.2%；大一学生所占比例为34.0%，大二学生所占比例为24.3%，大三学生所占比例为20.1%，大四学生所占比例为21.6%。本次调查对象由33个少数民族组成，其中人数最多的是维吾尔族，为158人，占本次调查对象的27.8%；其次是藏族，为71人，占本次调查对象的12.5%；回族次之，66人，占本次调查对象的11.6%；其他少数民族学生所占比例均不超过10%。此外，少数民族学生的生源地主要来自新疆（35.9%）、西藏（11.3%）、贵州（8.3%）、广西（6.3%），四地合计占比达61.8%，此外，近五成的少数民族学生来自农村。

三、研究结果

(一)少数民族大学生参加发展型资助的现状

中共中央、国务院印发的《国家中长期教育和改革规划纲要(2010—2020年)》明确指出要重视和支持民族教育事业。[4] 当前越来越多的少数民族学生离开边远民族地区来到东部发达地区求学,这符合我国的"西部大开发""可持续发展""构建和谐社会"等科学发展战略。[5] 少数民族大学生培养质量是反映高等教育质量的重要指标,更是实现民族地区长久发展的关键。推动少数民族大学生参与发展型资助对民族地区长久发展具有重大现实意义。

1. 参加发展型资助活动现状分析

勤工助学、互动学习中心以及"助力扬帆"计划是H大学发展型资助的重要载体。在发展型资助开展过程中,充分了解少数民族大学生对发展型资助参与情况现状,对于推进资助育人工作意义重大。

参加勤工助学情况。勤工助学是学生资助育人体系的重要组成部分,指学生利用课余时间,通过自己的劳动取得合法报酬,用于改善学习和生活条件,同时获取社会实践知识的活动。勤工助学是锻炼当代大学生思想品格的重要途径,不仅可以让学生感受到生活的艰辛,体会到自立自强的真正内涵,帮助他们树立自信心,培养服务精神和责任意识;还有利于学生在团队中学会竞争与协作,提高心理承受能力,培养危机意识。H大学目前共设有经常性各类勤工助学基地、项目30多个,岗位1200个。学校坚持勤工助学工作关键在"勤",目标在"学",在有效保障学生生活条件的同时,让学生更有"获得感"。调查对象当中,86.1%的少数民族大学生知道本校设有勤工助学基地,62.7%的少数民族大学生参加了勤工助学。数据显示,每名学生参加过2个或2个以上的勤工助学岗位,其中校内勤工助学岗位是少数民族大学生的首要选择,占比73.1%;其次是家教,占比49.8%。这也在一定程度上表明勤工助学岗位设立为少数民族大学生在校期间提供了锻炼自我的机会。同时,少数民族同学对于通过劳动获得报酬的育人方式有着充分的认识和赞同。

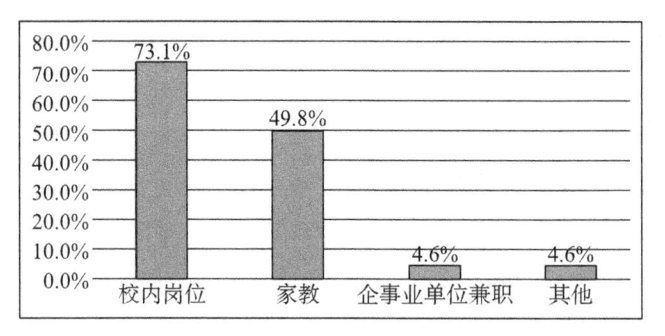

图1 少数民族大学生参与勤工助学情况

分析发现，参与勤工助学的少数民族大学生中，参加勤工助学的频率为每周2小时的学生超过四成，频率为每周三个半天或其他时间的学生均不足三成，而频率为每周四个半天或至少三天的均不超过一成。具体来看，校内岗位中，参加勤工助学的频率为每周2小时的比例最高，达到37.3%，每周三个半天频率所占比例为25.0%，每周四个半天或至少三天的频率所占比例均不超过6.0%；家教岗位中，频率以每周2小时的比例最高，达到50.3%，其次是每周三个半天的频率，所占比例为21.1%；企事业单位兼职中，三分之一的少数民族大学生参与频率为每周至少三天，这在一定程度上由其所在岗位工作性质决定的。在其他岗位中，四成的少数民族大学生参与勤工助学的频率为每周2小时，其次是其他时间频次、每周三个半天，二者所占比例分别为33.3%和20.0%。

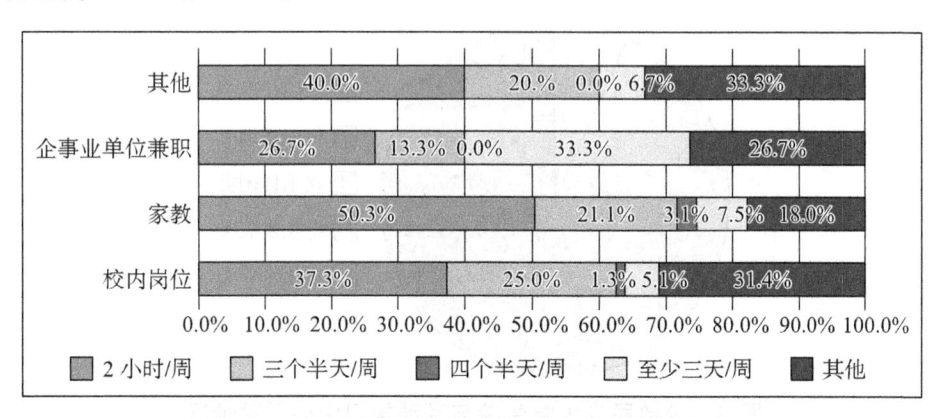

图2 少数民族大学生参与勤工助学频率情况

由此可见，绝大多数学生选择校内勤工助学岗位，主要原因在于校内岗位的工作时间相对灵活、多样，该岗位的设立在很大程度上为保证大学生学习之余，利用课余时间参与勤工助学提供了便利性。而校外岗位的设立有利于学生提前步入社会，深入了解今后的职业发展方向，不断提高自己的专业知识和业务能力，因此也深受学生喜欢。

2. 参加H大学互动学习中心情况

H大学互动学习中心是以"文化关怀"理念为指引，大力打造一个集教育引导、互动交流、效能评估等多元一体的新型助学平台。互动学习中心针对学生的特点及需求，推出了7C人才培养计划，着重培养学生的信心（confidence）、沟通（communication）、能力（competence）、合作（cooperation）、竞争（competition）、职业（career）、公益（commonweal）七个方面的能力和素质，通过领袖讲堂、技能培训、企业见习、电影沙龙、英语角、公益服务等形式多样的活动，并将京昆曲艺、交响乐欣赏等高雅艺术引入校园，丰富学生的课余生活，促进学生德、智、体、美、劳全面发展。

在本次调查对象当中，有超过五分之一（21.7%）的少数民族学生参与过互动学习中心组织的活动。在互动学习中心的各项活动中，超过一半的少数民族大学生参与过志愿公益类活动；其次是技能培训类和娱乐休闲类，二者所占比例之和为32.1%；而特长发展类、文化素养类和其他类型的活动，少数民族大学生参与的比例均不足10%。这在一定程度上说明发展型资助还有很大的发展空间，这也是提升学生综合能力的重要途径之一。

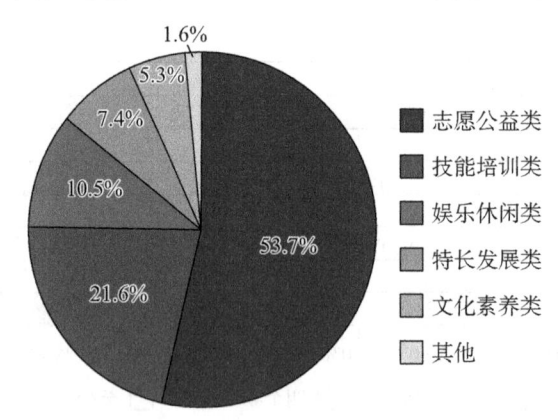

图3 少数民族大学生参与互动学习中心活动情况

参加家庭经济困难学生能力素质培训计划——"助力扬帆"计划。当前资助工作要求不断提高，基于在物质帮扶的基础上更加注重精神资助的原则，围绕提高困难学生综合能力、促进其职业发展的"授人以渔"角度做好资助育人，是学生资助工作的一个重要方面。H大学推出了"家庭经济困难学生能力素质培训计划——'助力扬帆'计划"。这是响应党的十九大精神和习近平总书记关于健全学生资助制度、精准扶贫及青年发展等重要指示，充分发挥学生资助作为学校教育"奋进之笔"重要内容的重大举措。[6]"助力扬帆"计划旨在努力提升学生综合能力、坚定学生理想信念、创新资助育人平台。该计划有九个不同类型的项目。其中"学生勤助团队实践"项目，通过少数民族师范生"发展型"就业竞争力系列培训活动，在培育学生树立正确成才观、就业观和价值观的同时提升其就业核心竞争力；"牵手回疆"项目，通过"支教+调研"的形式提升学生感恩回馈意识、增强学生爱国信念。

在调查对象当中，仅三成的少数民族大学生知道学校有"助力扬帆"计划。具体来看，知晓学校有家庭经济困难学生能力素质培训计划——"助力扬帆"计划的少数民族学生占本次调查对象的32.2%；知晓并参与"助力扬帆"计划的则仅有14.8%；知晓"助力扬帆"计划而未参与的少数民族大学生所占的比例为17.4%；不知道且没有参与"助力扬帆"计划的相应比例为67.8%。

表1 "助力扬帆"计划知晓和参与情况交叉表（单位：%）

	参与	未参与	合计
知道	14.8	17.4	32.2
不知道	0.0	67.8	67.8

H高校少数民族大学生所在院系分布较为集中，因而各院系的"助力扬帆"项目中吸纳少数民族大学生参与人数较多的是"少数民族师范生'发展型'就业竞争力提升计划"、"牵手回疆"项目和"畅谈青春梦想·此刻扬帆起航"项目，三者所占比例分别为34.5%、21.4%和16.7%，三者比例之和占参与该项目的少数民族大学生的72.6%。其余各项目所吸纳的少数民族大学生的相应比例均不超过10%。

图中图例：
- 少数民族师范生"发展型"就业竞争力提升计划
- "牵手回疆"项目
- "畅谈青春梦想·此刻扬帆起航"项目
- "夏之光"家庭经济困难学生美育社
- "助力创新 青春筑梦——创新能力提升"项目
- "科创 Idea 训练营"项目
- "助力家庭经济困难学生发展国际化"项目
- 其他

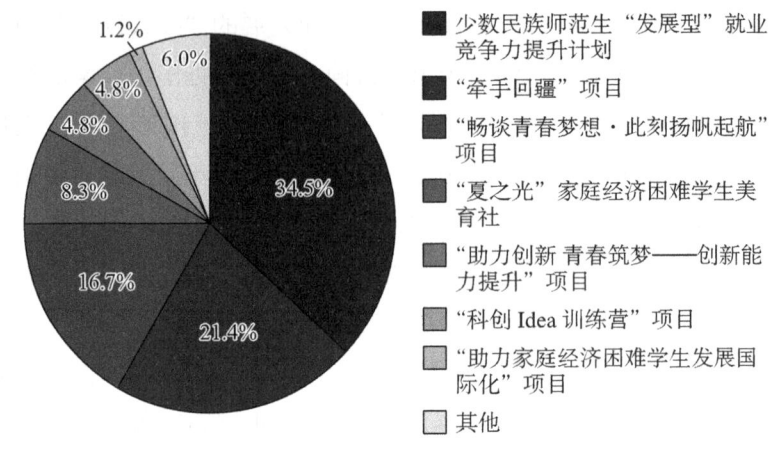

饼图数据：34.5%、21.4%、16.7%、8.3%、4.8%、4.8%、6.0%、1.2%

图 4　少数民族大学生参与"助力扬帆"计划情况

（二）发展型资助活动满意度

勤工助学、互动学习中心以及"助力扬帆"计划是 H 大学发展型资助的重要载体。在发展型资助开展过程中，充分了解少数民族大学生对发展型资助内容、形式等方面的满意度，对于改进资助育人工作方式方法，促进少数民族大学生综合能力提高意义重大。

调查对象对发展型资助活动的总体满意度较高。近六成的少数民族大学生对发展型资助活动表示"满意"，超过三成的少数民族大学生表示"基本满意"，仅 2.6% 的少数民族大学生表示"不满意"。其中，对发展型资助活动表示"非常满意"的少数民族大学生为 107 人，所占比例为 18.8%；表示"比较满意"的少数民族大学生为 232 人，所占比例为 40.8%；表示"基本满意"的少数民族大学生为 214 人，所占比例为 37.7%；表示"比较不满意"的少数民族大学生为 15 人，所占比例为 2.6%。此外，少数民族大学生对发展型资助活动不满意的主要原因是认为活动的宣传力度不够、体验感或归属感不强等。

调查对象当中，超过一半的少数民族大学生表示学校发展型资助活动的内容较为全面、丰富，活动形式多样化；同时不足两成的少数民族大学生认为发展型资助活动的内容和形式较为单一，超过三成的少数民族大学生表示发展型资助的内容和形式有待进一步拓展。

表2 发展型资助活动满意度

指标		人数（人）	百分比（%）
总体评价	满意	339	59.7
	非常满意	107	18.8
	比较满意	232	40.8
	基本满意	214	37.7
	不满意	15	2.6
	比较不满意	15	2.6
	非常不满意	0	0.0
活动内容	比较全面、丰富	298	52.5
	比较单一	94	16.5
	有待拓展	176	31.0
活动形式	多样化	296	52.1
	比较单一	97	17.1
	有待拓展	175	30.8

（三）发展型资助对少数民族大学生培养质量的成效自评

实现内涵发展，提高学生培养质量是新时代高等教育发展的新追求。评估高等教育质量的维度很多，人才培养质量是高等教育质量的重中之重，大学生学习质量又是人才培养质量的重要体现，是高等教育质量的微观层面。[7]

本部分选取初次参加发展型资助活动的少数民族大学生、多次参加发展型资助的少数民族大学生两组数据（N=139），从综合能力、学业或专业素养、树立自信心、创新意识和能力、课余生活、交际能力六个维度分析发展型资助对少数民族大学生培养质量的影响。通过数据分析发现，发展型资助具有可持续性特点，是一项为有利于提高少数民族大学生培养质量的全面协调可持续发展的活动。

在综合能力方面，少数民族大学生参加发展型资助活动越多，自身综合能力提升越高。多次参加发展型资助活动的少数民族大学生中，认为发展型资助对于提高自身综合能力有很大帮助比例为23.7%，有一定帮助的比例为

72.6%，相应比例分别高于初次参加发展型资助的少数民族大学生7.0个百分点和0.9个百分点；而认为发展型资助对于提高自身综合能力帮助很小或没有帮助的少数民族大学生比例分别为3.2%和0.5%，相应比例分别低于初次参加发展型资助的少数民族大学生6.2个百分点和1.7个百分点。

在学业或专业方面，少数民族大学生参加发展型资助活动越多，对自身学业或专业素养提升相对越高，初次参加与多次参加二者之间差异不大。初次参加发展型资助活动的少数民族大学生中，14.3%的少数民族大学生认为发展型资助对于学业或专业素养提升有很大帮助，相应比例略高于多次参加发展型资助的少数民族大学生；64.1%的少数民族大学生认为发展型资助对于学业或专业素养提升有一定帮助，相应比例低于多次参加发展型资助的少数民族大学生9.3个百分点；而初次参加发展型活动的少数民族大学生认为发展型资助对学业或专业素养提升帮助很小或没有帮助的比例均略高于多次参加发展型资助的少数民族大学生，但总体差异不大。这可能的原因是由于学业或专业的素养形成，需要在长期的积累和实践中逐步凸显，具有一定的长期性和复杂性，并非立竿见影、一蹴而就的。

在树立自信心方面，少数民族大学生参加发展型资助活动越多，越有利于自身在学习、生活、实践等方面树立自信。多次参加发展型资助的少数民族大学生中，认为发展型资助对于自身树立学习、生活、实践等方面的自信心有很大帮助比例为17.2%，相应比例低于初次参加发展型资助的少数民族大学生3.8个百分点；认为有一定帮助的比例为73.2%，相应比例高于初次参加发展型资助的少数民族大学生7.9个百分点；而认为发展型资助对于自身树立学习、生活、实践等方面自信心的帮助很小或没有帮助的少数民族大学生比例分别为7.4%和2.2%，相应比例分别低于初次参加发展型资助的少数民族大学生1.9个百分点和2.2个百分点。

在创新意识和能力方面，少数民族大学生参加发展型资助活动越多，越有利于提高自身的创新意识和能力，初次参加与多次参加二者之间差异不大。多次参加发展型资助的少数民族大学生中，认为发展型资助对于提升自身创新意识和能力有很大帮助的比例为12.9%，相应比例低于初次参加发展型资助的少数民族大学生2.8个百分点；认为有一定帮助的比例为71.2%，相应比例高于初次参加发展型资助的少数民族大学生5.9个百分点；而认为发展型资助对于提升自身创新意识和能力的帮助很小或没有帮助的比例均略低于初次参加发展型资助活动的少数民族大学生。详见表3。

表3　发展型资助对少数民族大学生培养质量的影响（单位：%）

六大维度	初次参加				多次参加			
	有很大帮助	有一定帮助	帮助很小	没有帮助	有很大帮助	有一定帮助	帮助很小	没有帮助
综合能力	16.7	71.7	9.4	2.2	23.7	72.6	3.2	0.5
学业或专业素养	14.3	64.1	15.8	5.8	12.2	73.4	12.2	2.2
树立自信心	21.0	65.3	9.3	4.4	17.2	73.2	7.4	2.2
创新意识和能力	15.7	65.3	14.6	4.4	12.9	71.2	11.5	4.3
丰富课余生活	20.1	65.1	9.3	5.5	22.3	64.0	11.5	2.2
扩大交际圈	22.9	62.5	11.1	3.5	23.7	64.0	10.1	2.2

同时，调查对象当中，超过六成的少数民族大学生认为发展型资助对促进少数民族大学生成长成才以及实现资助育人功能的作用明显，三分之一的少数民族大学生则认为上述作用一般。并建议学校应在能力培养、社会实践、资金帮扶、社交礼仪、科研指导和心理辅导等方面加大资助力度，以深入推进资助育人，助力学生成长成才。少数民族大学生对发展型资助类型的需求情况见图5。

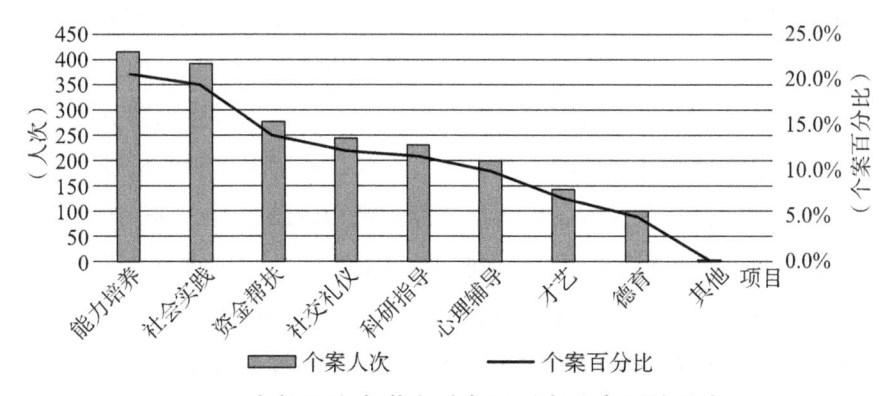

图5　少数民族大学生对发展型资助类型的需求

四、对策和建议

教育工作者要围绕立德树人这一根本任务，坚持以人为本、科学发展、资助育人的原则，遵循大学生成长成才发展规律，进一步优化资源配置，探索更加贴近家庭经济困难学生的实际需求的资助形式。通过上述分析发现，发展型资助对少数民族大学生培养质量的提高有积极促进作用。在综合能力、树立自信心、扩大交际圈等方面，少数民族大学生参加发展型资助活动越多，越有利于自身综合能力的提升、自信心的树立和交际圈的扩大。而在学业或专业素养、创新意识和能力、丰富课余生活等方面，发展型资助对其培养质量的提高也起到了一定的推动作用。但在资助政策宣传、资助内容和形式等方面应继续加大扶持力度。具体建议如下：

第一，多举措强化思想教育。开展思想政治教育是学校发展的必然趋势，也是学生自身发展的现实需求。高校教师应通过党团支部活动、辅导员定期座谈、师生结对帮扶、朋辈心理辅导等多种形式，密切关注少数民族学生的身心健康发展，加强德育、美育、民族团结等教育，积极弘扬社会主义核心价值观，引导少数民族学生树立民族观念，增强民族认同感和归属感。同时，心理辅导作为高校思想政治教育中不可或缺的重要环节，高校要协调院系辅导员、心理辅导/咨询中心等部门，对学生尤其是新生进行摸、排、查，帮助学生打消顾虑，全身心投入学习中。这一认知与本次研究数据中少数民族大学生希望发展型资助项目中有心理辅导的内容较为契合。此外，要积极构建资助育人机制，加强对学生的"三项教育"，即励志教育、诚信教育和社会责任感教育。

第二，多渠道深化资助宣传。教育部强调不让一个学生因家庭经济困难而失学[8]，这是国家对学生的庄严承诺，这要求资助工作者积极加大学生资助政策宣传力度，全面宣传各项学生资助政策和资助成效，确保国家资助政策落到实处，营造积极进取、奋发向上的良好氛围。此次研究发现，少数民族大学生对发展型资助的内涵、国家及学校的资助项目了解不够深入，会在一定程度上削弱其对资助政策的获得感。因此，高校一方面要联动机关、院系，多措并举加大资助政策宣传力度，层层深入学生以全方位讲解资助政策，用接地气的方式进行资助宣传，比如利用"少数民族运动会""少数民族文化节""少数民族奖学金"等机会进行宣传。另一方面要联动辅导员、教务员等老师群体，随时跟踪和收集少数民族学生参与学校活动的感受，并引导和督促学生多参与学校各项活动。此外，充分发挥学生的主观能动性，通过校园资助宣传大使，让获助学生以身说资助，让资助政策达到"从学生中来到，学生中去"现实效果。

第三，多方面加大帮扶力度。多方面加大帮扶力度是全面推进精准资助机制建设，实现资助对象、资助标准、资金分配、资金发放"四个精准"目标的必然要求。少数民族大学生受其生活水平及环境因素的影响，更容易因物质贫困导致精神贫困[9]，难以真正融入高校生活，缺少与其他民族同学融合的凝聚力和归属感。改善这一情况可从以下方面入手。一是加大资金资助力度。从此次研究数据看出，有15.7%的学生还是希望有资金帮扶的，高校需要加大资金、物资的帮扶力度，减轻少数民族学生入学后的经济困难。二是重视学业指导。通过学生团队帮扶、导师结对服务等多种形式构建学生帮扶指导体系，开设汉语、计算机、英语等兴趣班，为少数民族学生提供更专业、更系统的指导，帮助他们提高学业能力，并从多维度发掘自身优势，树立自信心、提高创新意识和竞争意识，最终使少数民族家庭经济困难学生以自信的姿态独立走上社会[10]。三是拓展勤工助学岗位。数据显示，少数民族学生参加校内勤工助学岗位的个案百分比为73.1%，参加校外勤工助学的相应比例为59.0%。因此学校应在校内拓展锻炼综合能力的岗位，提高岗位要求，确保在不影响学业的同时，有效锻炼和提高个人综合能力。四是注重特长发展提升。调研数据显示，少数民族大学生参与特长发展、文化素养等类型的活动的比例均不足10.0%，这在一定程度上是少数民族学生个人全面发展的短板，也最具发展空间。高校需要加强对少数民族学生综合能力的培养，注重发展个人技能、提高文化素养，进而逐步提高其核心竞争力。

青年是国家的未来，民族的希望。新时代新形势下，改革开放和社会主义现代化建设、促进人的全面发展和社会全面进步对教育和学习提出了新的更高要求。高校应在为学生解决经济困难的同时，不断拓展和延伸育人工作的广度和深度，构建德智体美劳全面培养的育人体系；同时提高精准资助和资助育人水平，努力提高少数民族学生的培养质量，努力培养德智体美劳全面发展的社会主义建设者和接班人。

参考文献：

[1] 马彦周, 高复阳. 高校构建发展型资助的必要性研究[J]. 湖北社会科学, 2011(01).

[2] 马林, 于志强, 马文会. 工科大学生培养质量分析研究——以昆明理工大学冶金与能源工程学院近三年毕业生为例[J]. 汉字文化, 2019(03).

[3] 卫茹静, 郑辛酉. 高校少数民族学生有效帮扶教育资助对策研究[J]. 赤峰学院学报(自然科学版), 2015, 31(21):255-257.

[4] 新华社. 中共中央、国务院印发国家中长期教育改革和发展规划纲要(2010-2020年)[J]. 人民教育, 2010(21):2-15.

[5] 邹日强. 普通高校少数民族学生工作探析[N]. 光明日报, 2010-02-10(07).

[6] 习近平. 习近平在中国共产党第十九次全国代表大会上的报告[N]. 人民日报, 2017-10-28.

[7] 李雄鹰, 黄海峰, 马树超等. 兰州大学"拔尖计划"人才培养质量研究——基于大学生学习投入、学习心理与学习收获的视角[J]. 兰州大学学报(社会科学版), 2018, 46(05):188-197.

[8] 教育部. 不让一个学生因家庭经济困难而失学[EB/OL]. 央广网, https://news.china.com/news100/11038989/20170906/31302041.html, 2017-09-06.

[9] 马召伟. 论新疆少数民族贫困大学生资助政策体系的完善[J]. 塔里木大学学报, 2011, 23(02):60-64.

[10] 蔡文伯, 杨丽雪. 少数民族大学生学业自我效能感、学习策略与学业成就的关系研究[J]. 民族教育研究, 2019, 30(01):83-90.

（执笔人：周赛君）

基于资助育人理念下的高校学生资助工作绩效评价及提升方案研究

上海理工大学

对于高校来说,育人是高校的根本任务和存在的核心价值,高校资助工作是高等教育改革的重要组成部分,是实现"不让一名大学生因经济困难而辍学"这一庄严承诺的有效保障和前提条件。资助工作作为高校发展中不可或缺的组成部分,关系到让众多家庭经济困难的大学生成长成才。

高校资助制度是高校资助工作的旗帜,是方向指引和导向标准。上海市高校的资助政策经过几十年的摸索,逐步建立起切实可行的资助政策体系。但是,这一政策体系依然有改进的空间。学生资助工作绩效评价方案根据新时代高校资助工作的要求,为上海市普通高校资助工作提供了更多的思路。

一、学生资助工作绩效评价及提升方案研究意义

(一)高校学生资助工作绩效评价建设要时刻保持其先进性与效能度

高校学生资助通过就学就业资助服务体系,以发挥短暂脱贫效力为基础,帮助家庭经济困难学生逐步增强脱贫意识、提升脱贫能力,助力贫困家庭有效脱贫;坚持托底层面的经济支持和政策扶持是根本保障,随着中国减贫战略的转型,贫困的内涵不断深化,高校学生资助需创新教育扶贫方式,优化教育帮扶政策,由绝对贫困视域下重点解决物质贫困,逐渐演变为解决相对贫困视域下的意识贫困和能力贫困,着眼于学生多维贫困的问题,最终

实现学生的全面发展。

2019年颁布的《中国教育现代化2035》聚焦教育发展的突出问题和薄弱环节，继续"健全家庭经济困难学生资助体系，推进教育精准脱贫"。在教育现代化的进程中，高校学生资助如何"把钱用在刀刃上"，需要构建与社会主义现代化强国相适应的学生资助体系，围绕高质量人才培养目标的优化升级，迎合国家人才发展战略的需要，面向未来，拓展资助育人途径，实现高校学生资助高质量转型。

（二）高校学生资助工作绩效评价建设促进高校育人内涵建设

对高校资助工作进行绩效评价不仅能够保证资助资源的充分利用，让各项资助政策得到有效落实，提高资金的有效利用率，真正使家庭困难的学生受益，使"精准扶贫"落到实处，而且合理的评价指标还能正确引领育人导向，有效帮助大学生提高知识和技能水平，为困难学生将来更好投身社会主义建设打好基础、做好准备。

关于高校的资助工作，我国目前也出台了相关的考核标准，这些考核标准起到了指导和督促作用。但随着时代的发展，资助的内涵和外延有了新的内容。因此，研究高校育人理念下的学生资助工作绩效评价方案，对提升学校资助工作和资助育人工作有着积极的理论意义和实践意义。

二、学生资助工作绩效评价及提升方案研究内容

（一）现阶段高校学生资助工作绩效评价方案面临的问题

现阶段资助评价体系主要从资助覆盖面、政策落实力度、操作规范化、责任明确程度等方面进行考核，注重资助和教育的"公平性"以及资金的落实程度，为资助工作打下基础，提供指导规范。

随着时代发展，资助的内涵和外延都有了新的内容，高校要推进资助工作改革，提高资助工作绩效。因此，基于高校育人理念下的学生资助工作绩效评价以及提升是高等教育改革的重要组成部分。

（二）学生资助工作绩效评价及提升方案研究目标

上海市目前高校数量多、分布范围广，呈现出了从双一流高校到普通高校的梯级分布、综合性大学与专业型大学共存的现状。无论是双一流高校还是普通私立专科院校，都在统一的资助制度的规范下开展资助育人工作。本研究旨在结合最新时代要求，适应上海高校特色。通过定量定性相结合的方式，试图形成一套相对系统、完善、能够引领发展促进资助系统稳进的制度建设及考核体系，提出高校育人理念下的学生资助工作绩效考核指标，以期帮助高校资助育人内涵提升。

三、学生资助工作绩效评价及提升方案研究过程与方法

（一）第一阶段：调研与资料整理

前期课题研究小组调研了陕西省、江苏省、山东省部分高校的资助体系与评价方式，并查阅了高校资助绩效评价体系划分资料。

主要依据教育部《中央部属高校学生资助工作开展情况问卷调查指标与标准——本专科生》这一指导文件制定评价指标，参考中央部属高校学生资助工作开展情况问卷调查表，部分兄弟院校的学生资助工作绩效评价指标与评分标准等开展研究。

（二）第二阶段：学生资助工作绩效评价初稿编制

确定评价内容设置四个一级指标，分别为：基础建设、工作实施、工作成效和附加项目，分模块编制二级指标与三级指标，项目组汇总讨论，形成方案。

（三）第三阶段：与各高校研讨，改进方案

2021年11月30日，由上海市教育委员会指导、上海理工大学主办的上海市高校资助工作绩效评价研讨会在上海理工大学举行。上海市教委学生处一级调研员赵静茹，上海市社科院党委副书记、政府绩效评估中心主任王玉梅，上海市教委学生处乔发超等出席会议，来自上海市近30所高校的学校资助工作负责人和工作人员等50余人参加研讨会议。高校资助工作绩效评

价方案进一步改进和完善。

四、学生资助工作绩效评价及提升方案现阶段研究成果

（一）总述

学生资助工作绩效评价的内容设置四个一级指标，分别为：（1）基础建设；（2）工作实施；（3）工作成效；（4）附加项目，每个一级指标下设置二级指标，每个二级指标又划分具体的三级指标，图1为一级指标和二级指标。

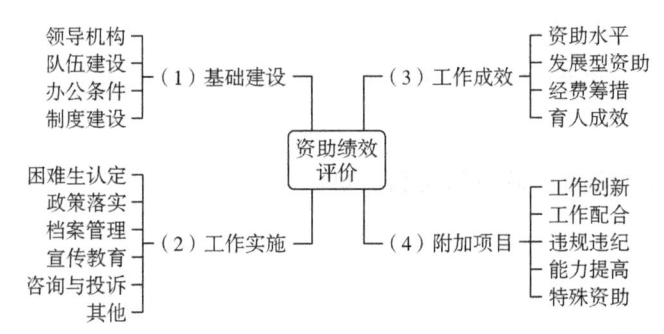

图1 学生资助工作绩效评价一级、二级评价指标设置

（二）评价指标细分

为了明确每个评价指标占的比重，课题组提出使用分数作为指标的最终评价。

1. 基础建设

基础建设部分分成四个二级指标，共10分，分别为：

领导机构占2分，下设两个三级指标：校与院领导小组配备，职责明确。

队伍建设占3分，下设两个三级指标：召开学校学院工作会议，召开学校学院工作会议。

办公条件占2分，下设两个三级指标：办公场所和网络平台。

制度建设占3分，下设三个三级指标：奖勤助贷、服兵役国家资助资助和基层就业学费补偿贷款代偿。

三级指标的评价内容与标准如表1所示。

表 1 基础建设三级指标的评价内容与标准

三级指标	评价内容及标准	评价材料提供及要求	分值
校与院领导小组配备	有明确的领导小组机构成立文件	提供证明文件	1
职责明确	有明确的职责说明文件		0.5
召开学校学院工作会议	每年至少两次工作会议，提供会议记录	会议记录	0.5
工作人员培训与考核	每年一次奖勤助贷政策培训与考核	提供相关记录	1
办公场所	硬件要求（电话，电脑，网络）		0.5
网络平台	专门的资助网站，信息公开		0.5
制定并完善国家奖勤、助贷管理办法，各种奖勤助贷、服兵役国家资助等自助通道、基层就业学费补偿贷款代偿管理办法的管理方法，提供相应资助文件，要求编号正规连续			6

2. 工作实施

工作实施部分成六个二级指标，共 50 分，分别为：困难生认定、政策落实、档案管理、宣传教育、咨询与投诉和其他。

二级指标困难生认定占 5 分，下设一个三级指标：认定程序规范。

政策落实占 17 分，下设四个三级指标；

档案管理占 5 分，下设一个三级指标；

宣传教育占 8 分，下设四个三级指标：政策宣讲，教育活动，典型树立与宣传，工作简报；

咨询与投诉占 6 分，下设三个三级指标：咨询制度、投诉制度、投诉处理。

其他占 9 分，下设三个三级指标：资助管理体系和办法、困难生技能培训课程、学业就业帮扶措施。

三级指标的评价内容与标准如表 2 所示。

表 2　工作实施三级指标的评价内容与标准

三级指标	评价内容及标准	评价材料提供及要求	分值
认定程序规范	有明确的评定标准，认定材料要，评审程序规范，有公示	评定文件	5
国家资助	国家奖学金、国家励志奖学金、国家助学金组织申请、评审、公示按照国家规定执行发放	学校提供相关材料	5
地方资助	市级颁发的各类奖学金组织申请、评审、公示按照规定执行得4分；发放及时、足额得1分	学校提供相关材料	5
社会资助	有明确的资助管理条例得2分；按照管理条例组织评审、发放及时、足额得3分	学校提供相关材料	5
勤工助学	勤工助学岗位（校内或校外固定岗位）占家庭经济困难学生比例75%以上得2分；其他得1分	学校提供相关材料	2
困难生建档	档案建立与管理规范	学校提供相关材料	5
政策宣讲	利用宣讲会、微信推文等多种宣传手段进行宣传，每次得0.5分，满分2分	学校提供相关材料	2
教育活动	开展有影响力的资助宣传活动，每次得0.5分，满分2分	学校提供相关材料	2
典型树立与宣传	校级以上媒体报道学生资助工作开展情况每次加1分，中央媒体或者省级媒体每次报道加2分，满分2分	学校提供相关材料	2
工作简报	有典型事迹简报	学校提供相关材料	2
咨询制度	有咨询电话等咨询渠道得2分	学校提供相关材料	2
投诉制度	有明确的投诉制度、投诉通道得2分	学校提供相关材料	2
投诉处理	根据投诉制度在规定时间内完成投诉事件处理得2分	学校提供相关材料	2
特色做法	成立由学生自主管理的资助相关社团、开展一项困难生技能培训课程	学校提供相关材料	4
整体评价	具备完善配套的资助管理体系和办法得1分；具备学业、就业帮扶措施得1分；开展一项困难生技能培训课程得1分	学校提供相关材料	5

3. 工作成效

工作成效部分成四个二级指标，共 40 分，分别为：资助水平、发展型资助、经费筹措、育人成效。

资助水平占 10 分，下设二个三级指标；

发展型资助占 10 分，下设四个三级指标；

经费筹措占 10 分，下设三个三级指标；

育人成效占 10 分，下设六个三级指标。

三级指标评价内容与标准如表 3 所示：

表 3　工作成效三级指标评价内容与标准

三级指标	评价内容及标准	评价材料提供及要求	分值
资助面	**资助人数占全校困难生的比例** 其中全覆盖为 5 分；95%≤占比＜100% 为 4 分；90%≤占比＜95% 为 3 分；低于 90% 不得分	学校提供相关材料	5
资助力度	**困难生全年人均资助金额，最低资助金额** 学校填写本专科家庭经济困难学生生均受助金额，上级部门或者考评组对市属高校排名打分，第 1～5 名高校得 5 分，6～10 名得 4 分，11～15 名得 3 分；其余得分 2 分。满分 5 分	学校提供相关材料	5
实践锻炼	**困难生参加实践锻炼的比例** 各高校报送，由上级部门或者考评组对市属高校排名打分；最高分 2.5 分，依据排名递减顺序，相应扣 0.1 分	学校提供相关材料	2.5
职业引领教育	**困难生开展职业发展教育的场次、人数** 各高校报送上级部门或者考评组对市属高校排名打分，最高分 2.5 分，依据排名递减顺序，相应扣 0.1 分	学校提供相关材料	2.5
学业学术发展	**困难生学业学术的支持力度** 学校组织对有困难生参加的课后辅导、学术讲座的场次，占比 2 分；困难生学业和学术发展进步情况，占比 0.5 分。各高校报送上海市学生资助中心，由市资助中心对市属高校排名打分。第 1～5 名高校得分 2.5 分；6～10 名得 2.0 分；其余得 1.5 分	学校提供相关材料	2.5
就业创业支持	**困难生就业创业提供的智力和资金支持情况** 各高校报送，由上级部门或者考评组对市属高校排名打分，最高分 2.5 分，依据排名递减顺序，相应扣 0.1 分	学校提供相关材料	2.5

(续表)

三级指标	评价内容及标准	评价材料提供及要求	分值
事业收入提取支出	学校教育事业收入中学生资助经费提取比例 学校填写教育事业收入中学生资助经费提取比例和事业收入（教育事业收入和科研经费收入）中学生资助经费提取比例，上级部门或者考评组根据填报数据打分，学生资助经费提取比例达到教育事业收入（学费、住宿费、培训收入）的4%~6%，得4分；低于4%扣2分；满分4分	学校提供相关材料	4
勤工助学经费	学校提供的勤工助学岗位 学校提供勤工助学岗位数量占全体困难生总人数80%（含）以上，得2分；70%~80%得1.5分。其他得1分	学校提供相关材料	2
	参加勤工助学的人数 参加勤工助学困难生人数占全体困难生总人数70%（含）以上的，得1分；其他得0.5分	学校提供相关材料	1
	勤工助学学生时薪金额 按由高到低排名，第1~3名得1分；4~6名得0.8分，其余得0.5分	学校提供相关材料	1
社会筹集	开展社会资金筹集工作情况和筹集金额 高校开展了社会资金筹集工作，并筹集了一定金额的得2分	学校提供相关材料	2
保障育人成效的措施	运用大数据，精准资助，动态掌握困难生的基本消费情况	学校提供相关材料	1
困难生就业情况	困难生的就业率和高质量就业情况 困难生就业率达到95%（含）以上，得3分；90%≤就业率<95%得2.5分；其他得1分	学校提供相关材料	3
困难生升学情况	困难生的升学率 升学率指困难生考取国内国外高校研究生继续深造的，各高校报送困难生的升学率到市资助中心，资助中心根据各高校报送数据排名，第一等级2分，第二等级1.5分，第三等级1分	学校提供相关材料	2
困难生获奖情况	困难生在校期间获得各类荣誉（包括奖学金）情况 各高校报送困难生的获奖情况到市资助中心，资助中心根据各高校报送数据排名，第一等级1.5分、第二等级1.0分、第三等级0.5分	学校提供相关材料	1.5

(续表)

三级指标	评价内容及标准	评价材料提供及要求	分值
困难生励志典型	**典型人物数量、事迹情况** 各高校在困难生中有较为突出或者影响较大的典型事迹的，得1分	学校提供相关材料	1
困难生还款质量	**按时还款率比例、不良率比例** 按不良率从小到大排名：第1~5名1.5分、第6~10名1分、剩余0.5分	学校提供相关材料	1.5

4. 附加项目

附加项目部分成四个二级指标，不限分数，分别为：工作创新、工作配合、违规违纪、能力提高、特色资助。

工作创新占3分，下设两个三级指标；

工作配合±3分，下设两个三级指标；

违规违纪-8分，下设三个三级指标；

能力提高占3分，下设一个三级指标；

特色资助占2分，下设一个三级指标。

三级指标评价内容与标准如表4所示。

表4 附加项目三级指标评价内容与标准

三级指标	评价内容及标准	评价材料提供及要求	分值
理论研究	国家或核心期刊公开发表资助工作研究著作，每篇加1分；其他刊物公开发表，每篇加0.5分；承担并较好完成市级及以上学生资助工作相关课题，每项加1分；开展校级课题研究并结题的，每项加0.5分	学校提供相关材料	3
制度措施创新	创新的制度或举措，具有创造性意义和借鉴意义，可在其他高校推广的，每项加1分	学校提供相关材料	
工作组织参与	积极配合财政部、教育部及全国资助中心调研、承办会议、有宣传和示范效应的典型经验发言，每次加0.5分；获市级学生资助管理中心举办的有关评优评先集体荣誉，每次加1分	学校提供相关材料	3

（续表）

三级指标	评价内容及标准	评价材料提供及要求	分值
未完成交办任务	未按财政部、教育部及全国资助中心有关通知要求完成工作任务每次扣0.5分，完成质量较差每次扣0.5分	学校提供相关材料	-3
违纪违规	资助工作中有违纪违规问题，每次扣0.5~1.5分	学校提供相关材料	-3
数据泄露	发生网络安全事件，泄露学生资助敏感信息一次性扣除	学校提供相关材料	-3
社会舆情	新闻媒体、网络媒体等负面报道，并经核查属实，每次酌情扣0.5~1分	学校提供相关材料	-2
创新创业	受资助学生的专利证书或其他市级以上证明证书，每5个加1分	学校提供相关材料	3
特色资助	志愿者服务、赋能教育、少数民族专项资助、兵役学生资助、心理健康教育、职业规划教育等，需品牌化成系列，每个加1分	学校提供相关材料	2

（三）总评

评价等级分为优秀、良好、合格、不合格四个等级。总分在90（含）分以上的为优秀，80~89分为良好，60~79分为合格，60分以下为不合格。有下列情况之一者，不论最终得分多少，均不能评为良好以上：无机构和专职人员的；严重违反规定评审和发放奖助学金，师生反映强烈的。

五、学生资助工作绩效评价结果运用与设想

（一）评价结果的运用

对评价结果予以通报，对评价等级为优秀的单位和先进个人予以表彰，对不合格的高校由考评组提出整改意见，要求限期整改。

对于评价等级为优秀的学校，可以申报"上海市资助示范中心"。

（二）"上海市资助示范中心"设想

1. 申报条件

（1）达到《上海市普通高等学生资助工作绩效评定标准（试行）》要求"优秀"的高校。

（2）在资助队伍建设、制度建设、困难生认定、政策落实、档案管理、资助宣传教育、发展型资助开展、育人成效等方面工作基础良好，工作特色鲜明、效果显著，在全市高校中具有引领和示范效应。

（3）承担过市级及以上资助育人研究课题，以及市级会议、大型活动等任务，具有稳定的资助育人师资队伍和条件。

（4）学校高度重视示范中心建设，确保相应的配套经费投入，落实中心建设必需的人员、资金、场地和设备，具备适应专业工作推进的体制机制与其他相关政策保障。

2. 建设任务

（1）积极探索符合我国高校特点的资助育人教育管理体制、运作机制，尤其在绩效管理、岗位分类设置、"互联网＋学校资助育人建设"，以及社会资源整合等方面进行富有价值的实践探索。

（2）开展资助育人教育的理论研究和应用研究。

（3）配齐配强培优专业团队，着力提升中心主任的专业能力与管理水平。

3. 经费投入与考核管理

（1）将采取"因素法分配，项目法管理"安排经费用于支持示范中心承担上述项目。

（2）示范中心所在高校应制订具体培训任务实施方案，规范执行经费，专款专用。

（3）对示范中心采取目标管理与过程管理相结合的办法，进行考核。考核内容包括：完成下达建设任务的情况，培训、研讨组织工作情况，受训对象的评价，项目经费管理与执行情况等。

六、思考与总结

如何从"外延型"向"内涵式"资助转变,是我们当前需要思考的问题。学生资助绩效评价要坚持定性和定量的评价方法,通过评价体系提升资助工作科学性和规范性的同时,要更注重推进内涵式发展型资助模式。评价只是一种手段而不是最终目标,需要群策群力共同构建多元化绩效评价体系,提升发展型资助育人成效。

基于提升学生自助能力的高校发展型资助育人研究

上海海事大学

资助工作是高校思想政治工作的一个重要载体,《高校思想政治工作质量提升工程实施纲要》将资助纳入高校思想政治工作十大育人体系,并对资助育人质量提升作出规划和部署,提出建立国家资助、学校奖助、社会捐助、学生自助"四位一体"的发展型资助体系。"发展"既是指资助育人体制机制的不断完善,也是指受助学生能力的不断拓展及可持续发展。发展型资助育人体系的提出,标志着资助育人体系从物质资助到物质和精神双重资助再到成才资助的理性转变。"学生自助"作为发展型资助体系的重要构成部分,既要发挥物质自助的作用,还要在能力拓展和可持续发展方面发挥自助作用,也就是要充分发挥个体的主观能动性和激发个体的内生动力。自发展型资助育人体系提出至今,对于如何更好地发挥"学生自助"在"发展"中的积极作用还处于研究和探索阶段。要充分发挥"学生自助"的积极作用,我们一方面要激发受助学生进行自助的积极性和主动性;另一方面要积极有效提高受助学生的自助能力,使他们具有可持续的内生动力,从而使"学生自助"的应然作用与实然作用相统一,更好地推动发展型资助体系的终极目标的实现,更好地为受助学生成长成才、全面发展保驾护航。

一、发展型资助育人体系下提升学生自助能力的重要性

受助学生既是资助育人工作的客体,又是资助育人工作的主体。如何更

好地发挥受助学生的主观能动性，是当前资助育人工作的一个重要课题，事关受助学生全面发展的目标的顺利实现和资助育人工作的实践成效。学生自助是受助学生主观能动性发挥的重要抓手，学生自助能力是学生自助实践成效的关键制约因素，影响着资助育人质量的提升。

（一）学生自助能力的提升是实现"解困—育人—成才—回馈"的良性循环的内驱力

发展型资助育人体系强调要形成"解困—育人—成才—回馈"的良性循环。解困是基础，育人是核心，成才是关键，回馈是结果。受助大学生来自相对贫困的家庭，他们的物质相对匮乏，由此制约着他们多方面能力素质的发展。因此，要促进贫困大学生获得和普通大学生同样的发展，首先需要对他们进行物质帮助，助其解困。然而，解困只是满足贫困大学生获得发展的物质基础，育人和成才才是核心和关键。但是，由于受助大学生来自不同的地方，不同的家庭，他们虽然都有着一个共同的特征——相对贫困，但是他们又有着太多的不同，身处不同地域文化，不同的家庭教育，不同的人际关系，导致他们认知有别、能力有别、性格有别，致"贫"原因和程度有别。因此，对于受助大学生而言，他们既存在着相同的群体特征，又存在着各自不同的个体特征。资助育人体系要想获得育人和成才效果最大化，必须因人施助，因材施教，充分关注到他们的共同点和不同点。然而，由于受助大学生是一个庞大的群体，加上资助的物质资源、教育资源、人力资源相对有限，不可能充分关注到每一个受助个体的独特需求。这势必造成资助效果大打折扣。为此，育人过程中要充分发挥受助学生个体的主观能动性，避免资助资源的低效"漫灌"。学生自助能力是受助学生应掌握的基础能力，它具有受助学生群体的共性。同时，学生自助能力的增强能使学生充分发挥自己的主观能动性，根据自身需要，捕捉或创造一切可利用的资源，补齐自身能力拓展的短板。所以，资助育人体系应将育人的重心放在学生自助能力提升上，实现资助资源的精准"滴灌"。通过自助能力的提升，最终实现每个受助学生个体能力素质的全面提升。同时，学生自助能力的提升，自我教育能力增强，促使个体在道德和精神方面更加懂得自省和自励，更易将崇高的道德和精神内化于心。外化于行，使受助大学生成长为德才兼备的高素质人才，并由受助者向自助者再向助他者转变。完成"解困—育人—成才—回馈"的良性循环。

（二）学生自助能力的提升是实现发展型资助育人终极目标的助推器

发展型资助育人的终极目标是促进受助学生的全面发展，培养"德智体美劳全面发展的社会主义建设者和接班人"。对于全面发展，我们应从三个层面进行理解：（1）全面发展应该是各方面能力的协调发展，而不是单方面的发展。是"德智体美劳"五育的协调发展；（2）全面发展应该是显性能力和潜在能力的充分发展，是可持续性的发展；（3）全面发展并不是忽视个体的个性发展。每个人应该是在全面发展的基础上，突出自己的个性发展，要有"成为什么样的人"的个性愿景。正如马克思所说，"能给人以尊严的只有这样的职业，在从事这种职业时我们不是作为奴隶般的工具，而是在自己的领域内独立地进行创造"。[1]

人的本质是一切社会关系的总和。对于受助大学生来说，其整体社会关系与普通大学生有别，同时不同的受助大学生个体之间的社会关系也呈现出千差万别，这些差别致使受助大学生群体与普通大学生群体之间存在能力、素质、个性上的不同，同时，受助学生个体之间也呈现出能力、素质、个性的不同（这种不同主要体现在弱项的类别，以及产生的原因、程度等），因此，要使每个受助大学生都能获得自由而全面的发展，必须要充分考虑到这种群体和个体的不同特征，因"需"施"助"，因材施教，才能促进他们全面自由发展。而面对庞大的受助大学生群体，如何做到精准施助和施教是发展型资助育人体系的重要课题。学生自助能力的提升正是这一重要课题的突破口，它在充分关注受助大学生这一群体特征的基础上，充分激发每一个个体的内生动力，拓展其发展所需的显性能力，并为其潜在能力的激发积蓄动力。同时，强大的自助能力使得受助学生个体能够在资助育人体系的引导下，根据自身的基础和条件，对于自己想"成为什么样的人"的个性愿景进行自我规划、自我发展、自我实现，从而更好地促进自身真正实现自由全面发展。

二、发展型资助育人体系下学生自助能力发展的现状

学生自助能力是一种源于自身的能量，它在与客体或其他主体相互作用

的过程中获得释放，最终以增强了的能量又回归自身。在这种释放与回归的不断循环往复的过程中促进自身不断完善和发展。本文通过对上海、安徽、云南、厦门、山东等22所高校的618名大一至大四本专科受助大学生进行问卷调查，同时对合肥工业大学、安徽农业大学、安庆师范大学、安庆职业技术学院等几所学校的资助育人相关部门负责人和老师进行访谈，对现行发展型资助育人体系下受助学生自助能力发展现状进行了分析研究。

（一）自助能力发展的积极成果

随着发展型资助育人理念的深入，各高校越来越重视将促进受助学生能力拓展作为资助工作改革和创新的任务和目标。例如，合肥工业大学以"强化受助学生'四项能力'——学习能力、实践能力、创新能力、发展能力"为目标设立受助学生公益服务组织。安庆师范大学将资助育人与"四成"教育相结合，取得了突出的育人效果。高校资助育人工作在理念和机制上的不断创新为受助学生自助能力的提高提供了支持和保障，一定程度上促进了受助学生自助意识和自助能力的增强。根据问卷调查结果分析显示，现行受助大学生总体自助意识较强，例如在"希望获得哪方面的资助"中，46.31%的学生选择的是勤工助学，39.6%的人选择项目资助；在开放性问题"您对现所在学校资助方面有哪些宝贵意见和建议"中，14.95%的学生希望有更多自给自足的机会。同时，受助学生通过各种实践活动的参与，自助能力得到了一定的提高。例如，在"学习、生活或工作中遇到个人难以克服的困难时是否会主动寻求帮助"这一体现自我服务能力的问题中，大一年级4.35%的人选择"不懂得如何寻求帮助"，大二、大三、大四该选项选择人数均为0；"会主动寻求帮助"选项，大一至大四选择的人数比例呈递增趋势。

（二）自助能力发展的不足

虽然发展型资助育人体系下，学生自助能力和自助意识有所增强，但总体来说，还是存在很多的矛盾和不足。首先，根据问卷调查结果显示，受助大学生自我教育能力有待提升。自我教育是个体自省的过程，自省是个体获得成功重要因素之一。它能使我们保持清醒的头脑，选择正确的人生航向。在调查问卷中体现自我教育能力的选项中，12.75%的受助学生认为自己属于自卑敏感型；18.12%的人觉得自己能力不够，而不愿接受压力和挑战，还有

11.41%的人因为害怕失败而避免压力和挑战；只有26.17%的人对未来充满希望，更多的学生对未来感到不确定和悲观；对于未来工作的选择优先考虑的因素中，只有11.41%的学生选择的是"对社会的贡献"；在"如何看待奢侈消费"的选项中，32.89%的人选择"羡慕"，还有2.68%的人选择"嫉妒"。通过对这些数据结果进行分析，可以看出部分受助学生自我教育能力还较弱，不能产生正确的自我认知，自我效能感偏低，并且世界观、人生观、价值观存在一定的偏移。其次，受助学生自我管理能力亟须增强。自我管理是个体自律的过程。一个人的成功离不开自律，它如同长鞭，时刻鞭策着自己，使自己一步一个脚印地朝着自己的目标前进。但通过调查显示，部分受助学生自我管理能力较弱，对自己的发展造成了很多不利的影响。在问卷调查中75.84%的受助学生表示由于自我管理能力弱而无法有效将学涯规划或职业规划付诸实施。最后，受助学生自我服务能力与自我发展的发展需求相矛盾。自我服务是个体自给的过程，即寻求、整合和创造有利于自身发展的资源的能力。学生要想更好地实现自我发展，需要有很强的资源整合能力，很好地整合自身及外在一切可用资源，同时还要不断根据外在条件的变化寻找和创造有用资源，如此才能实现发展需求与发展可能相统一。而现实中受助学生自我服务能力比较弱不能很好地实现资源的高效整合，更不能根据需要及时寻求和创造有用资源，如在"学习、生活或工作中遇到个人难以克服的困难时是否会主动寻求帮助"中，只有37.58%的受助学生选择"会主动寻求别人的帮助"，而更多的是不确定，占比57.72%，同时，还有3.36%的受助学生选择"不愿寻求别人的帮助"，1.34%的人"不懂得如何寻求帮助"，这些问题导致自我发展的发展可能与发展需求不匹配的现象出现。

三、学生自助能力发展中存在问题的原因分析

（一）高校发展型资助育人机制不完善

首先，育人力度不够。虽然资助工作注重与育人工作并行，但在实践过程中，资助与育人重视程度严重失衡，育人力度有待提升，例如高校的资助工作评价指标中，更多的是对于资助的绩效评价，而对于育人成效的评价非

常少，仅限于诚信、感恩、励志类教育开展情况的评价，缺乏学生自助能力发展情况的评价，而且评价方式单一，只有定量评价缺乏定性评价。其次，资助育人的育人主体协同性缺失。现行高校资助育人工作整体呈现出育人主体分散化的现象，协同育人理念还未真正深入人心。一方面，国家、学校、社会和家庭间的协同性不够；另一方面，高校内部各育人主体间也存在协同性不充分的弊端。最后，尚未形成自助能力提升的系统模式。现行发展型资助育人体系针对受助学生进行的能力培养形式相对零散和随机，未能形成体系，以至于受助学生自助能力发展呈现出短期效应和发展水平不稳定性倾向。

（二）受助学生家庭成长环境的影响

家庭是个人成长的最初主要环境，对个体各方面素质都起着非常重要的作用，包括经济环境和人文环境。根据湘潭大学的彭柳关于家庭经济社会地位与子代认知能力关系的研究可得知父母受教育程度、家庭职业地位以及家庭收入水平和父母参与行为与子代认知能力之间呈现一定的正相关性。[1]

同时，根据调查结果分析，发现贫困大学生父母受教育程度普遍较低（小学 24.16%，初中 47.65%，高中 18.12%，大学 10.07%，硕士和博士选项均为 0），职业地位总体不高，而且父母更多的精力放在了缓解经济压力上，对子女的成长参与度较低。此外，在问卷中，有 38.26% 的学生表明家庭经济对自己的心理及能力发展产生了消极的影响。这表明较低的家庭经济收入对部分贫困大学生的认知能力产生了一定的消极影响，从一定程度上影响了他们的自我教育能力。

（三）消极社会思潮的影响

受助大学生处于世界观、人生观、价值观形成但又尚未成熟的关键时期。面对复杂多元的社会思潮，缺乏实践经验和人生阅历的他们不能批判地选择和吸收，从而对其各方面能力和素质产生不同程度的影响。比如，在消费主义、拜金主义等消极社会思潮的影响下，炫耀性消费和无节制的物质享受被人们所追捧，这种不良的社会思潮腐蚀着一些大学生的思想观念和思维方式，符号消费成为他们彰显自我的重要途径，而这一切在贫困大学生眼里是"可望而不可即"的向往，于是，部分贫困大学生在与非贫困大学生的生活消费形成鲜明对比之后，就会由于自己的经济状况产生自卑、嫉妒等不良情绪。这种物化和异化的价值观严重影响了他们的自我教育能力的发展，同时还会使他们滋生好逸恶劳、"等、靠、要"的陋习（在问卷中，针对开放性问题"您对现所在学校资助方面有哪些宝贵意见和建议"，11.63%的学生觉得资助金额太低，"应多发点钱"等），不利于其自我服务能力和自我管理能力的发展。

四、基于提升学生自助能力的高校发展型资助育人实现路径

（一）以促进受助学生生存需要的全面满足为导向的济困育人

需要理论告诉我们，人最基本的需要是生存的需要，其次才是享受的需要，发展的需要。对于物质相对匮乏的贫困大学生来说，为其提供物质的帮助，满足其生存的需要是必不可少的，是满足其平等享受高等教育的需要和发展的需要的基础。满足贫困学生的生存需要，需要坚持国家为主，学校为辅，社会支持，学生自立相结合的模式。这一模式既有助于资助主体的资助能力可持续，还有助于丰富受助学生个体的社会关系，马克思说过，"社会关系实际上决定着一个人能够发展到什么程度"。在"四位一体"的资助关系中，还应注重根据不同的年级设置不同资助主体的资助比重，例如，大一的学生由于能力素质各方面相对较低，因此，应以国家、学校、社会资助为主，而到了更高年级，其自身能力素质越来越高，国家、学校、社会的资助比例应有所降低，相反，学生自助的比例应有所提高。同时，还要坚持显性资助与隐性资助相结合。既重视经济的直接资助，又重视能力发展方面的扶持，增加对于受助学生能力发展所需的各种资源的投入。

（二）以促进受助学生"三自"能力的全面提高为导向的强能育人

这里所说的"三自"能力即对自助能力发展产生制约的自我教育能力、自我管理能力、自我服务能力。"三自"能力是关系到受助学生自助能力提提升的最根本因素。根据调研结果分析显示，贫困大学生"三自"能力存在很多不足，因此，要促进受助大学生自助能力得到更好的发展，需要根据受助学生特点，系统布局、因材施教，推动其"三自"能力稳固提升。

1. 自我教育能力的提升

首先，通过打造课堂内外心理育人同心圆，提升受助学生自我效能感。

一方面，高校要设置受助学生专属心理课程对受助学生进行针对性的集中统一指导；另一方面，要注重加强心理咨询机构建设，并鼓励心理咨询机构加强与辅导员的沟通和交流，及时了解各受助大学生的心理状态，并建立心理档案，定期对需要心理帮扶的学生进行疏导。再者，要为受助大学生提供丰富的与其能力发展阶段相适应的实践机会，使其在重复的成功中增加自信从而提升自我效能感，同时要引导受助大学生对自己的失败进行正确的归因，避免其习惯性地将失败错误归因为自己能力低下。其次，构建"三观"教育的校园公共微平台体系，形成虚实并重的"三观"教育有效场域。正确的世界观、人生观和价值观是个体有效进行自我教育的基础。然而部分受助大学生由于受到家庭成长环境或地域文化，以及不良社会思潮的影响，其"三观"产生了一定的扭曲，拜金主义、消极主义、悲观主义等错误观念对受助学生产生了消极的影响。因此，对受助大学生进行"三观"教育，促使其树立正确的世界观、人生观、价值观是当务之急。随着新媒体技术的发展，各种微平台层出不穷，成为高校学生学习和生活不可或缺的一部分，资助育人体系应充分利用这一优势，在强化线下"三观"教育的同时，积极构建"三观"教育的校园公共微平台体系，形成虚实并重的"三观"教育有效场域，实现线上线下"齐步走"，才能更大程度地提升教育效果。

2. 自我管理能力的提升

首先，通过第一课堂为受助学生提供丰富的主导性与主体性、开放性与融合性相统一的选修课程。通过合理有效的选修课程安排，可以将自我管理的思想及理论方法植入到受助学生思想意识中，为其自我管理能力的提升奠定基础。在选修课程设置中既要满足不同专业群体的主导性需求，又要满足受助学生群体的主体性需求，增加自我管理类选修课，同时高校还应积极促进校际课程互选互认，确保受助学生能获得最优质的管理类学习资源。高校除了提供管理类学习资源的保障外，还要通过有效的措施确保选修课程保质保量完成。其次，积极拓展以自我管理能力为目标的受助大学生第二课堂。第二课堂是自我管理能力实践锻炼的重要阵地。应加强针对受助学生的第二课堂的改革和创新。例如，通过校企联动拓宽勤工助学岗位和资助项目渠道，科学引导受助学生挑战更具挑战性的勤工助学工作或资助项目，并为胜任所选工作或项目做好合理规划（自我学习管理规划、自我资源管理规划、自我健康管理规划等），激励并指导他们有效执行，促使每一个阶段性目标的达成，同时还可辅以学分制措施，根据岗位或项目的难易程度和规划制定以及执行情况制定不同的学分，以此对他们规划的制定和执行情况进行衡量和督促，通过反复的实践锻炼，提升受助学生的自我管理能力。

3. 自我服务能力的提升

首先，高校应通过各种途径联通国内国际、校内校外和校际一切优质资源，为受助学生提供更多的高水平发展和交流平台，并整合一切优质资源建立"能力发展需求自助选择资源库"。在资源库中受助学生能自主选择适合自己的或者自己感兴趣的实践平台，还可根据自己的能力短板选择相应的"能力发展资助包"，学校根据不同的资助包提供相应的资助，同时学生还可根据自身能力发展需求设置"能力发展需求包"，学校根据需求包进行资源整合，形成新的"能力发展资助包"。这样"漫灌"式资助向"滴灌"式资助的转变，有助于促进资助育人的供需平衡，提高资助育人效果。通过"能力发展需求自助选择资源库"，受助学生可以审视自己的长处和不足，并获得有目的有计划有组织的资助和提升，并且在这一系列实践过程中，受助学生的自我服务能力得到了极大的增强。其次，要打造专属受助学生的自我服务能力锻炼的组织平台。它是学生自我服务能力实践锻炼的基础。由于整体来说，受助学生心理需求和发展可能均和普通大学生存在一定的差异，同时，受助大学生之间在能力基础、个性特征和价值追求等方面又存在一定的共性，这些共性使他们更容易相互吸引，在他们独有的交往圈中，他们会更加从容、自信，也更加有利于个体潜力的发掘。为此，高校可根据受助大学生的需求和特性创建针对受助大学生的组织平台，通过组织平台使他们的自我服务能力得到实践锻炼。例如，受助大学生公益性创业型组织。

（三）以促进受助学生道德素养的全面提升为导向的情感育人

"才者，德之资也，德者，才之帅也。"能力是道德的支撑，影响着道德的作用范围，道德是能力的统帅，决定着能力的作用方向。要使受助学生的自助能力朝着利人利己的方向发挥作用，道德素养的提升是关键。因此，高校应基于受助学生道德发展现状，从自我、他人和社会等多维度提升其道德素养。

首先，应加强自强、感恩、诚信教育三位一体的疏导性教育。根据对问卷调查结果进行分析，我们发现，现行受助大学生自强、感恩意识相对较强，而作为修身立命的诚信意识缺乏稳定性。因此，资助育人体系对受助学生的自强、感恩、诚信教育应避免资源投入均衡化，方式方法"一刀切"。同时，感恩、自强、诚信教育，并非是受助学生道德素养提升层面的三条平行线，他们之间需要相互贯通，相互作用，才能取得最佳育人成效。其次，要鼓励受助者自助，注重道德践履。道德践履是道德从"知"向"行"的转化过程。受助学生在感恩、自强、诚信教育中，增强了感恩意识、自强的意志和诚信的品质，但这种意识、意志和品质只有回归实践，才能得到检验、巩固和升华。而对于贫困大学生而言，最好的实践方式是自助，包括心理自助和行为自助。在心理自助过程中，感恩意识推动受助大学生对个人与他人、集体和社会的关系进行正确的定位，从而正确看待国家、学校、社会和他人为自己所提供的帮助；而这种认识和定位又反作用于个体的感恩意识和诚信品质。在行为自助过程中，受助大学生的自强意识将助力其攻坚克难，实现自我解困、自我发展。同时，行为自助的成果所带来的获得感又反作用于他们的自强意识。在一系列作用与反作用的过程中，个体的感恩、自强、诚信意识获得了检验、巩固和升华。

（四）以促进受助学生精神境界的全面升华为导向的励志育人

一个人的精神境界决定着他未来的发展空间。受助学生自助能力若能在崇高精神境界的指引下发挥作用，定能最大化实现其人生价值。现行受助大学生绝大部分都有着较高的精神境界。在调查问卷中，关于"您读大学的目的"的调查，74.5%的受助学生选择了更好地为国家做贡献。这种奉献精神彰显了受助大学生崇高的精神追求。然而，他们奉献精神的重心却还只是停留在一种关爱他人，承担社会责任的潜能阶段，还未达到真诚和自愿的奉献本能阶段。例如，在对于未来工作的选择优先考虑的因素的调查中，只有11.41%的人选择了"对社会的贡献"，工资收入成为大部分受助学生最为看重的因素，占比56.38%。因此，发展型资助育人应加强对受助学生精神境界的引领，使其自助能力在人生最高的殿堂"开花结果"，才能收获更大的发展可能。

首先，发展型资助育人体系应构建"思想引领—榜样示范—志愿践行"的奉献精神培育长效机制，引领受助学生化奉献认知为奉献的行动，从"潜能"阶段走向"本能"阶段。其次,要打造受助大学生反哺社会自助平台,更好地践行奉献精神,促进受助学生更好地根据自身能力及意愿投身于社会所需要的各相应领域,使人尽其才,更好地贡献于社会发展。通过该平台,受助大学生可根据自身能力发展状况选择与自己期望值相符的反哺项目,同时,在反哺社会过程中,受助学生还可将其所遇到的困难或取得的成绩反馈到平台上,学校或社会根据具体困难给予帮助和引导,针对取得的成绩给予奖励。并选取适当案例作为奉献精神培育的示范榜样,激起其他受助学生奉献情感的同时,又可强化反哺行为者自身的奉献信念。

(五)以确保育人目标的全面实现为导向的协同育人

受助学生自助能力的发展离不开各育人主体、育人部门的通力合作,形成育人合力。要保证受助学生自助能力获得高效发展,高校需着力联通各育人主体、融通各育人方式和育人资源实现育人主体协同、育人方式协同。

1. 育人主体协同

国家、学校、社会和家庭是引导和促进受助学生发展的多元主体。发展型资助育人体系要更好地提升受助学生自助能力,就需要各育人主体协同协作、同向同行、互联互通。

各育人主体在经济上要坚持国家、学校、社会、家庭联助的协调资助模式。随着高校扩招的进行,国家财政的压力越来越大,为减轻国家财政压力,学校、社会和家庭都应充分发挥各自优势,努力挖掘资助资源,共同为贫困大学生完成学业除忧解困,如此才能促进发展型资助育人体系稳基固本、行稳致远。在受助学生能力发展上要坚持国家指导,学校主导,社会引导,家庭疏导的合力育人模式。贯通学校与贫困大学生生源地各相关行政部门的信息共享平台,拓展学校与受助学生家庭的全过程沟通和交流渠道,加强校企之间的互联互通、双向交流,为受助学生自助能力发展提供更多的有效实践平台。全社会应加强社会主义核心价值观和社会主义荣辱观教育和宣传,营造风清气正的社会环境。除此之外,育人主体在协同育人过程中还要注意遵循包容互补、同轨发力的运行规则。

2. 育人方式协同

随着新思政观引领下的"一体化"育人体系的逐步构建,高校教学、管理、服务等各领域的育人协同力度越来越强，然而，由于对资助育人理念的认同偏差，以及对贫困大学生个性特征和发展需求的研究的不平衡、不充分，导致仍有一些部门未能充分认识到自己在资助育人过程中的育人职责。再加上体制机制不健全等因素，导致资助育人各相关部门更多的是相对独立的开展育人工作，缺乏有效的统筹协同，呈现出育人资源碎片化、育人力量分散化的现象。使育人效果大打折扣，不利于学生自助能力的提升。为此，要加强资助育人的全面立体化推进，首先，需强化教学、管理、服务等不同育人部门间的育人共同体意识，统合教学、管理、服务等多方面育人资源。其次，需建立不同育人部门、不同层级间相互贯通的资助育人管理机制，打通不同部门、不同层级间的资助育人壁垒。只有这样才能协同推进资助育人全要素的融合融通，确保资助育人更好地满足受助学生的自助能力发展诉求。

五、结语

提升学生自助能力是在遵循学生成长规律及受助学生特点，尊重受助学生主体地位、心理需求和发展需求的前提下，促进受助学生获得更加全面、更加稳定、更加可持续的发展的可行性策略。它直击影响受助学生发展的矛盾问题本源。从物质、能力、道德、精神等不同纬度建立起受助学生自助能力提升的系统模式，促进受助学生自省、自律、自给等各项能力的提升，为发展型资助育人体系的育人效果提能增效。

参考文献：

[1] 马克思,恩格斯.马克思恩格斯全集(第40卷)[M].北京:人民出版社,1982.

[2] 彭柳.家庭社会经济地位、父母参与和子代认知能力关系研究[D].湖南:湘潭大学,2019.

[3] 桂富强.高校贫困生发展性资助理念及管理体系研究[M].成都:西南交通大学出版社,2009.

[4] 周晓红.大学教育与管理心理学[M].南京:南京大学出版社,1997.

[5] 侯星芳.大学生能力素质概论[M].苏州:苏州大学出版社,2001.

（执笔人：赵睿、王兰芳）

精准资助视域下国家助学贷款资助需求满足度评价体系探究

上海中医药大学

从宏观视角出发,随着居民收入的逐步提高和以国家助学贷款为主体的资助体系的不断完善,贫困大学生的资助需求在整体上已经得到了较好满足。然而进入新时代,资助工作不仅要从全局着眼,还应该从微观视角出发,探究每位贫困大学生的具体资助需求是否得到精准满足。从资助力度最大、对贫困大学生帮助最大的国家助学贷款着手,通过建构国家助学贷款资助需求满足度计算公式,探究贫困大学生资助需求的满足度,以期在新时代下,对贫困大学生做到精准资助。

一、我国高校收费制度及贫困大学生资助体系建立的历史回顾

《中国教育统计年鉴》显示,1999年普通高校的生均缴纳学费比1998年上涨了40.3%[1]。国家为了有效遏制大学学费的上涨,于2007年5月,颁布了《关于建立健全普通本科高校高等职业学校和中等职业学校家庭经济困难学生资助政策体系的意见》:要求此后五年各类学校学费、住宿费标准不得高于2006年秋季相关标准[2]。2014年,"限涨令"到期自动解除,全国各大

---

[1] 转引自半月谈:《大学学费"涨价潮"中低收入家庭受影响大》[EB/OL].http://www.banyuetan.org/chcontent/zx/shxw/2014818/109419.html,2014-08-19.
[2] 《国务院关于建立健全普通本科高校高等职业学校和中等职业学校家庭经济困难学生资助政策体系的意见》(国发〔2007〕13号),2007-05-13.

高校开启了新一轮学费上涨。最具经济效率的政策改革应当遵循帕累托最优原则，即在没有任何群体利益受损的前提下，使一些群体或整体情况变得更好。大学学费的上涨对减轻财政压力和增加高校办学经费是有益的，而这却增加了大学生家庭乃至整个社会的负担。大学学费想要在不损害任何群体利益的前提下进行大幅度上调是不现实的。而根据福利经济学另一个著名的准则——卡尔多改进原则，即如果一个群体的境况由于改革而变好，且这一群体能够补偿另外一个群体的损失而且还有剩余，那么整体的效益就改进了。如果大学学费的上涨在增加政府和高校福利的同时，可以从上涨的学费中拿出一部分对经济困难的大学生进行资助和对学习优秀的大学生进行奖励，那么可以认为大学学费的上涨依然具有经济效率。

从历史角度看，我国高等教育一开始实行的是免费制。随着社会主义市场经济体制的确立和高等教育规模的扩大，为缓解高等教育的财政危机，我国于1997年开始实施由学生本人及家庭分担部分高等教育成本的大学收费制度。然而由于当年我国经济发展水平较低，农村贫困人口比例大，使得贫困大学生就学难问题伴随高等教育收费政策出现。为了解决贫困大学生就学难问题，国家相继出台了一系列资助经济困难学生的政策，逐步建立了以助学贷款为主体包括奖助学金、困难补助和学杂费减免等多元化的资助体系。我国贫困大学生资助体系的建立与我国大学收费制度的产生一开始便是相伴而行的。

在众多针对贫困大学生的资助中，资助力度最大、对贫困大学生帮助最大的无疑是国家助学贷款。现代意义上的国家助学贷款政策始于1999年，这一阶段的国家助学贷款在几个试点城市运行四年后便由于高违约率而一度陷入停滞状态。2004年，国务院办公厅转发教育部、财政部、人民银行银监会《关于进一步完善国家助学贷款工作若干意见的通知》（国办发〔2004〕51号），该文件对原政策做出了重大调整，建立了以风险补偿金为核心的国家助学贷款新机制。通过与国家开发银行的创新合作，高校逐步探索建立了以"强化高校管理、激励约束并重、各方共担风险"[①]为特点的国家助学贷款新工作模式。经过多年完善发展，国家助学贷款作为我国资助体系的主体，

---

① 宋振.国家助学贷款"河南模式"的探索与思考[J].郑州大学学报(哲学社会科学版),2009(5).

为解决贫困大学生资助需求发挥了巨大作用。

二、国家助学贷款资助需求满足度评价体系建构的理论基础

国家助学贷款资助需求满足度计算公式的建构，主要从以下两个原理出发：一是资助需求公式，运用该原理可以计算出贫困大学生的资助需求；二是供给需求原理，根据该原理可以得出贫困大学生的国家助学贷款供求均衡状态。

（一）资助需求公式

在精准了解大学生资助需求的前提下，并结合国家助学贷款的供给，才能得出大学生的国家助学贷款需求满足度。从理论上讲，计算大学生资助需求的原理是非常简单的：资助需求＝私人入学成本－可用资金（学生本人及其家庭所能贡献的资金）；若得出的差值是正数说明大学生需要资助，并且绝对值越大表明需要得到的资助越多，若得出的差值是负数则说明大学生不需要资助。然而在现实操作层面上，各国计算大学生资助需求的方法却存在较大差异，即使在一国之内也存在着不同的计算方法。本文选取了发展较为成熟，影响较大的美国大学生资助需求公式重点介绍。

美国现今正在使用的大学生资助需求公式主要有 Federal Methodology（简称 FM）和 Institutional Methodology（简称 IM）两种。其中 FM 是指联邦政府提供大学生资助的法定依据；IM 则是指各院校在提供学校层面资助时可以参考使用的依据。根据美国大学委员会（The College Board）和学生资助管理者协会（National Association of Student Financial Aid Administrators，简称 NASFAA）所做的调查，1999—2000 学年全美各院校在提供基于院校层面的资助时，有 71% 的院校选择使用了 FM，而只有 11% 的院校选择使用了 IM。[1] 由此可见，FM 这种计算方法目前在美国处于主导地位，重点以 FM

---

[1] The College Board and the National Association of Student Financial Aid Administrators. Financial Aid Professionals at Work in 1999-2000: Results from the 2001 Survey of Undergraduate Financial Aid Policies, practices, and Procedures[EB/OL]. http://research.collegeboard.org/publications/content/2012/05/financial-aid-professionals-work-1999-2000-results-2001-survey, 2002-01-01.

为例介绍美国大学生资助需求公式。

美国大学生资助需求计算公式为：资助需求（Financial Aid Need，简称 FAN）＝入学成本（Cost of Attendance，简称 COA）－预期家庭贡献（Expected Family Contribution，简称 EFC）。[1]

即资助需求（FAN）＝入学成本（COA）－预期家庭贡献（EFC）。

当"入学成本"与"预期家庭贡献"的差值为正数时，表明大学生家庭无力负担高等教育的私人入学成本，则产生资助需求，该差值的绝对值越大表明需要得到的资助越多；若差值为负数则表明大学生家庭有能力负担高等教育的私人入学成本，其绝对值越大表明家庭的负担能力越强。由上述公式可知，计算大学生资助需求关键是确定"入学成本"和"预期家庭贡献"的值。

"入学成本"主要包括四项：学杂费；住宿费和伙食费；交通费；学习用品费。[2]"入学成本"的确定相对简单，联邦政府可以根据学杂费标准，学生家庭和高校所在地的物价指数等指标确定每位学生的 COA。而"预期家庭贡献"的计算不仅相对复杂，而且其内容结构也还尚存争议。FM 根据父母是否负担其子女接受高等教育的私人入学成本而将学生分为两大类：依赖学生（dependent student）和独立学生（independent student）。鉴于我国大学生普遍处于尚未独立的人生阶段，故着重介绍"依赖学生"的"预期家庭贡献"。"依赖学生"的"预期家庭贡献"＝父母贡献＋学生本人贡献；父母贡献＝（家庭收入产生的可用收入＋家庭财产产生的可用收入）× 贡献系数[3]/当年供养的大学生人数；学生本人贡献＝学生收入产生的贡献＋学生财产产生的贡献。[4]虽然美国大学生资助需求公式 FM 科学合理且运用广泛，但仍不乏争议之声，对该公式的运用还应结合本国实际情况做出适当调整。

（二）供给需求原理

供给需求原理是指任何一种物品或劳务价格的调整都会使该物品或劳务

---

[1] 袁连生.美国大学生资助需求公式及对中国的启示 [J].教育与经济,2007(3).
[2] 袁连生.美国大学生资助需求公式及对中国的启示 [J].教育与经济,2007(3).
[3] 贡献系数有 22%、25%、29%、34%、40%、47% 共六个档次，可用收入越大，系数也越高。
[4] 袁连生.美国大学生资助需求公式及对中国的启示 [J].教育与经济,2007(3).

的供给与需求达到平衡。①供求原理涉及经济学领域最基本最核心概念：供给，需求和均衡。某种物品或劳务的买者和卖者组成的群体构成一个市场；买者作为一个群体决定了一种产品的需求，而卖者作为一个群体决定了一种产品的供给；当市场价格达到使供给量与需求量相等的水平时，市场处于均衡状态。②然而市场并不总是处于均衡状态，当供给量大于需求量时就产生了过剩，当需求量大于供给量时就产生了短缺，而买者与卖者总是自然而然使市场向供给与需求的均衡状态变动。

大学生的资助需求与国家助学贷款的供给便构成了一个市场。但由于大学生的资助需求受到诸如资格审查等各种限制，使其资助需求并不完全反映其主观意愿，而受到客观条件的限制；以及国家助学贷款的供给受到其公益性等特征的制约，使其供给也不能完全按照市场规律运行。正是由于该市场的供求双方存在这样的特殊性，使该市场并不能像其他市场那样通过价格调节而自发地达到均衡状态。因此只有对其需求与供给的具体状态进行探究，才能了解该市场的均衡状态，并据此作出相应的政策调整。通过对大学生资助需求与国家助学贷款供给的调查来探究该市场的均衡状态；如果出现了需求量大于供给量的情况，则表明国家助学贷款出现了短缺，需要加大国家助学贷款的供给；如果出现了供给量大于需求量的情况，则表明国家助学贷款出现了过剩，应减少国家助学贷款的供给量或放宽国家助学贷款的申请条件等。

三、国家助学贷款资助需求满足度计算公式

以"美国大学生资助需求公式"及"供给需求原理"为依据，在分别计算出贫困大学生"资助需求"和"资助供给"的基础上，从微观视角出发以精准化的定量数据计算贫困大学生的国家助学贷款需求满足度。

（一）资助需求

资助需求是整个资助产生的起始，对资助需求的计算以"美国大学生资

---

① （美）曼昆．经济学原理（第五版）[M]．梁小民等，译，北京：北京大学出版社，2009:85.
② 同上书，第71-84页．

助需求公式"（资助需求＝入学成本－预期家庭贡献）为依据，并结合我国实际情况做了适当调整。

1. 高等教育的私人入学成本

高等教育的入学成本由政府、社会和学生及其家庭多方共同承担，本部分所要计算的高等教育入学成本是指由学生及其家庭所负担的私人入学成本；具体来讲既包括大学生入学时所要缴纳的各项费用，又包括大学生在读书期间所产生的各种合理费用。为使成本的计算简便可行，各种成本皆指需要货币支出的"显性成本"，而并不包含时间机会成本等"隐性成本"，所以是一种纯"会计成本"。

美国大学生资助需求公式中的"入学成本"主要包括四项：学杂费、住宿费和伙食费、交通费、学习用品费。如果按照各项费用的属性又可将其分为"必需性成本"和"选择性成本"。必需性成本是指大学生在入学或求学时必不可免需要产生的费用，选择性成本是指大学生在求学时所产生的以主观意愿消费为主的各项费用。根据中国大学生实际情况，将私人入学成本分为六大类，其中属于必需性成本的有：学杂费及住宿费、伙食费和学习资料及培训费，属于选择性成本的有：日常生活开销、大件物品购买和其他。详见表1。

表1 贫困大学生的私人入学成本（单位：元）

必需性成本			选择性成本		
学杂费及住宿费	伙食费	学习资料及培训费	日常生活开销	大件物品购买	其他

2. 学生本人及家庭贡献

美国大学生资助需求公式中的"预期家庭贡献"主要包括两项：父母贡献和学生本人贡献。其中父母贡献＝（家庭收入产生的可用收入＋家庭财产产生的可用收入）× 贡献系数/当年供养的大学生人数；而学生本人贡献＝学生收入产生的贡献＋学生财产产生的贡献。该计算公式不仅复杂且难以计算，根据我国实际情况进行适当调整，将"父母贡献"化繁为简改为"家人或亲属提供的资金"一项，而"学生本人贡献"则由"校内勤工助学"和"社会兼职"两项共同构成。所以美国大学生资助需求公式中的"预期家庭贡献"经调整后由"家人或亲属提供的资金""校内勤工助学"和"社会兼职"三项共同构成。

表2 贫困大学生的预期家庭贡献（单位：元）

家庭贡献[①]	学生本人贡献		预期家庭贡献
家人或亲属提供	校内勤工助学	社会兼职	（总计）

3. 资助需求分析

对资助需求的计算参考"美国大学生资助需求公式"，即：资助需求＝入学成本－预期家庭贡献。高等教育的私人"入学成本"分为："必需性成本"和"选择性成本"；"预期家庭贡献"又分为"家庭贡献"和"学生本人贡献"。由于"必需性成本"和"选择性成本"具有不同程度的自主选择性，而"家庭贡献"和"学生本人贡献"又代表了不同的贡献力量；所以在计算资助需求时对其进行了适当区分，共建构出四种不同类型的资助需求，具体计算公式如下：

（1）一般资助需求 = 入学成本－预期家庭贡献
（2）绝对资助需求 = 必需性成本－预期家庭贡献
（3）相对资助需求 = 必需性成本－家庭贡献
（4）纯粹资助需求 = 入学成本－家庭贡献

第一种类型的资助需求为"一般资助需求"是用"入学成本"（"必需性成本"＋"选择性成本"）减去"预期家庭贡献"（"家庭贡献"＋"学生本人贡献"），这是一般意义上的资助需求，也是最基本最重要的一种资助需求。第二种类型的资助需求为"绝对资助需求"是用"必需性成本"减去"预期家庭贡献"（"家庭贡献"＋"学生本人贡献"），这是用大学生本人及其家庭所有贡献力量去满足上大学时所产生的必需成本，如果"预期家庭贡献"连"必需性成本"也无法负担，则称产生了"绝对资助需求"。第三种类型的资助需求为"相对资助需求"是用"必需性成本"减去"家庭贡献"，这是相对仅依靠大学生家庭贡献力量去满足上大学时所产生的必需成本，如果"家庭贡献"无法负担"必需性成本"，则称产生了"相对资助需求"。第四种类型的资助需求为"纯粹资助需求"是用"入学成本"（"必需性成本"＋"选

---

① 即美国大学生资助需求公式中的"父母贡献"。

择性成本")减去"家庭贡献",这是一种纯粹用家庭贡献力量负担所有高等教育私人入学成本时所产生的资助需求。

(二)资助供给

针对大学生普遍存在的资助需求,我国政府提供了多样化的资助供给。一般将现有资助从性质上分为三种类型:一是赠与性助困型,指大学生获得无需偿还的各类资金或补助,如国家助学金、学费减免及生活补助等;二是借贷性助困型,指大学生借得需要如期偿还的资金,如从亲友处借得需要偿还的资金及申请获得需要如期偿还的国家助学贷款等;三是非助困型,指其性质并非是助困性的,但客观上却起到了一定的资助作用,如各类奖学金。根据我国实际情况,将复杂的"赠与性助困型"资助简化为"各类困难补助"一项;因其他类型借贷在现实生活中较少被选择,将"借贷性助困型"资助统一归为"国家助学贷款"一项;而将"非助困型"资助对应为"各类奖学金"一项。

在一项有关"若您的家庭难以负担您在校的学杂费和生活费,您首先会想到哪种筹资方式"的调查中,高达55%的大学生选择了"申请国家助学贷款",其中28.33%的大学生选择了"勤工俭学",有11.67%的大学生选择了"向亲朋好友借钱"。[1]通过"申请国家助学贷款"满足大学生的资助需求,不仅仅是理论上的选择,事实上国家助学贷款也确实是整个资助体系的主体,具有极其重要的作用。鉴于国家助学贷款的特殊重要性,将资助供给分为:"一般性资助"("赠与性助困型""非助困型""其他资助")和"国家助学贷款"("借贷性助困型")两类进行分析。

1. 一般性资助供给

根据我国实际情况,将除"国家助学贷款"以外的所有资助定义为"一般性资助"。其中包括:"赠与性助困型"资助,即"各类困难补助";"非助困型"资助,即"各类奖学金";"其他资助",即除此之外的其他类型的资助,因其种类繁多且数额较少而归为一类。详见表3。

---

[1] 刘明明. 国家助学贷款供求平衡调查——以河南省X校为例[D]. 上海:华东师范大学,2016.

表3　贫困大学生的一般性资助（单位：元；人）

赠与型	非助困型	其他资助	一般性资助
各类困难补助	各类奖学金	其他	（总计）

2. 国家助学贷款供给

国家助学贷款不仅受众面广，而且资助力度也很大，无论是理论上还是实际上都是我国资助体系的主体，具有极其重要的作用。各省市国家助学贷款数据可由国家统计局网站和各省市学生资助管理部门获得。

3. 资助供给分析

资助供给分为：一般性资助和国家助学贷款两大类。其中一般性资助又分为三类：一是赠予性助困型资助，即各类困难补助；二是非助困型资助，即各类奖学金；三是其他资助。将各种类型的资助进行加总后可以得出最终的资助供给。

（三）资助需求满足度

根据"美国大学生资助需求公式"可以计算出贫困大学生的"资助需求"，根据相关统计数据及样本调查数据可以计算出贫困大学生的"资助供给"，根据"资助需求"和"资助供给"则可以计算出贫困大学生的"资助需求满足度"。基本计算公式为：资助需求满足度＝资助需求－资助供给；如果差值为正数则代表资助供给不能满足资助需求，绝对值越大表明资助需求满足度越低；若差值为负数则代表资助供给可以满足资助需求，绝对值越大表明资助需求满足度越高。鉴于"国家助学贷款"在整个资助体系的重要作用，将资助需求满足度分为："一般性资助需求满足度"和"国家助学贷款需求满足度"两部分进行分析。

1. 一般性资助需求满足度

大学生的资助需求分为一般资助需求、绝对资助需求、相对资助需求、纯粹资助需求四类，分别代表大学生不同类型和不同程度的资助需求。根据"一般性资助"的供给并结合四类资助需求，分析大学生不同类型的资助需求满足度。基本计算公式为：一般性资助需求满足度＝资助需求－一般性资助供给。若差值为正数则代表一般性资助供给不能满足资助需求，绝对值越大表明一般性资助需求满足度越低；若差值为负数则代表一般性资助供给可以满足资助需求，绝对值越大表明一般性资助需求满足度越高。各种类型的一般性资助需求满足度计算公式如下：

（1）（一）[①]一般资助需求满足度＝一般资助需求－一般性资助供给

（2）（一）绝对资助需求满足度＝绝对资助需求－一般性资助供给

（3）（一）相对资助需求满足度＝相对资助需求－一般性资助供给

（4）（一）纯粹资助需求满足度＝纯粹资助需求－一般性资助供给

2. 国家助学贷款需求满足度

根据"国家助学贷款"的供给并结合大学生的四类资助需求，可以分析大学生不同类型的国家助学贷款需求满足度，基本计算公式如下：

（1）国家助学贷款需求满足度＝资助需求－一般性资助供给－国家助学贷款供给

（2）国家助学贷款需求满足度＝资助需求－（一般性资助供给＋国家助学贷款供给）

（3）国家助学贷款需求满足度＝资助需求－资助供给

公式一是"国家助学贷款需求满足度"的原始公式，其含义为："资助需求"首先由"一般性资助"的供给来满足，当"一般性资助"不能满足"资助需求"时，则需要"国家助学贷款"继续提供资金供给，得出差值的正负代表满足与否，绝对值大小代表满足程度；公式二和公式三是根据数学运算规律对公式一的等价变换，三个公式的本质意义是相同的。如果所得差值为正数则代表国家助学贷款的供给也不能满足资助需求，绝对值越大表明国家助学贷款需求满足度越低；若差值为负数则代表国家助学贷款的供给可以满足资助需求，绝对值越大表明国家助学贷款需求满足度越高。为减少多次运算可能产生的误差，本文采用公式三进行计算，各种类型的国家助学贷款需求满足度计算公式如下：

（1）（贷）[②]一般资助需求满足度＝一般资助需求－资助供给

（2）（贷）绝对资助需求满足度＝绝对资助需求－资助供给

（3）（贷）相对资助需求满足度＝相对资助需求－资助供给

---

① "（一）"代表"一般性资助"，与下文出现的"（贷）"相区分。

② "（贷）"代表"国家助学贷款"，与上文出现的"（一）"相区分。

（4）（贷）纯粹资助需求满足度＝纯粹资助需求－资助供给

从"美国大学生资助需求公式"出发，结合"必需性成本"和"选择性成本"，以及"家庭贡献"和"学生本人贡献"，建构出"一般资助需求""绝对资助需求""相对资助需求"和"纯粹资助需求"四类资助需求。四种不同类型的"资助需求"和"国家助学贷款需求满足度"及其具体计算公式是根据"美国大学生资助需求公式"及"供给需求原理"推导而得，这在国内外尚属首创。通过这套国家助学贷款资助需求满足度评价体系，可以为精准满足贫困大学生的资助需求作出有益贡献。

采用精准化的定量数据计算贫困大学生的国家助学贷款需求满足度，这对客观反映国家助学贷款的供求平衡状态具有重要意义。但仅仅依靠定量数据并不能反映贫困大学生的资助需求全貌，资助工作的开展仍应采用定量与定性相结合的方式，这样才能更加客观深入地反映国家助学贷款的实质。四种类型的"资助需求"和"国家助学贷款需求满足度"具有首创性，后续研究需以本研究为基础进行多方重测用以横向或纵向对比研究，方能使本套国家助学贷款资助需求满足度评价体系更加科学有效。

（执笔人：刘明明）

激励机制在高校资助育人工作中的实践与思考[*]

上海师范大学

随着高等教育的发展，越来越多的学生能够获得高等教育机会，对于提高全民综合素质，提高全社会的文化素养具有积极的推动作用。但是，由于目前国家经济发展的地区不平衡性依然存在，贫富差异依然严重，来自中西部和边远地区的学生普遍存在经济困难现象，因此，国家高度重视高校家庭经济困难学生的资助问题，在2007年6月，《国务院关于建立健全普通本科高校、高等职业学校和中等职业学校家庭经济困难学生资助政策体系的意见》（国发〔2007〕13号）的颁布标志着我国"奖、助、学、贷、勤、补、减"和绿色通道等为内容的高校学生资助政策体系逐步形成。《国家中长期教育改革和发展规划纲要》（2010—2020）要求高等教育要坚持育人为本、德育为先、能力为重、全面发展。这对于新时期高校资助工作提出既要资助更要育人的使命，在解决生存和基本生活问题的基础上，进一步帮助他们成长与发展。但是，在现行的高校学生资助工作中也暴露出了注重资助结果忽略资助过程的弊端。资助是手段，育人是目的。资助工作作为高校思想政治教育德育实践阵地，其目标是让贫困生能够不仅从经济上、物质上得到帮助，更应是通过资助育人的过程使受资助学生能够达到全面发展、健康成长并成为适应社会发展需要的受过高等教育的人才，发挥资助在育人方面对于贫困生的教育引导作用，从而实现贫困生资助工作与促进学生成长成才相结合的教育目标。

---

[*] 本文系上海高校资助工作示范性特色实践项目"基于爱心积分制度上的高校贫困生实践育人功能研究"阶段性成果。该论文荣获第十四届上海高校辅导员论坛征文活动三等奖。

一、高校家庭经济困难学生的现状分析

家庭经济困难学生是指由学生本人及其家庭所能筹集到的资金难以支付其在学校学习期间的学习和生活基本费用的学生。随着高等教育的发展，越来越多来自边远地区的学生有机会获得高等教育，与此同时，贫困生群体的人数也逐年增加。

根据中国青少年发展基金会在《中国贫困高考生调查报告》中的调查显示：经济的窘迫使贫困大学生在物质、社交及接受教育的机会上都处于相对弱势地位。在高校，贫困生属于弱势群体，由于现实的经济上拮据，无论是在家世背景、人际关系网络方面，还是在个人能力的拥有以及知识信息的掌握方面，都远不及家庭非贫困学生。据调查表明，部分贫困生表示介意别人知道其家庭经济情况，表示其不能坦然面对家庭经济困难。有部分学生学习的动力不足和热情不高。"家庭经济困难大学生中的学困生"，因家庭贫困而交不上学费，有些甚至吃不饱穿不暖，他们在心理上有这样的包袱，再加上学习成绩差，常常具有自卑和自暴自弃的心理。大部分贫困生发现自己在大学校园中失去了原来的中心地位。经济上的贫困、能力上的缺陷使他们容易受伤，丧失了自信心。[1] 部分学生在经济困难和心理困难的同时如果再加上"学习困难"，就成为最成问题的"三困生"，如何帮助这些学生走出困境，成为高校思想政治教育工作面亟待解决的严峻课题。

二、高校资助育人工作面临的困境

现行资助机制在一定程度上能够为广大贫困大学生提供帮助，但是也暴露了一些问题，主要表现在以下几个方面：

一是重认定轻帮困。根据2007年教育部、财政部印发的《关于认真做好高等学校家庭经济困难学生认定工作的指导意见》要求，各个高校确定了各自相应的认定标准。在实际操作过程中，有一些确实家庭经济困难的学生因偏远地区、家庭所在地政府部门服务不完善，或地方政策关系，导致本应享受资助却无法开具学校要求的相关证明，无法准备好家庭经济困难认定材料，而不能通过困难认定更不能获取资助。同时，也会使"假贫困生"有机

可乘，出现"假证明""假低保证""假残疾证"现象。因此，各高校在认定贫困生时花费了大量的人力物力，进行了大量的贫困生的申请材料的审阅。但是在认定了困难之后，在为期一年的时间内只是将上级下达的各种奖学金、助学金等通知给贫困生，没有更多关注如何真正地帮助他们的全面发展。

二是重补助轻素质。在现行的资助机制下，以国家助学贷款、奖学金、助学金、学费减免等内容为主的资助模式确实较好地帮助了贫困生，但是缺乏适用于学生个体能力提升过程扶持的资助方式；缺少引导、激励广大贫困生提升综合素质的资助方式。

三是重短期轻长期。目前针对贫困生的教育引导相对滞后、缺乏长效性，很多资助方式还停留在"授人以鱼"的层面。一旦发放了资助款，没有跟踪机制对学生后续的发展情况进行了解，助长了贫困生"等、靠、要"的不良思想，导致他们"心安理得"去要资助款。

四是重个体轻群体。目前很多高校的贫困生大多处于分散状态，没有机制可以让贫困生以团体的形式回馈学校和社会。[2]

在现有的资助机制下，资助工作的育人功能难以实现，出于一方面根据国家政策要求，必须给予通过困难认定的学生发放资助款来解决其经济贫困问题；另一方面，却因为大量精力用于核实学生贫困的真实性，完成短期工作要求，只看重解决经济问题的结果，而无法深入研究贫困生群体的切实需求，处于既要资助又难以实现资助过程中育人功能的两难困境。

三、爱心积分管理制度在资助育人工作中的激励作用——以上海师范大学为例

激励理论是行为科学中用于处理需要、动机、目标和行为四者之间关系的核心理论。人的动机来自需要，由需要确定人的目标，激励则作用于人内心活动，激发、驱动和强化人的行为。[3]自二十世纪二三十年代以来，西方心理学家从不同角度提出了各种激励理论，主要包括需求层次理论、期望理论、公平理论以及强化理论等，我们将重点应用激励理论中的需求层次理论。[4]根据美国人本主义心理学家马斯洛的需求层次论提到，人的需求通常

可以分为生理需求、安全需求、社交需求、尊重需求和自我实现需求等五个层次，而且由低到高逐渐上升。目前，现行的国家资助政策体系下，在上海这样的大城市已经基本实现"不让一个学生因家庭经济困难而失学"的总体目标，解决了在校贫困生的温饱问题，实现"家庭经济困难学生资助全覆盖"的基本要求。因此，上海高校资助工作在 2015 年又提出"不让一个学生因经济困难而失去终生发展的机会"的新目标，以资助育人为重点，并提升到贫困大学生终身发展的高度。因此，对于贫困生而言，在已经基本实现了生理需求和安全需求之后，亟待解决的是他们的社交需求、尊重需求和自我实现需求等较高层面上的精神需求。这就需要高校资助工作的教育者们要"以人为本"地开展资助育人工作，以精神激励彰显资助育人工作的道德价值和人本精神。将人文关怀贯穿于高校贫困生育人工作中，对贫困生进行精神激励必须尊重他们的人格，关心他们的情感，肯定他们的价值，保障他们的权力，满足他们的需求，从而激发他们内在成长动力。[5]

上海师范大学从 2010 年起开始推行针对贫困生的爱心积分管理制度，一方面以需求层次理论的激励理论为基础，基于满足贫困生的社交需求、尊重需求和自我实现需求等较高层面上的精神需求而制定并实施，同时又保障了贫困生基本生活的物质需求。该制度鼓励贫困生通过参加学校义工队，积极参与各类社会慈善志愿者公益活动来获得爱心积分，爱心积分可折算成爱心币，一个爱心积分等于一个爱心币，一个爱心币价值相当于一元人民币，可以在慈善爱心屋兑换自己所需物资。再加之以有效的管理、奖惩制度，通过爱心积分管理制度的长期良性循环，在一定程度上帮助贫困生既缓解生活压力，又达到加强社会实践锻炼、提高综合素质和完善人格实现全面发展的教育目的。另一方面，应对目前高校资助育人工作面临的四种困境，通过爱心积分管理制度的实施，一一予以化解。首先，该制度保障贫困生的基本生活的物质需求，重帮困；其次，该制度鼓励贫困生积极参加各类社会慈善公益活动而实现全面发展，重素质；再次，该制度鼓励贫困生从进入大学至毕业，都可以通过参加慈善公益活动来累积爱心积分，重长期；最后，各类慈善公益活动往往是以义工队团队的方式组织贫困生参与志愿服务，重群体。爱心积分管理制度的实施解决了原先高校资助工作中"既要资助又难以实现资助过程中育人功能的两难困境"，是既保障了资助，又实现了育人功能。

此外，为了进一步凸显爱心积分管理制度在资助工作中的激励作用，提升制度的德育功效，提倡精神奖励高于物质奖励，引导贫困生树立正确的世界观、人生观和价值观，在长期实施爱心积分管理制度的过程中，不断优化制度，提升爱心积分的含金量，将爱心积分与贫困生申请社会助学金、参加各类免费培训辅导、参与评选慈善工作"慈善之星"、优秀干部及先进个人等评优评奖等荣誉相挂钩，在保障基本物质的基础上，增加精神奖励，进一步将资助与育人工作相结合，提升贫困生的荣誉感和成就感，积极倡导贫困生更加关注物质以外的精神追求与收获，在投身社会慈善公益志愿者服务活动的德育实践锻炼中，培养贫困生树立社会主义核心价值观，秉承"安老、扶幼、助学、济困"的慈善宗旨，发挥专业优势，提升专业素养，提高综合素质，营造文明和谐的社会氛围；本着"弘扬义工精神，真情回馈社会"的服务宗旨，以追求"服务他人为荣"的价值观为目标，发扬慈善义工精神，进一步完善爱心积分管理制度。

爱心积分管理制度针对贫困生群体中具有"经济困难""心理困难"和"学习困难"的"三困"学生行之有效。第一，通过爱心积分兑换基本生活物质，解决"经济困难"；第二，通过参加慈善公益活动，在帮助社会弱势群体的公益活动中提升自信心，缓解自卑的"心理困难"；第三，在公益实践过程中，需要发挥专业优势，提升学习能力，促进专业学习，对于解决"学习困难"具有一定的促进作用。爱心积分管理制度切实关注贫困生群体的帮困需求，重在提升他们的综合素质，并结合激励理论和需求层次理论中关于满足人的逐渐上升的需求，建立长效帮困育人机制，激发动机，确定目标，激发、驱动和强化，达到作用于人内心活动的激励作用。

四、高校建立资助育人激励机制的思考

上海师范大学在多年实施爱心积分管理制度激励过程中发现，原本在高校中属于弱势群体的贫困大学生，通过参加学校义工队，参与各类慈善公益志愿者服务活动，走进农民工子弟小学"助教"，到养老院陪伴老人"助老"，在医院里帮助病人"助医"，到聋哑学校、盲童学校以及福利院"助残"等帮助社会弱势群体的志愿服务活动，获得了爱心积分保障基本物质需

求，同时让自己也从"受助者"变为"助人者"，这些"丑小鸭"们有了参与社会实践、发挥专业特长的舞台，在志愿服务中增强自信心，提升荣誉感，提高自我认可度，从而实现自我价值；与此同时，这些义工志愿服务活动增强了贫困生的感恩意识，培养他们乐善好施、团结互助和回馈社会的慈善理念，倡导"奉献，友爱，互助，进步"的志愿精神，营造慈善公益奉献爱心的文化氛围，实现资助育人的目标。

《2017年学生资助工作要点》强调以资助育人为工作重点，全面推动保障型资助向发展型资助转变。资助育人的根本目的是通过提升核心竞争力来实现贫困大学生的全面发展，而激励可以充分激发人的潜能，调动人的积极性，成为推动资助育人过程的动力。因此，在高校资助工作中建立激励机制，培养贫困大学生的社会主义核心价值观，为他们的终身发展保驾护航。

（一）以制度创新，将物质激励与精神激励相结合

上海师范大学现行的爱心积分管理制度打破以往贫困生个人申请和学校发放相结合的"施舍型"保障资助形式，而是注重融入德育内涵，开展"参与型"资助和"发展型"资助等形式，让贫困生通过参与校内外的各项慈善公益活动等社会实践等来获得爱心积分，尊重他们的辛勤付出，提升自我成就感，并可在校爱心屋兑换自己所需生活、学习物品或其他资助等物质激励，参与贫困生评优评奖等精神激励，形成资助育人的激励机制。该制度的实施将对贫困生的物质激励和精神激励有机结合，既可以减轻贫困生的经济压力，贯彻执行学校有关的资助帮困政策，又将学生的学习表现和社会实践相结合，在校园内营造良好的学习生活和帮困氛围，在德育实践中达到资助育人的目的。

（二）应需求理论，内容型激励与过程型激励相结合

高校资助育人工作的激励机制，以内容型激励理论为前提，主要研究个体或组织的动机和需求，试图去揭示激励人们进行活动的内容。根据马斯洛的需求理论，首先找到激励贫困大学生进行活动的内容，贫困大学生不仅追求生理需求和安全需求等低级需求，更是社交需求、尊重需求和自我实现需求等高级需求。贫困大学生往往学习勤奋刻苦、自尊心强、承载着家庭的希望，向往地位、荣誉等成就欲望强烈，他们渴望获得与非贫困生同样的社会

资源，这些需求因素成为建立激励机制的原动力。而过程型激励理论更关注激励中的认知前提，试图理解激励的方法而不是内容。过程型激励理论重点研究激励过程是怎么样的。[6]因此，在了解贫困大学生的内容型激励因素后，在过程型激励实施中，根据强化理论，以物质、精神、成就、荣誉、能力等正强化物，不断激励贫困生在学业发展和德育实践中积极进取，从而将内容型激励与过程型激励相结合，实现资助育人的目标。

（三）融慈善文化，励志教育与感恩教育相结合

高校贫困大学生除了得到国家资助政策的帮助，同时也得到来自社会慈善组织的帮扶。很多帮困物资由社会慈善组织、学校教育发展基金会、学校自购、校内外爱心企事业单位和个人捐赠等多种途径获得，贫困大学生得到国家、社会等多方关怀，是"大爱无边界"慈善文化的受益者，因此，通过资助激励机制，组织受助的贫困生们积极参与各类慈善工作，如在经常性社会捐助接收点承担收集、整理、发放物资等工作，通过参加爱心义卖、捐赠贫困地区等慈善公益活动，参加助学、助老、助医、助残等帮助弱势群体的慈善义工活动，培养他们志愿服务的奉献精神，从"受助者"成长为"助人者"的励志教育，以志愿服务社会的行动回馈社会关爱，在参与慈善公益活动的德育实践过程中实施感恩教育。

国家对于高校贫困生的资助力度逐年增大，在2017年进一步提出做好扶贫工作要精准发力，扶贫先扶智的新要求。因此，高校资助工作也要积极响应全国高校思想政治工作会议精神要求，坚持把立德树人作为高校思想政治工作的中心环节，符合育人为本、德育为先、能力为重、全面发展的高等教育要求。以爱心积分管理制度为例的资助育人激励机制具有实际应用价值和现实指导意义，操作性强，具有示范性，可在高校范围内进行推广和应用，并根据全国高校思想政治工作会议要求不断完善，进一步加强"扶智"等各类学业及能力培训，提高贫困大学生的核心竞争力，帮助他们成为具有社会主义核心价值观、励志成才、全面发展的社会主义事业合格的接班人，体现社会主义制度下的教育公平。

参考文献：

[1] 姚轶懿．基于高校家庭经济困难学生资助体系的激励功能分析[J]．湖南科技学院学报,2010(31):8．

[2] 范蓓,李凤．家庭经济困难学生发展性资助研究[J]．思想理论教育,2014增刊．

[3] 童欢欢．从激励的视角看资助工作对独立学院学风建设的作用[J]．青年与社会,2012, (60):2．

[4] 卫红伟．高校贫困学生的激励管理研究[J]．教育与职业,2012(01):44．

[5] 钱春霞．贫困大学生精神激励的原则与路径[J]．高校辅导员学刊,2016(01):48．

[6] 李祖超．教育激励论[M]．北京：中国社会科学出版社,2008．

（执笔人：柏桦）

"三全育人"理念下高校学生资助事务管理研究

上海对外经贸大学

一、高校学生资助事务管理遇到的瓶颈

伴随着我国高等教育大众化的不断深入，教育对象、教育环境与教育手段的不断变化，学生事务管理由过去单一的教育功能转变为教育、管理、服务等多方面功能，并且更加突显服务的功能，工作重心由单一性向综合性转变。相应的部门也由此产生，比如，资助管理中心、勤工助学中心、心理咨询中心、就业指导中心等机构。经过多年发展，这些机构从各方面为学生提供服务，取得了一定成效，但也逐渐显现出一些问题。

（一）学生资助工作者疲于应对日常事务，缺乏动力与思考

近年来，许多高校学生资助事务管理者频繁轮岗，新人到岗，大多将资助工作视为其他普通日常高校事务管理，以学生的物质帮扶为重点，忙于应付各类奖助学金的评选，各个资助的精准发放，各项数据的申报。随着工作年限的增加，疲于应对日常事务的感觉会逐步上升，学生资助工作带来的成就感和自豪感逐步降低。

目前，我国"奖、贷、勤、助、补、免"等多种形式有机结合的高校家庭经济困难学生资助政策体系已建立。高校学生资助工作从新生入学前到毕业离校后，做到了对困难学生的全覆盖。高校设有几十项奖助学金，校园

地、生源地国家助学贷款，各式各类学费补偿或贷款代偿，服义务兵役学费资助等，各级各类资助项目繁多，内容详细，办法规定各式各样，这使得高校的学生资助管理者在具体实践工作中不得不下大功夫来学习、分类和归纳各类文件，以免出错。而这种学习文件的工作，基本可以算是资助管理者的隐性工作量。平时花费了大量的时间和精力，却无法得到他人关注与肯定，经过多年的学生资助事务管理工作后，政策学习的热度逐步下降，渐渐变成了应付各类报表和文件的常规工作，工作内容的枯燥与封闭性逐渐显现。[1]

（二）受助学生对各类资助政策不了解，缺乏主动意识

工作者在与受助学生及家长的交流中发现，他们对国家资助政策以及学校资助勤助办法的了解存在差异。大部分学生对所申请的奖助学金有所了解，但仍有少部分学生不能全面了解和熟悉学校的各项资助政策，导致有资格受助的学生不知该申请什么助学项目，从而错过申请时间，或者在申请过程中比较被动，缺乏主动意识。

学校设有各级各类奖助项目，每一项的申请时间、申请对象、申请材料、具体要求均不同。作为从事了多年学生资助事务管理的工作者，尚且要花费大量时间学习和区别，在校学生不仅要完成大量学业要求，参与各类竞赛、社团活动，还要另外下功夫学习各类资助政策，的确更加难以掌握。加之贫困生身份和自卑心等观念影响，使得这部分学生不主动了解各项奖助政策，往往只是通过他人告知的方式来了解学生资助政策，许多人最终因为申请材料缺失或超过申请时间而申请失败。渐渐地，这些学生容易产生对资助政策的错误认识，产生申请困难而放弃资助的心理，影响了学生受助的主动性和积极性。

（三）学生资助事务管理队伍地位不高，缺乏专业化发展

在高校"育人"工作中，人们更倾向于关注"教书育人"，较少提到"管理育人"。同样是高校教师的组成部分，专职教师受重视的程度远远高于学生事务管理人员。反复重样的行政工作导致管理人员工作的积极性和主动性不强，给队伍建设带来弊端，使队伍水平大打折扣。学生资助事务管理的对象是有思想活动的人，工作中同样要讲求艺术，这对学生资助事务管理者而言，在业务素质和业务水平上是有较高要求的，但我们也可以看到，学校

资助事务管理者地位不高，使得具备高水平能力的人不喜欢从事学生资助事务管理这个职位。

（四）思想政治教育与学生资助事务管理脱节，育人功能不足

学校更重视对团干部、辅导员等专职学生事务管理工作者的思想政治教育，而忽略了学生资助事务管理队伍的管理育人功能。随着大学扩招，学生数量增加，来自全国各地的大学生拥有不同的生活习惯和背景，需求越来越多样化，因此对专职学生资助事务管理工作者的专业性要求也越来越高，但在提供更专业化帮助的同时，缺少了对学生思想的引领。当然，资助工作首先要保障的是物质需求，但物质需求是最容易满足的诉求，隐藏在物质需求表象下的思想、精神等隐蔽需求容易受忽视。于是，资助事务管理成了"收材料—评审—发钱"的过程，失去了应有的感召力，最终无情剥去了管理对青年学生价值的赋予、人格的提升和心灵的升华功能。于是出现了受助学生申请材料不实，贷款逾期不还，缺乏诚信意识，道德水平下降的现象。

二、学生资助事务管理研究

（一）不断完善高校学生资助管理的育人制度

管理既是教育的前提，又是教育的手段和结果。[2] 在学生资助管理过程中，资助管理制度具有导向作用，是资助育人的必要保证和重要载体。

（1）加强顶层设计，制订资助育人的责任制，并落到实处。资助事务管理是一个系统工程，每个环节的工作者都负有育人责任，必须强化资助管理育人，构建全员全过程全方位的育人管理机制。学校要建立健全资助育人的目标责任制，明确管理工作者的具体育人职责，把资助事务管理工作纳入学校的育人工作中。与学生资助事务有关的学院和各职能部门也必须将育人工作摆第一位，将育人任务和目标进行分解并落实。

（2）建立健全资助事务管理队伍的规范和激励机制，加强队伍建设。学校在不断完善学生资助管理制度的同时，要健全资助事务管理系统内工作者的管理、监督和考核制度，不断完善资助工作者的规范和激励机制，深化资助管理育人效果。将资助事务管理队伍纳入大学生思想政治教育体系，保持

资助管理队伍的职业化、专业化水平。只有资助事务管理者自觉遵守并严格执行制度，制度才真正起到育人作用。

（二）提升资助事务管理队伍思政素养和示范激励作用

学生资助事务管理人员在指导和管理学生的过程中，首先要注意提升自身素质。只有管理者自身具备优秀的思想政治素养，才能更好地管理学生，成为学生身边的榜样。

（1）提高资助管理队伍的思想政治教育意识，明确育人目标。学生资助事务管理工作者是负责处理具体学生资助事务的实际操作者，是学生资助事务管理的主体。思想政治教育素养是高校教育管理者必备的重要素质，高校管理队伍的思想政治教育素养直接影响管理育人的效果和水平。[3]美国社会学家阿列克斯·英格尔斯（Alex Inkeles）在谈到国家现代化时指出："如果一个国家的人民缺乏一种能赋予这些制度以真实生命力的广泛的现代心理基础，如果执行和运用着现代制度的人，自身还没有从心理、思想、态度和行为方式上经历一个向现代化的转变，失败和畸形发展的悲剧结局是不可避免的。"[4]高校资助管理育人机制的建立和完善亦然。离开了资助管理者的政治素养，一切资助制度都将失去活力。因此资助育人机制的建立和完善，必须先提升资助事务管理者的思想政治素养。

（2）"榜样的力量是无穷的"，要重视提升资助事务管理者的示范作用。高校学生资助事务管理者在管理过程中应以身作则，体现出以学生为本的服务精神，不仅要自觉学习党的教育方针和资助政策，将新思想、新观念、新方法与实际资助工作相结合，做到活学活用，还要深入学生群体去了解具体情况、与学生保持紧密联系，尽可能去帮助解决各类问题，同时注意树立身正为范的良好自我形象，达到示范和激励学生的教育效果，让学生在自觉做到诚信、感恩的同时去影响身边其他同学，提高管理效率，增强育人效果。

（三）坚持"以人为本"，提升贫困学生主体意识

资助事务管理工作的目标是"育人"，坚持"以人为本"，让贫困学生清楚地认识自己在实践过程中作为主体人的地位，突出学生主体性地位，才能更好地发挥资助育人作用。

（1）坚持"以人为本"，以学生的需求为导向，不断完善资助管理育人

方式。从贫困学生角度出发，将繁多的奖助政策和各项申请要求以学生便于理解的形式进行宣传。例如有的资助项目要求需满足家庭的低保要求，在制订宣传计划时，可将该条件的所有资助政策一一列明，合并宣传，提高资助宣传的精准度。或按照时间轴，制定年度资助计划表，标明每一项资助的开始时间，使贫困学生一目了然，避免错过任何一项资助的申请时间。再者，通过编写学生资助工作手册、在学工部微信公众号中单独开设资助栏目，采用多样化的宣传形式和贴合学生关注度的方式，扩大资助政策宣传面，提升学生熟知度。

（2）扩大实践育人平台和个性化帮扶活动，全方位提升学生主体意识。实践育人不是断断续续的行为，而应贯穿于每一个事务管理的环节中，存在于每一个阶段中。首先，通过经常性的学生资助事务，在日常事务性、服务性工作中关心关怀贫困学生，培养归属感。其次，工作重复性的学生资助事务，在工作的各环节渗透育人思想，培养学生树立正确的价值观。最后，通过创新的学生资助实践平台，全面提升学生主体性，通过自我教育、自我服务、自我管理提升主体意识。

（四）加强思想政治教育在学生资助事务管理中的作用

随着高校教育广泛化和大众化，大学生的思想政治教育越来越受到重视，在新时代下更要结合实际资助工作，将思想政治教育融入资助事务管理中，将思想政治教育融入具体的日常事务管理的各个环节，不仅能提升管理效益，还能为学生们带来思想上的指引。

（1）思想政治教育与学生资助事务管理两者育人目标一致。思想政治教育与事务管理在大学生的日常学习生活中是既相互联系又相互区别的两个方面。从工作条块上看，思想政治教育属于宣传引领工作，学生资助事务管理属于行政事务工作。学生的全面发展是高等教育的终极目标和根本宗旨，学生事务管理的最终目标是培养高等人才和实现学生自身的发展，这就要求必须将思想政治教育以显性或隐性的方式渗透到学生资助事务的各项工作中，做到细致深入。

（2）学生资助事务管理是思想政治教育的新载体。高等教育学生事务发展与时俱进，学生资助管理是其中一方面，它与思想政治教育的关联度、结合度都在不断深化。因此要强化服务意识，弱化行政色彩，把思想价值引领贯穿事务管理各环节，形成管理育人长效机制。在资助贷款、评奖助困等资助事务管理中总结优秀经验与成果，形成操作指南并推广，引领与规范大学生的日常资助事务工作。

（3）思想政治教育为学生资助事务管理提供价值指向。从思想政治教育的任务来看，是要求用一定的思想观念、政治观点、道德规范，对学生施加有目的、有计划、有组织的影响，并使他们形成符合一定社会所要求的思想品德的社会实践活动。[5]高校学生资助事务管理涉及学生全面发展的具体内容，在进行资助管理的过程中，必须遵循正确的价值观指导，为学生实现德才兼备、全面发展的接班人助力。

三、结语

学生资助事务管理工作任重道远，需要多方面、各部门共同努力配合，从完善育人制度、提升资助队伍素养、突出学生主体意识和融入思想政治教育等多方面着手，需要广大资助工作者掌握工作的新内涵，把握学生的新情况，推出工作的新模式，真正把资助事务管理工作做出特色、做出成效，真正服务于高校人才培养。

参考文献：

[1] 刘春雨.高校管理育人长效机制建设问题的思考[J].华北水利水电学院学报（社科版）,2013(06).

[2] 傅江浩.发挥管理育人功能加强大学生思想政治教育浅析[J],思想理论教育导刊,2015(06).

[3] 金昕.关于思想政治教育融入高校学生事务管理的思考[J].思想理论教育,2016(12).

[4] 殷陆君.人的现代化[M].成都：四川人民出版社,1985.

[5] 邱伟光,张耀灿.思想政治教育学原理[M].北京：高等教育出版社,2002.

（执笔人：金珺雪）

高校资助育人体系协同与长效机制的建构

上海立信会计金融学院

2017年12月，中共教育部党组印发了《高校思想政治工作质量提升工程实施纲要》，此文件中提出"要通过构建十大育人体系提升高校思想政治工作质量"，其中"资助育人质量提升体系"是十大体系之一。这标志着高校资助工作已不仅仅是单纯的经济资助和服务保障，无论从学生自身发展需求，还是从高校人才培养目标所需来看，"资助育人"都已成为高校资助工作的新方向。但是在实际落实建设资助育人工作体系时，厘清主体职责，确立制度保障，构建协同和长效机制，解决实际重点与难点问题，都是迫在眉睫需要研究和探索的课题。限于专业性和篇幅问题，本文集中研讨高校内部资助育人系统的协同联动问题。

一、资助育人体系的主体职责和制度保障

朱平在《高校"三全育人"体系协同与长效机制的建构》一文中指出，资助育人目前主要和直接的责任主体是辅导员，辅导员是家庭经济困难学生资助工作的主要组织者、实施者。资助工作育人效果的体现主要在以下两个方面：一是保证资助工作的公平、公正、及时，构建以经济资助为基础、制度建设为支撑、文化培育为保障、能力培养为核心的多维资助育人模式；二是在各资助项目与门类中发挥育人功能，在资助工作全过程之中，引导和鼓励学生积极向上、奋发学习，提高自身思想政治水平，增强法制意识，培养学生勇于面对困难、自立自强、尽责诚信和艰苦奋斗的优良作风，形成"解困—育人—成才—回馈"的良性循环。各部门、各学院辅导员需要加强谋划

统筹和组织落实，不断规范资助管理制度，结合国家资助政策与精神，联系学校自身实际，以"奖助勤补贷免"为主要内容，制定完善的资助办法，同时以《高校思想政治工作质量提升工程实施纲要》所指出的"资助育人质量提升体系"为基础，系统梳理归纳学校各个岗位的资助育人元素，并作为职责要求和考核内容融入整体制度设计和具体操作环节，推进、保障资助育人工作扎实有效开展。

二、资助育人体系"1+1+X"协同和长效机制的构建

构建"1+1+X"协同落实机制的组织构建：设立资助育人综合改革工作组，由分管校领导任组长，明确1个部门牵头协调，其他相关部门、单位协同联动，构建"1+1+X"的协调落实机制。即办公室下设在学工部，党委学生工作部部长任副组长和办公室主任，学生处、纪委办公室（监察处）、保卫处、教务处、就业与创业工作处、财务处、校团委等部门负责人和相关同志担任组员，构建起"学校资助工作领导小组、学生资助管理中心、学院资助工作小组、班级帮扶小组"四级资助育人体系。

资助育人"1+1+X"协同机制的构建：第一，紧紧围绕立德树人根本任务，把握贫困生思想特点和发展需求，做好系统设计，制定学校资助育人实施方案，全面加强统筹，充分发挥资助育人功能，推动形成立德树人的合围之势。第二，建立联席会议联动机制、监督与反馈机制、完善常态协同机制。以资助促进成长为核心理念，建立学工—教务联席会议制度，学工—后勤联席会议制度，立体构建资助育人与管理工作、后勤服务协同联动育人机制。第三，全员参与。所有单位、部门都要认真落实资助育人工作要求，在综合改革工作组的协调下推进工作项目，明确落实举措、时间表、正面清单、负面清单、工作评价指标，细化实施方案，推动资助育人工作项目化落地，调动教学、科研、管理、服务等所有环节参与资助育人，实现各项工作与资助育人工作协同协作、同向同行。第四，建立"需求侧"和"供给侧"联动机制。构建"学校—学院—班级—学生"四级资助育人体系，密切联系学院，密切联系学生，密切联系辅导员，密切联系专家，扎实推动全员牢固树立资助育人理念。每年定期开展专题资助育人交流会，现场办公解决学

生急难愁盼问题。开展学校资助育人情况调研，明晰学生"需要什么"，需要帮助学生"解决什么困难"。第五，坚持构建全方位的资助育人体系，整合校内外资助育人资源，打造助益学生成长的校内外协作资助育人生态链。（1）校际协同。积极学习同类型高校的资助育人特色做法与优秀经验，加强校际交流以及资助育人工作协同。（2）家校协同。开展"致家长的一封信"、贫困生家访与慰问等线上线下活动，畅通家校沟通渠道，建立良好家校关系，提升学校与家庭的育人合力。（3）校企协同。加强战略合作基地、实习实训基地建设，定期推荐贫困生到定点实习实训基地和战略合作基地实习兼职，提升育人效能。（4）社校协同。充分利用校外优质校友资源，建立校友基金会，专项资助校内贫困生，为贫困生构建多种发展性资助途径。

江世银在《增强西部地区发展能力的长效机制和政策》中提到："长效机制是指方法、方式和手段具有长期性、可持续性、相对稳定性并能发挥预期功能的制度体系，是能够长久有效保证实现某项目标的、带根本性的措施。"当前，我国已经形成以"奖、助、贷、勤、免、补＋社会资助"等多种资助方式并举的较为完善的高校资助体系，其中以无偿资助为主。无偿资助在解决家庭经济困难学生经济问题上的积极作用毋庸置疑，但无偿资助下所凸显的问题也不容忽视。重经济帮扶，轻精神教育的理念，加之无偿资助的时代局限，使得受助学生易形成"等、靠、要"的思想，资助育人效果薄弱。如何在每一个项目中体现育人元素，树立受助学生的自立自强精神与拼搏意识是高校学生资助的当下难题，是解决困境的关键所在，如何打破这一困境，构建资助育人长效机制对高校资助工作至关重要。

通过评选奖学金，激励学生争先创优，发挥敢闯敢拼的精神：通过政府奖学金、校内奖学金等各级各类奖学金的评选，激发学生追求卓越、奋发向上的拼搏精神；通过举办奖学金颁奖典礼，树立家庭经济困难学生模范典型；通过校园优秀学子的评选，利用朋辈教育的方式，深入挖掘在校学生中自强进取、拼搏奋进的典型感人事迹；鼓励学生积极参加一系列创新创业比赛，以赛促评，综合提升自我的管理水平、领导能力、沟通能力等。

在国家助学金申请发放环节，将感恩回馈意识贯穿在助学金评选的整个过程之中，充分发挥助学金的激励导向作用，引导受助学生自我发展、自我成长，发挥新媒体阵地优势，积极利用公众交流平台宣扬诚信感恩教育，通过举办资助育人活动增强贫困生诚信感恩的意识。

在开展国家助学贷款工作时，结合金融常识与诚信意识，树立学生的征信意识，培养学生养成诚实守信的宝贵品质。通过举办专题讲座、知识竞赛等活动，普及征信、金融等相关知识，不断强化受助学生的诚信意识和法律意识，倡导诚实守信的道德风尚，及时履行国家助学贷款合同，还要建立大学生诚信评价系统，对学生的诚信进行日常考查，提高学生诚信度，降低贷款违约风险，有效地将诚信教育转化为学生自觉的素养与行为。在设计贷款制度时，要确保"贷款补助一体化"，将贷款与学生困难程度、困难补助制度等结合起来。实行"先贷款、再补减"的资助政策，促使学生首先通过贷款解决经济困难。

通过开展勤工助学活动，在实践中提升学生的劳动意识：积极开拓学生勤工助学岗位，建立校内勤工助学管理网络体系，开展学生勤工助学岗前培训、安全教育以及学生德育相结合的自立自强、诚信、感恩、责任意识教育；组织勤工助学学生先进评比表彰活动，为学生参加校内勤工助学活动创造良好的条件。

不断增加技能型岗位培训，开拓校外勤工助学单位，在确保安全、不影响学业和没有不良社会影响的前提下，鼓励和组织学生参加校外勤工助学活动。充分利用学校专业特色与优秀校友的资源优势，主动探索产学研协同创新模式，通过建立校企实训基地，聘请校外行业专业导师，加强合作，吸引他们共同参与资助育人工作，并在实训基地设立相应的技能型勤工助学岗位，培养受助学生的动手能力和社会实践技能，努力使他们在实践活动中增长社会实践经验、锻炼提升实践能力、树立社会责任意识。

在开展基层就业、应征入伍学费补偿贷款代偿等工作时，鼓励学生养成正确的就业与价值观：根据贫困学生的个性特点、专业素养，加强对其就业形势、政策、观念、技巧和社会适应能力等方面的指导和全程就业辅导，积极开展基层就业、应征入伍服兵役资助政策的宣传工作，使每个学生都能了解到位，帮助学生树立正确的成才观、就业观和价值观，把个人成才与国家需要有机结合起来，科学务实地确定就业意向。在教育的过程中，可以通过举办基层就业、应征入伍学生的先进事迹报告会，通过一个个鲜活典型的实例感染学生，激发贫困生积极进取和求实的精神，帮助其树立起正确的人生目标和价值观念，鼓励和引导毕业生面向基层就业，到中西部地区、艰苦边远地区建功立业。

通过发展型资助项目，扩宽家庭经济困难学生的国际视野和职业能力：拓展"扶能"资助项目，加强家庭经济困难学生考取职业资格证书资助力度，扩大家庭经济困难学生海外研修数量。通过贫困学生海外游学资助，使学校家庭经济困难的优秀学生有机会参与国际交换项目，拓宽学生的国际视野，满足困难学生的发展需求，帮助他们全面、健康成长成才。鼓励家庭经济困难学生考取核心职业素养证书，以提高就业竞争力，注重家庭经济困难学生能力和素质的提高。

创新资助育人形式，构建"有偿＋无偿"的资助新模式：学校可以通过构建"有偿＋无偿"的资助新模式，依托学生资助类社团，形成具有实际载体的"虚拟币"校园银行，以"资助促进成长"为核心理念，将本来无偿发放的奖、助学金发放作为"虚拟"放贷，即折合资助金额为等量"成长币"作为"贷款"发放给学生，鼓励学生自主制定"偿还"方式，即可通过提高学习成绩、参与社会实践和志愿服务等方式积累"成长币"进行"信贷偿还"，从而促进其全方位、立体化的成长，满足贫困学生的发展性需求，在资助全过程中提升受助学生的感恩与回馈意识。

同时，通过模拟我国商业银行的管理结构与运营模式，立足学生组织，通过构建学生自我服务、自我管理、自我教育的资助类社团，打造银行从业实训平台，借助"以空间换时间"的概念，前置银行从业实习期，把参与资助工作与学生职场实习相结合，将专业与行业对接，为学生培养职业素养、职业能力提供有效载体。

三、资助育人体系建设的重点、难点及其对策

新制度经济学中著名的路径依赖理论指出：当人们一旦选择了某个体制，会因为受到规模经济、学习效应、协调效应、适应性预期、既得利益约束等因素的影响，会导致该体制沿着既定的方向不断得以自我强化。[1] 随着路径依赖理论的广泛运用，它更多地被放置于描述行为、习惯的语境之下，就如同一旦人们做了某种选择，惯性的力量会使这一选择不断自我强化，并

让你轻易走不出去。近年来，随着党和国家高度重视家庭经济困难学生上学问题，中央有关部门密集出台相关资助政策措施，从国家奖助学金、国家助学贷款、学费补偿贷款代偿到校内奖助学金、困难补助、伙食补贴……已建立起覆盖学前教育至研究生教育的学生资助政策体系，但事实上绝大多数资助类型都仅仅局限在经济资助层面，而缺乏"造血式"资助，呈现出只重数量增长，忽视资助质量提升，只注重物质资助，忽视精神资助的怪圈，直接造成部分家庭经济困难学生群体，甚至是家庭经济不困难学生产生了依赖和等待的心理，逐渐陷入了"输血式"资助的路径依赖，并在惯性的驱使下、制度的漏洞中不断自我强化该理念，"等、靠、要"的思想逐渐替代了感恩学校、回报社会、积极奋斗的观念。资助育人体系建设的第一个重点和难点就是补齐现行资助制度中育人效果不强的短板与痛点，聚焦弱项，从制度上加以引导与激励，从顶层设计上加以保证，融入育人元素，创新资助模式，构建"有偿＋无偿"资助育人新模式。

根据《普通高等学校辅导员队伍建设规定》（中华人民共和国教育部令第43号令）中的相关规定，明确指出辅导员是资助育人工作的主要和直接责任主体，辅导员能否在资助工作中发挥育人作用与主体性作用，坚持公平、公正、公开地开展资助工作，在资助工作过程中让学生接受精神和心理的双重洗礼，融入感恩与诚信教育就成为了资助育人体系建设的另一难点与重点。然而，由于辅导员的工作涉及学生生活、学习、求职的方方面面，需要辅导员投入大量的精力，加之辅导员队伍流动性大、容易产生职业倦怠等诸多原因的影响，许多辅导员对于学生提交的资助申请材料，审核随意性较大、工作流于形式，对于贫困生的认定方法不够科学化，缺乏定量与定性相结合的贫困生认定方法，资助育人效果薄弱。

新制度经济学中交易成本理论指出，人类生活在一个充斥着交易成本的社会，交易成本形成于商品之外，不构成商品的内在价值，它的意义在于促进商品的更好交易，就像注水的猪一样，那么注水的成本及随后可能带来的被查处罚金就可看成交易费用，而像古典经济学所描述的那样一个零交易成本的理想社会是不存在的。同样的在高校资助过程中，降低资助工作"交易成本"的有力措施就是监督机制的有效介入，通过建立相应的监督机制以及加强对辅导员资助政策的常态化培训，使其对资助育人工作的重要意义与作用入脑入心就成为了发挥辅导员在资助育人工作中主体作用的有力举措。

新制度经济学是古典经济学的修正和进步，它指出人是有限理性的，而不是完全理性主义者，正如美国学者哈丁（Garrit Hadin）在《公地的悲剧》（The Tragedy of the Commons）一文中指出：在一片公用的草原上，牧民被允许把自己的私有牲畜在草原上放牧。每个牧民都追求个人利益最大化，因此他会尽可能地增加牲畜的数量来获得最大的收益，但因此带给草原的损害却由大家来承担。结果，随着时间的流逝，牧场会退化，直至消失。密集覆盖的学前教育至研究生教育的学生资助政策体系犹如哈丁论文中的"公用草原"，由于有限理性原因的存在，部分学生为了追求个人利益，在申请国家资助时冒着诚信缺失的风险，提供不真实的信息，而使"公用草原"被破坏，社会利益损失。因此，构建物质帮助、道德浸润、能力拓展、精神激励有效融合的资助育人长效机制，培养学生的诚信和感恩意识，防止"公用草原"被破坏就成为了发挥资助育人功效的另一重点与难点。

一方面需要制定好全面的资助育人制度，做好顶层设计，保证各项资助工作按照计划与目标稳步推进；另一方面，需要进一步在现有的基础型帮困助学体系中融入思想政治教育核心理念，建立感恩资助类学生组织，以学生组织为有效载体，发展参与式资助项目，逐步以"渔"代"鱼"，以培育和践行社会主义核心价值观的要求力求资助育人，精准发力，使资助工作不断焕发新的活力。同时要积极开发阅报亭、文印社、礼品屋等校内勤工助学实体，使学生通过自主运营与管理，增加收入来源，提升实践能力。最后，在每一个资助项目门类中要融入育人元素，融入立德树人全过程，培养学生建立起感恩与诚信的长效机制。

参考文献：

[1] 朱平.高校"三全育人"体系协同与长效机制的建构——以全员育人为中心的考察[J].思想理论教育,2019(02):96-101.

[2] 江世银等.增强西部地区发展能力的长效机制和政策[M].北京：中国社会科学出版社,2009.

[3] 杨德才.新制度经济学[M].北京：中国人民大学出版社,2015.

（执笔人：缪园园、张群）

构建高校受助学生主体责任意识的有效途径探析

上海电机学院

习近平总书记在全国教育大会上强调，教育的根本任务就是培养社会主义建设者和接班人，培养一代又一代拥护中国共产党领导和我国社会主义制度、立志为中国特色社会主义奋斗终身的有用人才[1]。资助育人作为"三全十育人"的重要组成部分之一，是高校实现立德树人教育目标的重要环节。因此，在高校学生资助工作中探索构建学生主体责任意识是有效实现资助育人教育目的的重要途径之一。

一、受助学生主体责任意识的内涵与意义

（一）主体责任意识的含义

人的主体性主要表现为人的自主性、主观能动性与创造性的发挥。在面对挑战时，拥有主体性意识的学生更容易发挥自身的主观能动性，以更积极的态度应对挑战，愿意从自身出发解决问题，而并非依赖于他人施以援手。责任意识则可以被解释为是责任主体对自身所应当承担的责任的认识与理解，包括主体是否能意识到自己有责任、是否愿意承担责任以及是否能够坚持履行责任等。[2] 从接受资助的家庭经济困难学生的角度而言，具有主体责任意识的受助学生更愿意积极主动建构自身与外界的联系，并倾向于通过自身努力解决现实困境。例如，主动报名参加勤工俭学或者积极主动参加各项

专业技能实践活动，认真学习专业知识，提升自身专业能力等。在这一过程中，受助学生的主体责任意识在其由接受资助到主动创造的这一过程转变中得到体现，并在其主动承担责任、解决问题的过程中完成自我价值实现。[3]

（二）构建受助学生主体责任意识的意义和价值

在高校资助工作层面，构建受助学生的主体责任意识是实现资助育人的有效途径。传统的保障型资助模式中，资助学生仅仅作为一个接受者，接受无偿给予的各类补助，这解决了贫困生物质上的窘迫却无法达成育人的效果。而构建学生主体责任意识是以资助学生为主体，不仅关注学生物质生活，更关注学生个人发展，使其能够拥有追求个人目标的能力与机会，引导学生从一个接受者转变成为一个主动创造者，主动为自己创造自我解困的机会，更好达成高校立德树人、资助育人的双重教育效果。

在受助学生层面，构建受助学生主体责任意识能更好帮助学生完成自我价值实现。家庭经济困难的学生由于受到其艰苦的成长环境的影响，在人际交往、社会适应性等综合能力方面与非贫困生存在一定的差异性，在大学生活中更倾向于展现出被动、封闭的姿态，从而导致其失去很多锻炼能力，改变自己的机会[4]。在资助过程中构建的主体意识能够增强学生的自主自立意识，树立积极的心理，消除阻碍发展的不良因素，增强适应性。

在社会层面，构建受助学生主体责任意识能为社会输送更优质的人力资源，完善社会人才储备。贫困生是社会发展的巨大人才储备库，每一位接受国家资助的贫困学子有接受资助的权利但同时也承担着相应的义务，而这个义务就是为建设社会主义强国贡献自己的力量。[5]树立主体意识的学生，拥有更积极的心理，能够抓住更多发展自己的机会，也就更容易成为社会需要的优质人才。

二、受助学生主体责任意识不足的表现

在如今高校多元一体的资助模式中，愈发全面的资助项目更加精准地帮助家庭经济困难的学生缓解经济压力，一部分学生在国家资助的激励下更好地发挥主观能动性，将接受资助的助力转化为激励自身前进的动力；另一部分学生却没有能够很好地构建起受助学生的主体责任意识，未能从接受资助的角色转变为主动创造者的角色。

（一）学习动力不强

学习方面，缺乏主体责任意识的受助学生通常会表现出学习积极性不强，学习动力不足的现象。以上海电机学院为例，2019—2020学年国家助学金评定当年9月份至第二年6月的十个月的助学金发放过程中，不可避免地会陆续出现受助学生因休学、退学等原因退出学校正常学习活动而停止发放助学金等情况。而2019—2020学年优秀学生博学奖学金的评选结果显示：受助学生的获奖比例占获奖总人数的15.64%，优秀学生笃行奖学金获奖学生中有27.9%的获奖学生曾获得国家助学金资助的学生，6.96%的受助学生曾获得过优秀学生卓越奖学金。以上结果表明，在获得资助后，依旧有相当一部分贫困学生未能在学业成绩、社会实践能力以及科创能力等方面取得相对较优的成绩，国家及学校给予的资助未能有效激励这部分贫困学生实现学业精进，实现增强能力的育人目的。

（二）诚信与感恩意识不足

思想品德与行为规范方面，有少部分受助学生在接受资助后不仅没有凭借自身努力勤奋学习，反而放松对自己的基本要求从而做出违反校纪校规的违法乱纪行为。上海电机学院2019年秋季学期评定的1650名获得国家助学金资格的困难生中，共有15名学生在助学金发放期间因受到校级处分不再享受助学金的发放资格，而在取消助学金资格的受助学生群体中，考试作弊以及旷课是其处分的主要原因。虽然未能自觉约束行为规范的贫困学生占比不高，但是一定程度上能反映出部分受资助学生诚信意识及感恩意识方面的缺乏。

（三）自我解困意识欠缺

自我解困方面，具有自我解困意识的贫困学生能够在正确认识自我的基础上，调动自身内部力量去获取资源以达成解困的目的，自我解困意识也是学生主体责任意识构建的条件之一。例如，勤工助学便是学生自我解困意识实现的途径之一。国家政策规定在全校勤工助学岗位招聘过程中应当优先考虑家庭经济困难的学生，然而2020—2021学年上海电机学院经过认定的1801名家庭经济困难学生中，参与校内勤工俭学的人数仅为367人，占全体贫困生人数的20.3%。这表明仍有相当一部分的贫困生参与校内勤工助学的意愿水平较低，未能将自己作为自我解困的责任主体，缺乏一定的自我解困意识。

三、受助学生主体责任意识不足的原因

（一）高校资助模式以无偿资助模式为主

目前以奖、勤、助、贷、减、缓、补为主要内容的高校资助模式中，奖学金、勤工助学及国家助学贷款都是由学生作为责任主体的资助模式，资助过程和资助结果都与学生构建紧密联系。例如奖学金对受助学生的学习成绩、在校行为规范、科创能力、创新能力、社会实践能力等各方面都提出一定要求，仅有在校学生中的佼佼者付出自己的意志努力才有可能获得，而勤工助学是学生需要通过自己的劳动，花费个体本身一定的时间和精力换取的资助，国家助学贷款则是由学生自己承担偿还义务的资助项目。相较而言，国家助学金、学费减免、学费缓缴、困难补助等资助项目中学生自身承担相对较轻的义务和责任，只要学生经过审核确认家庭经济困难事实无误并且符合相关的资助条件，通过申请就能获得相应的补助。在这一过程中，由于学生并不需要花费自己的意志努力就能轻而易举获得相应的补助，其获得补助后的责任意识也就相对不足。主体责任意识的缺乏容易导致学生无法产生相应的感恩意识，他们无法意识到获得资助后自己所承担的责任，无法认识到这份资助背后所承载的希冀和激励，而仅仅只是认为因为自己家庭贫困，所以获得资助是理所应当的结果。

除此以外，不劳而获的资助方式使得学生相对更容易产生依赖心理，依赖于学校的无偿资助，学生形成"等、靠、要"的思想，不愿意付出努力，无法依靠自身力量战胜磨难，从而也就无法实现资助育人[6]。无偿资助模式下，物质资助解决了困难学生学习上的后顾之忧，而相应地，部分受助学生主体责任意识的缺乏导致贫困学生的心理脱贫工作成为资助育人工作的重中之重。

（二）贫困生消极心理阻碍主体责任意识形成

受助学生的心理资本是构建受助学生主体责任意识的重要条件之一。部分受助学生在接受经济资助后，能够保持积极的心态，正视自身贫困，利用所得资助刻苦学习，能获得校内各类奖学金、国家励志奖学金等荣誉。然而另一部分家庭经济困难学生，相较于其他学生，更容易产生自卑、敏感以及人际关系焦虑等心理问题，难以形成积极的心理品质，从而直接导致其学业、就业以及人际交往等方面受到一定程度的负面影响。由于贫困生的心理问题往往具有较强的文饰性，相当一部分同学受限于自身经济条件对其所产生的心理影响，担心贫困生的身份会为其带来负面的标签，害怕身边的同学会因此疏远轻视他，于是保持着自卑敏感的心态，隐藏自己的真实经济状况，有意识地掩饰自己真实的想法和家庭状况，从而使得贫困生的主体责任意识难以构建。

（三）资助育人活动反馈机制不健全

目前高校针对贫困学生思想和心理问题，开展了资助诚信教育主题活动、资助征文活动、资助优秀典型案例评选活动等一系列资助育人活动以培养学生诚信意识、对学生进行感恩教育与励志教育，取得了一定成效。然而，由于校资助部门人员配比不足、事务性工作繁重、贫困生信息敏感等原因导致资助育人活动难以在全校范围内推动形成校园资助育人文化。资助育人活动在下发活动通知、学院评选上报、校级公示上报到最终获奖结果公布这一过程中，往往认为将评选出来的材料报送上级就代表资助育人活动的结束，却反而忽视了获奖结果公布后的育人反馈机制。育人反馈机制的缺乏导致资助育人活动所预设的教育效果可能只产生于参与活动的这一部分学生，而对于其他没有意愿参与活动的家庭经济困难学生而言，其资助育人活动的育人效果则难以体现，此类学生的主体责任意识也就相对匮乏。

由此，以无偿资助为主的高校资助体系、家庭经济困难学生消极的心理因素以及不完善的资助育人活动反馈机制是造成部分受助学生主体责任意识不足的主要原因。针对这些原因，通过何种途径改善高校资助模式，完善育人活动反馈机制，让贫困学生正确认识自我，正视贫困，摆脱消极心理，树立其自强自立的心理特征是高校资助工作者所要解决的问题。

四、构建学生主体责任意识的有效途径

(一) 完善发展型资助模式，构建学生主体责任意识

构建学生主体责任意识离不开学生资助工作者在工作过程中的引导与教育。在无偿资助项目的申请过程中，资助工作人员可以有意识地进行相应的责任意识教育、感恩教育、励志教育以及诚信教育，等等。通过加设家庭经济困难学生参加社团、各类社会实践活动或者各类专业实习活动的机会，借此类机会锻炼贫困学生的适应能力，鼓励学生通过自我解困实现精神脱贫，使其意识到接受国家资助并不是简单的一份物质帮助，而是国家希望通过这份帮助能够更好地激发学生的学习动力，促使其勤奋学习，以更加完善的自我发展回馈党和国家对其的帮助，促进保障型资助逐渐向发展型资助模式的转变。

同时，在学校无偿资助政策的制定过程中，有意识地将无偿资助的政策倾向于家庭经济特别困难的学生，鼓励家庭经济一般困难的学生实行无偿与有偿资助相结合的资助模式，构建资助过程与学生的紧密联系，改变学校给予资助后学生接受的单向资助模式，更多采用学生主动需要并付出努力后学校给予相应资助的双向互动循环式的资助模式，以此更好地调动学生积极性，激发学习内在动力。

(二) 结合心理健康教育，促进构建学生主体意识

贫困生经济上的问题可以通过物质帮扶给予解决，但是贫困生的心理贫困却难以通过单纯的物质资助就能解决。因此，在对家庭经济困难学生资助的过程中，学生资助工作者需要更多学习心理学的相关专业技能和知识，及时发现贫困学生内心存在的压力与顾虑，并有针对性地利用心理学相关的知识解决学生心理问题。高校可以为资助工作人员提供心理教育的相应培训课程，通过定期的学习使相关人员了解贫困生心理，从而能够更加有针对性地、有的放矢地进行资助与育人的结合。

另外，校资助部门应与校心理健康部门建立良好沟通，建立贫困生心理健康档案。通过精准心理教育，帮助贫困学生树立对自己的正确认识，减轻原生家庭环境对其产生的影响，正视自我，摆脱孤僻敏感的内心，树立自强

自立的自信心,使贫困学生能够以更加健康开放的心态精进学业,发展自我,树立正确的人生观、价值观及世界观,用自我解困的方式自助助人,达到真正的资助育人成效。

(三) 健全资助育人活动反馈机制,扩大资助育人效果辐射范围

资助育人活动能够使参与活动的学生切身体会到自己所接受的国家资助背后,自己所要承担的责任,从而更好地构建资助学生的主体责任意识。因此,资助育人活动效果的体现不应只停留于活动开展与参与的过程中,教育的对象也不应只局限于参与活动的这一小部分受助学生群体,更应将资助育人活动结果反馈通过一定方式在广大受助学生群体中树立优秀励志典型,充分发挥榜样力量,扩大资助育人效果的辐射范围,从而使得未参与活动的学生也能从与自身家庭经济条件相类似的朋辈中获得精神的鼓舞,向优秀典型学习,构建自身的主体责任意识。学校可利用校园公众号和校园网等网络媒体宣传,利用一个推送、一篇文章报道受助学生的先进事迹,将优秀典型的优秀品质潜移默化到其他学生的思想中。

除此以外,足额配备高校资助部门工作人员也是保障完善资助育人活动反馈机制的重要条件之一。目前高校资助工作人员配比不足已经成为大部分高校所面临的问题之一,大量事务性的工作挤占人员配备本就不足的高校资助部门有限的工作时间,倘若事务性工作任务都无法游刃有余地完成,资助育人活动反馈机制的完善也就无从提起。因此,完善高校资助工作人员队伍建设是完善资助育人活动反馈机制的前提条件之一。

六、结论

学生主体责任意识构建是高校达成资助育人工作成效的有效途径之一。目前,高校以无偿资助模式为主的资助体系、贫困学生消极心理问题以及不完善的资助育人活动反馈机制导致部分受助学生责任主体意识不强,阻碍高校实现资助育人。因此,调动家庭经济困难学生积极性,摆脱无偿资助模式产生的不利影响,促进发展型资助模式有助于构建学生责任主体意识。资助工作人员不仅需要增进心理专业知识,更要与校大学生心理健康中心实现部

门联合，共同帮助贫困学生减轻原生家庭环境对其心理发展所产生的不良影响，同时高校应足额确保资助工作人员配置，在资助育人活动中，更好地健全活动反馈机制，树立优秀励志典型，使得资助育人活动的教育效果辐射由点至面，帮助更多受助学生向优秀榜样学习，树立自身的主体责任意识，更好地实现资助育人。

参考文献：

[1] 习近平.坚持中国特色社会主义教育发展道路培养德智体美劳全面发展的社会主义建设者和接班人[N].人民日报,2018-09-11.

[2] 于中丽.公民责任教育研究[D].内蒙古：内蒙古科技大学,2013.

[3] 刘琪,高洋.基于学生主体性的高校资助育人工作探析[J].西部素质教育,2019,5(14):103-104.

[4] 张媛媛.高校贫困生心理问题分析及教育思考[D].四川：西南交通大学,2010.

[5] 冉光仙,翁艳.发展性资助视角下高职院校贫困生主体意识的培育[J].职教论坛,2018(5):141-147.

[6] 王慧,徐新华.高校资助育人思想研究[J].教育评论,2020(4):99-103.

（执笔人：顾涵婷）

关于民办高校建立社会奖学金资助体系支援西部发展实践探索

——以上海立达学院设立"兴泉立达·立德树人"社会奖学金为例

上海立达学院

上海立达学院作为一所较为年轻的民办本科高校，一直积极主动承担社会责任，在承担西藏协作计划的录取中，通过前期的实地宣传走访了解到该地区整体经济发展水平与学校高层次收费水平不相匹配，为缓解西藏地区考生家庭承担压力，在校长黄亚钧的牵头下，学校积极筹措，广泛寻求社会资金支持，以西藏自治区的招生工作为试点，单独设立西藏自治区藏族学生全额奖学金——"兴泉立达·立德树人"社会奖学金。让通过正规高考录取途径的藏族考生享受到学费、住宿费全部免费的学校政策，消除藏族考生报考内地大学特别是经济发达地区的求学顾虑。学校在实际行动上，已然探索出一条上海民办高校吸引社会资金参与对口帮扶支援的新道路。

一、"兴泉立达·立德树人"社会奖学金的实践探索意义

党和国家对教育援藏工作高度重视，党的十八大以来，党中央对西藏工作提出了一系列新思想、新要求和新论断，不断推动着教育援藏工作的开展。上海自20世纪90年代起对口援藏，至今已历27周年，在这27年的历史进程中，上海对口帮扶的领域不断扩大、水平不断提高，特别在着力培养藏族地区本土人才领域。而"兴泉立达·立德树人"社会奖学金的设立率先开启

了吸引社会资金在民办高校设立奖学金全额资助少数民族学生的先河，促进了上海民办高校在对口帮扶西藏地区人才培养事业中更好地发挥作用。

"兴泉立达·立德树人"社会奖学金的设立是学校在办学中贯彻坚持以人民为中心的发展思想的体现，是学校秉持在其自身高质量发展中支持上海市对口帮扶援藏计划的行动体现，该项举措主动为教育援藏工作贡献出了民办高校的社会力量。这样的教育援藏举措显示了中华民族一家亲，同心共筑中国梦的信心。同时，也为广大藏族考生在经济发达省份快速提升自身知识技能水平提供了重要机遇。

二、"兴泉立达·立德树人"社会奖学金设立的差异性

民办高校设立全额资助奖学金，既是对高等教育奖学金体系设立的有利补充，也是惠及学生的奖学金政策。与高校内部现有的国家级奖、助学金资助体系以及学校内部设立的专项奖学金不同，社会奖学金更具有来源的丰富性与奖项设置的灵活性。与传统社会奖学金相比，"兴泉立达·立德树人"社会奖学金具有以下几点差异性：

一是评定形式的客观性。传统的社会奖学金资助形式，一般情况下是学生入学后，根据学生本学期的实际学业情况或所就读的专业情况，进行专项的奖学金的评审。而"兴泉立达·立德树人"社会奖学金主要是为解决西藏地区的考生的实际经济困难，是通过学生高考成绩而评定，更具公平性和客观性。详见表1。

表1　学校在西藏录取的生源情况及藏族学生数量

年份	层次	计划数	录取人数 总数	录取人数 其中藏族	报到人数 总数	报到人数 其中藏族
2017	专科	4	1	1	1	1
2018	专科	4	4	4	3	3
2020	本科	25	18	0	14	0
2021	本科	25	3	2	3	2
2022	本科	25	10	9	10	9

截至2022年，该项工作已经完成了21级、22级两年度的西藏地区的招生工作，目前已经录取10名藏族考生到校免费就读。此次奖学金每年生均额度高达5.5万元，且保障学生四年的学费全免，在民办高校社会奖学金层面，实属不易。

二是社会影响的广泛性。传统的社会奖学金设立，一般以企业冠名的形式，定向资助特定的专业人才或个人品质优秀、能力优异的特殊人才。在某种程度上，是主要任务在于培育企业社会公众形象的慈善项目。"兴泉立达·立德树人"是由兴证全球基金管理有限公司、宁泉资产管理有限公司、上海立达学院三方共同出资设立，由上海市民办教育基金会负责资金管理，总奖学金约220万，资助10名藏族学生在校期间的全部学费与住宿费用，支持藏族学生顺利完成本科教育阶段的学习、生活。学校从建设高等教育强国战略以及加强民族团结、维护国家边疆安全的高度来对待奖学金工作，在实际奖学金的设立过程中，创新了工作方式，提升了工作层次和效果。

三、关于完善"兴泉立达·立德树人"社会奖学金建设的思考

（一）校内设立专门部门吸纳更为广阔的资金作为补充

社会奖学金最大的灵活性在于奖学金资金来源的丰富性。校内设立基金会，专门负责该项目的资金筹措、运营以及维护该项奖学金，确保奖学金来源的充足性。"兴泉立达·立德树人"社会奖学金在实际招生宣传环节，就曾面临着诸多家长的质疑。其主要原因就在于在家长传统观念中，全额奖学金的资助是不可能存在的。在实际社会奖学金运营的过程中，确实存在因实际资金来源中断而中途停止的情况。

学校应该充分了解各类行业、企业以及公益组织与个人资助的意向。随着我国经济形势的不断向好，民族自信空前高涨，越来越多的民族企业以及个人会向高校进行捐赠，旨在扶持更多优秀的高校毕业生，特别是少数民族学生。希望他们能得到更好的教育，投入到祖国的建设中来，并承担更多优秀民族文化的传播。而高校应该积极探索，主动承担起连接企业与学生的桥

梁性作用。与此同时建立完善的奖学金管理制度，保障专项社会助学资金的正常运营，确保其始终服务于少数民族学生学费支出。

（二）从单一物质资助向更为多样的资助方式转变

1. 帮助少数民族同学更快适应新环境

吸纳少数民族考生从自己家乡来到上海，接受高等教育是社会奖学金资助体系建立的第一步，也是十分重要的开端。与此同时，更应该密切关注这些新生对新环境的适应性上。以藏族同学为例，家乡的生活环境海拔高，气候干燥，而上海气候相对湿润，对很多同学来说，适应新环境，适应上海的饮食，就是一个非常严峻的挑战。这就需要学校从更为人性化的关怀入手，无论从宿舍的安排到食堂餐厅窗口设置，都要考虑到他们的特殊需求。

2. 帮助少数民族同学增强自信，提升文化认同感

从学校目前的生源情况看，我校录取藏族同学整体文化课成绩与专业课成绩均在西藏艺术类本科生中成绩较为优异，且基本为艺术生。学校应该充分发挥学生的特长，不仅能让每一位同学在学校学到更为丰富的知识，开拓视野。更应该在激发学生对自身优秀民族文化的传承与传播的主动性方面起到更加积极的作用。尝试以课程作业的形式，以及参与学校举办的大型活动，如"立达设计奖"等，让更多的同学乐于且敢于作为民族的传承者，进行展现。让每一位受到资助的同学，都能够完成从一名普通大学生到成为本民族文化的传播者的身份转变，提升每一位少数民族同学的参与感与获得感。与此同时，让每一位同学，都能够成为维护民族团结的促进者，让他们充分感受到祖国繁荣的同时，带着更光荣的使命与理想信念，建设家乡、反哺家乡。

（三）建立更加完善的评价体系，提升该项奖学金的社会知名度

在世界范围内，社会奖学金金额最高、竞争最激烈的社会奖学金——罗德奖学金（Rhodes Scholarships）其评价标准就包含了包括学术表现、个人特质、领导能力、仁爱理念、勇敢精神和体能运动等多方面的因素。而目前"兴泉立达·立德树人"社会奖学金的评价体系更为单一客观，以高考录取成绩作为评定标准。详见表2。

表2　2021—2022年上海立达学院藏族学生录取成绩情况

年份	层次	录取人数 总数	录取人数 藏族	报到人数 总数	报到人数 藏族	民族	录取专业	投档成绩 文化	投档成绩 专业	省控线 文化	省控线 专业
2021	本科	3	2	3	2	汉族	会计学	344		325	
						藏族	环境设计	304	108	222	
						藏族	视觉传达设计	228	136	222	
2022	本科	10	9	10	9	藏族	播音与主持艺术	306	79	214	60
						藏族	播音与主持艺术	301	64	214	60
						藏族	播音与主持艺术	296	74	214	60
						藏族	播音与主持艺术	296	66	214	60
						汉族	播音与主持艺术	286	59	217	60
						藏族	播音与主持艺术	267	58	214	60
						藏族	播音与主持艺术	258	67	214	60
						藏族	播音与主持艺术	256	72	214	60
						藏族	播音与主持艺术	253	76	214	60
						藏族	播音与主持艺术	229	77	214	60

从学生的实际录取成绩数据来看，我校录取的藏族考生文化课成绩与专业课成绩在该省录取考生中处于文化课水平中等偏上，整体省内排名位次高于我校在上海同类型录取考生。在吸纳优秀考生获得优秀奖学金的同时，我们更应该注重考生的综合能力素质，提升奖学金的含金量与社会知名度。

四、结语

专项奖学金的设立，体现的是上海立达学院作为上海市民办高校勇于承担社会责任的担当，但如何让该项奖学金发挥最大的社会作用与价值仍有很多问题需要探索与解决。希望本文能够作为一种探索性的思考，让我校奖学金政策发挥更大的作用，能够帮助到更多优秀的西藏地区藏族考生。

（执笔人：董珊珊）

高职贫困生自我效能感提升路径探究

上海旅游高等专科学校

我国高等教育高度重视促进教育公平，建立健全家庭经济贫困生资助体系，提升资助水平，以更好地促使每位学生均能接受公平和高质量的教育。高职院校作为社会技术技能型人才培养基地，在注重专业培养和技能训练的同时，也更需要关注贫困生这一特殊群体的身心健康。现如今，高校资助体系已不断完善和发展，高职院校也已实施奖、助、学、贷等帮扶政策，以减轻贫困生的经济负担，资助其顺利完成学业。然而，由于贫困生长期肩负的经济重担所造成的思想负担，使得部分贫困生在成长过程中，自我效能感降低，面对困难、挫折时，缺乏面对的勇气和信心，从而产生自卑等消极情绪体验。因此，笔者作为负责资助工作的高校辅导员，在深入挖掘、提升高职贫困生自我效能感的价值的基础上，通过分析贫困生自我效能感构建中存在的主要问题，积极探索提高其自我效能感的有效策略，促进高职贫困生健康成长、成才。

一、高职贫困生自我效能感概述

美国心理学家班杜拉认为，所谓自我效能感，是指个体对自己是否有能力完成某项任务的推断。基于此，笔者认为高职贫困生自我效能感，是指高职贫困生在校期间对自己能否顺利完成某项任务的自信程度，主要表现在学习、生活和就业等方面。

学习上，自我效能感的高低会影响高职贫困生的学业目标以及面对困难时的自我表现。对于自我效能感较高的贫困生而言，能正确估计自身的能力，善于制定恰当的学业目标，在实现学业目标的过程中，乐于排除万难、迎难而上，并对自己的成功和失败进行合理归因，以激发自己继续努力；相反，对于自我效能感较低的贫困生而言，由于无法正确估计自身完成某项任务的能力，对学业持有得过且过的心态，以至于在学业上屡屡受挫，并将自身的失败归因为运气等不稳定、不可控的因素。

在生活上，自我效能感的高低会影响高职贫困生的生活目标以及情绪体验。对于自我效能感较高的个体，对未来的生活积极乐观，相信通过自己的努力会扭转现状、改变命运，持有积极的生活目标和人生态度，生活中遇到困难和挫折时，也能够积极应对，并产生坚强、乐观等积极的情绪体验；自我效能感较低的贫困生则不然，他们觉得未来一片迷茫，认为自己无力改变现状，认为自己一事无成、自暴自弃，缺乏积极的生活目标，面对生活中的困难，认为无力应对，索性消极逃避，内心充斥着沮丧等消极情绪体验。

在就业中，自我效能感的高低会影响高职贫困生的就业自信。自我效能感较高的学生，对大学学习中自身掌握的知识和具备的能力有明确的自我判断和自我认知，对自己工作充满自信，相信自己一定能找到满意的工作，在择业的过程中，把握机会，善于努力和尝试，有利于个体找到较为理想的工作；而对于自我效能感较低的学生，由于无法正确估计的能力，在择业的过程中，表现出害怕尝试、畏惧失败等消极被动的行为表现，从而错失适合自己的就业机会，最终可能导致无法找到适合自己的理想工作。

二、高职贫困生自我效能感提升价值探析

（一）有利于促进高职贫困生积极信息和行为选择

自我效能感不仅能够调控个体对外界信息和行为的选择，还能够调控个体的行为反应。当个体面临纷繁复杂的外界环境时，由于受到自我效能感的调控，具备良好自我效能感的学生，往往善于从外界环境中汲取积极的信息，并选择正面的行为表现。因此，提升高职贫困生的自我效能感，有利于高职生自动过滤掉消极的信息和行为，选择积极有益的信息和行为，并进行积极加工，进而增强其主动适应外界环境的主体意识，并做出正向的行为评估和行为效仿，强化其自信心，增强自我效能感，形成良性循环，促进高职

贫困生健康发展。

（二）有利于提升高职贫困生的自我期望水平

自我期望，是指个体在从事某种行为活动之前，对自身所能达到某种目标的预期。自我期望水平的高低对个体会产生不同的影响，自我期望水平较高的个体，较为自信，心态积极乐观，对未来充满期待；自我期望水平较低的个体，较为自卑，心态消极悲观，对未来并不抱有较高期待。提升高职生自我效能感，有利于诱发个体产生与其自我效能感相适应的自我期望值，从而促使高职贫困生正确认知自己、评估自我，采取积极主动的行为，增强意志力，提高自我发展的能力。

（三）有利于提升高职贫困生的认知水平

个体的认知可以分为合理认知和不合理认知，自我效能感关注个体的合理认知，通过提升个体的自我效能感，能够促使高职贫困生善于调整自我认知偏差，不断进行自我审视、自我改进，形成合理认知，基于客观实际具体问题具体分析，客观理性地对待生活，促进学生人格的自我完善和发展。研究发现，部分贫困生在面临失败时，容易产生自我怀疑，很容易产生不合理的自我认知，认为自己糟糕透了、一事无成，这种不合理的认知可能会影响学生日后的行为反应，并产生消极的情绪体验，不利于学生的发展。因此，提升贫困生的自我效能感就显得格外重要，能够有效提升个体的认知水平，促进学生的心理健康水平。

三、高职贫困生自我效能感提升存在的问题

（一）注重经济帮扶，忽视精神帮扶

通过调查研究得知，关于贫困生自我效能感的提升，目前高职院校主要采取的对策主要有，通过审核贫困生的贫困申请，进行贫困认定，然后根据认定结果给予相应等级的经济补助；学校通过提供勤工助学岗位，增强学生实践锻炼的能力，给予经济帮扶；资助活动月，通过举办专题讲座、贫困生征文或漫画海报比赛等，表现优秀者，给予奖励。综上，对贫困生自我效能

感的提升，多侧重于经济帮扶，但精神帮扶力度需要进一步提升。

（二）显性教育有余，隐性引导不足

高职院校针对高职生自我效能感的提升，所采取的方式中专题讲座、资助文化月主题教育讲座等一系列活动，多属于显性教育，而缺乏隐形引导。因为不管是家庭经济调查，还是开展专题讲座，只是关注了表面问题，却没有深入贫困生的内心，这种显性教育很难达到"润物细无声"的效果。同时，在显性教育中，受教育者往往无法充分发挥自己的主观能动性，可能无法达到教育持久性的效果。与之相反，通过实施隐性教育，诱发学生意识到提升自我效能感的意义和作用，激发其自我积极主动性。因此，由于显性教育的表面性和暂时性的特点，影响了高职贫困生自我效能感的提升。

（三）注重思想教育，忽略心理疏导

大学生思政教育和心理健康教育都是提升高职贫困生自我效能感的精神动力，二者在高职生素质教育中发挥的作用各有侧重，只有将二者有机结合，才能有效提升高职贫困生的自我效能感。但是，目前部分高校更加侧重思想教育，而较为忽略心理疏导，这种单一的教育方式可能无法促使受教育者真正产生心理共鸣，进而影响自我效能感的提升效果。此外，贫困生作为一个特殊群体，部分贫困生存在较为敏感、脆弱的这一心理特点，当产生心理困扰的时候，可能更需要心理疏导。因此，只有同时注重思想教育和心理疏导，才能促进高职贫困生更好地成长。

四、高职贫困生自我效能感提升路径探析

（一）正确认识自我，促进身心健康

正确的认知和合理的期望值，有利于个体客观地评价自己，在充分认识自己优缺点的基础上确立自己努力的方向和目标，只有这样，个体才能在具体任务中更有把握取得成功，从而提升个体的自信心，获得自尊心的满足，进而提升个体的自我效能感。但是，如果一个个体对自身缺乏一种合理的认知，可能会确定一种不切实际的目标，很容易导致其在面临实际任务时受

挫。因此，学校可以组织一些文体活动或开展一些公益类的活动，如支教、敬老院慰问老人等，引导贫困生在多彩的活动中将理论和实践相结合，增强了贫困生对未来面临的挑战性任务的认知，引导贫困生善于发现自己的优势，鼓励其自我肯定，实现自己的自我价值和社会价值，使贫困生真正做到学有所获、学有所乐，有效激发贫困生参加其他相关活动的信心，从而提升自己的自我效能感。

（二）丰富成功经验，恰当进行归因

班杜拉认为，自我效能感，是个体与外界环境发生作用后，个体形成的主观判断，丰富个体的成功经验，使个体从自己的成功经历中提升自我效能感至关重要，比如说，个体因从事了某种活动，从而得到了表扬，这是一种直接性的成功经验，这种成功经验的获得会极大地增强贫困生的自信心，相反，失败的经验会极大地降低贫困生的自我效能感。因此，资助工作者，可以设置一些具有挑战性但又难度适中的活动，创设情境使贫困生积极融入，从而体验到成功的喜悦，提升自信心和自我效能感。同时，研究表明，个体的归因方式也会影响到个体的自我效能感，因此，资助工作者还应该引导学生进行合理归因，因为如果个体失败后，如果将失败归因为自己运气不好，那么学生接下来还是不能积极努力，如果个体将成功被归因为自身能力所致，才会产生较高的自我效能感。

（三）增加替代经验，发挥榜样作用

替代性经验是班杜拉在社会学习理论中提出的，他认为，所谓替代性经验，是指个体通过观察他人的行为，从而产生对自己能力的一种间接性的评估。由于替代性经验并不需要学习者本身进行某种行为的尝试，在某种程度上，个体可以免于某些行为的尝试，但是仍能对其实现的可能性进行评估。所以，只有当榜样与自身的经历相似度越高，替代者对观察者产生的自我效能的影响才会越大，才更能有效地发挥榜样的力量和作用，进而增强自我效能感。因此，作为资助工作者，应通过组织优秀贫困典型面对面交流会、利用微信等平台加大力度宣传表扬优秀典型、组织优秀典型和缺乏自信心的贫困生进行结对子等活动，使贫困生中的优秀榜样更好地激励贫困生，提升其自信心，充分发挥其主观能动性，引导贫困生向优秀典型学习，提升自我效能感。

（四）发挥教育合力，健全支持系统

人具有社会性，因此，对高职贫困生自我效能感的提升教育，需要家庭、学校、社会共同合作，才能形成 1+1+1>3 的成效。家是温馨的港湾，良好的家庭氛围有助于贫困生获得心理上的安慰和归属感，不管在外界遭受到什么挫折和困难，家人永远会陪伴孩子，给予最大的支持和鼓励，因此，可以成立家长网络联络群，及时了解贫困生的学习、思想等状态，并与家长进行定期沟通与交流，方便老师更加全面地了解学生的情况，给予更好的帮助。学校是学生学习的主要场所，也是贫困生提升自我效能感的重要场所，良好的学校氛围有利于学生树立热爱学习的信念，增强人际交往的技能，因此，作为老师，可以通过课堂教学、组织活动等方式，引导贫困生积极参与，扩大交际圈，获得更多班级同学的支持，增强自信，提升自我效能感。良好的社会氛围，有利于个体对自身有明确的认识和定位，减少对未来的恐惧。研究表明，社会实践经验很大程度上可以提升个体的自我效能感，因此，学校应提供企业与学校的合作平台，让贫困生在这些平台中提升实践能力，增加适应社会的机会，增加其获得成功的经验，从而提升自我效能感。

通过提升高职贫困生的自我效能感，不仅可以帮助其更好地融入校园，还可以助力其增强迎接未来生活挑战的能力，促进其身心全面发展。笔者认为，只要充分发挥学校、家庭、社会的教育合力，采取有针对性的举措，增强高职贫困生的主观能动性和自信心，就能够引导贫困生更好地提升自我效能感，成为全面发展的社会主义建设者和接班人。

参考文献：

[1] 刘迪. 思想政治教育视阈下高校贫困生自我效能感提升研究 [D]. 哈尔滨理工大学,2016.

[2] 陈昌勤. 管理者的管理自我效能感 [J]. 心理学动态,2000(9).

[3] 班杜拉. 思想和行动的社会基础：社会认知论 [M]. 林颖等,译. 上海：华东师范大学出版社,2001.

[4] 郑新夷. 贫困大学生自我效能感与成就动机关系分析 [J]. 中国学校卫生,2009(12).

[5] 刘红. 高职家庭经济困难学生自我效能感研究 [J]. 广西教育,2013.

（执笔人：端木冬冬）

基于"三圈三全十育人"体系的高职院校资助育人实践路径研究

上海电子信息职业技术学院

2017年12月，教育部印发《高校思想政治工作质量提升工程实施纲要》，提出要充分发挥课程、科研、实践、文化、网络、心理、管理、服务、资助、组织等方面工作的育人功能，规划了"十大育人"体系的实施内容、载体、路径和方法，资助育人作为其中的重要组成部分，是促进社会和谐，体现教育公平的有力举措。文件中指出，要全面推进资助育人，建立国家资助、学校奖助、社会捐助、学生自助"四位一体"的发展型资助育人体系。这一重要思想，为高校思政今后的工作重点指明了方向，更是明确了资助育人作为立德树人的重要抓手，对于新时代大学生成长成才的重要意义。

近年来，在党和国家精准扶贫战略下，我国已经取得了脱贫攻坚战的全面胜利。随着物质上的贫困问题逐渐得到解决，因物质匮乏、成长环境单一所带来的理想信念缺失、机会能力不足、视野狭窄受限、心态消极悲观、感恩意识薄弱等精神贫困问题将更加凸显出来。因此，新时代下的学生资助工作要结合时代背景，转变工作模式，重视和解决贫困学生在精神、机会和视野上的"贫困"[1]，将资助工作与思想政治教育工作相结合，将保障型资助向发展型资助转变，进一步强化资助育人功能，有利于培养学生自立自强、诚信感恩、勇于担当的良好品质，增强终身发展能力，从而享有与祖国和时代一起成长与进步的机会。因此，加强资助育人实践，探索适应新时代高职院校发展特点和需求的资助育人路径，对提高育人实效、提高人才培养质量具有重要意义。

一、新时代高职院校资助育人的内涵与现状

2007年,国务院发布了《国务院关于建立健全普通本科高校高等职业学校和中等职业学校家庭经济困难学生资助政策体系的意见》,我国建立起完善的高校家庭经济困难学生资助政策体系。

随着国家经济社会的发展,国家对家庭经济困难学生越来越关注,不断深入探索,高校资助政策体系得到了逐步发展,资助方式逐步多元化,资助力度不断加大,确立了"奖、助、贷、勤、免、补、偿和新生绿色通道"较为全面的学生资助体系,形成了普惠性资助、助困性资助、奖励性资助和补偿性资助有机结合的"多元混合"资助模式,实现了学生资助工作持续、快速、健康、向上发展的良好态势。[2]

近年来,国家在实施各项资助政策的过程中,越来越关注和重视贫困学生的终身发展。学生资助工作的内涵和外延在不断丰富和深化,逐步从原来的保障型资助模式转变为发展型资助模式,以"不让一名学生因家庭经济困难而失去终身发展的机会"为目标,在精准、规范开展资助工作的基础上,探索与构建物质帮扶、道德浸润、能力拓展、精神激励有机融合的长效机制。[3] 学生资助工作不仅仅承担着经济上的扶贫,更担负着育人的功能,发挥扶智、扶志的重要作用。学生资助的工作目标不仅是要帮助家庭经济困难学生缓解经济压力,还要帮助他们更好的健康成长与全面发展,培养成为我国社会主义事业的合格建设者和接班人。在这样的时代背景下,探索高职院校资助育人的实践路径,推进资助育人实践与创新,实现学生资助由解决基本生活保障转变为促进学生终身可持续发展的育人目标,具有非常重要的现实意义。

二、"三圈三全十育人"体系理念指导下的资助育人实施路径

2007年,中共中央、国务院《关于加强和改进新形势下高校思想政治工作的意见》中提出高校要坚持全员、全过程、全方位育人的教育思想。"三全育人"思想明确了"由谁教育""何时教育""如何教育"的问题[4],也为解决资助育人工作中存在的问题提供了明确的思路和指导方针,对进一步完

善发展型资助育人体系、提高资助育人实效指明了方向。

（一）全员参与，加强队伍建设，营造资助育人氛围

全员参与要求育人主体的多元化，要动员学校多方育人力量共同参与资助育人，形成育人合力。除了专职负责学生资助的学生工作部外，还应包括辅导员、任课教师、行政管理人员、学生骨干等，共同推动资助育人工作，同时，也要求抓好队伍建设，组建资助育人专业化工作室和学生团队，推动资助育人专家化、全员化，提升资助育人工作水平，形成育人合力。

第一，要巩固辅导员在资助育人工作中的主导地位与作用，提升队伍建设水平。辅导员是大学生思想政治教育工作的组织者和实施者。因此，要充分发挥辅导员在资助育人工作中的重要作用。学生工作部要加强队伍建设，开展定期的培训与指导，引导每一名辅导员都能在日常教育管理工作中主动渗透资助育人理念，定期开展贫困学生谈心谈话，关注他们在思想、学业、生活方面的表现，如发现问题要及时进行指导，同时也应掌握学生的实际需求，为他们提供学习实践机会，帮助他们解决实际困难。同时，在本班级中广泛开展资助育人主题教育活动，通过讲座、班会、师生座谈等活动形式培养家庭经济困难学生奋发向上、自强不息、爱心奉献的精神品格。在二级学院层面，可以组建资助育人方向的辅导员队伍，加强团队建设，重点关注与探索解决家庭经济困难学生在经济困难以外存在的学业困难、心理困难、就业困难等情况。

第二，要提升二级学院的专业能力与工作水平。在二级学院层面，建立科学有效的绩效评价体系，将个人及学院目标管理与学校资助育人目标紧密挂钩，引导二级学院、辅导员结合目标与重点工作，积极开展育人探索与创新，培养学生的职业技能、创新能力、自强自立精神和团队协作能力，实现全面发展。培育二级学院资助育人品牌项目，强化育人工作的针对性、实效性和感染力。在学工队伍中挖掘骨干力量，组建资助育人工作室。以工作室为抓手，开展资助育人专业方向的研究探索，并将研究成果运用到辅导员实际工作中，切实提高辅导员队伍的工作水平，推动资助育人工作的高水平发展。

第三，要发挥马克思主义学院教师、其他任课教师和学生骨干的教育引

领作用。在家庭经济困难学生中建立导师结对制度，马克思主义学院教师或其他任课教师可以担任学生的学业导师、德育导师，帮助学生解决思想上、学业上和技能上的问题，引导他们树立正确的人生观和价值观。学生骨干可以成为学生的朋辈导师，从学生的角度帮助学弟学妹们发现和解决学习和生活中的问题，及时纠正问题。

最后，提升各部门之间的教育协同作用。全员资助育人需要全校各个职能部门与二级学院协同参与。除了辅导员、分管学生工作的书记之外，行政和管理人员也应当在日常工作中转换思路，提升育人意识，在与学生交流中积极弘扬自立自强意识和奋斗精神，为学生尽可能提供有价值的实践机会，帮助学生提升发现问题与分析问题、解决问题的能力，配合学生工作部做好学生的教育与引导工作。

（二）全过程渗透，建立长效资助育人机制

为了实现全过程资助育人，保证资助育人实效性，需要从长远出发，建立长效科学的资助育人机制，真正对学生的价值态度、能力素养和意志品质产生影响。同时，对于学生来说，由于所处年级不一、层次不同，教育目标也需要相应调整，因此面向高职学生的资助育人方式需要有针对性和动态性，更需要具有长效性与连贯性。应针对不同阶段家庭经济困难学生的身心发展特点、规律和需求，建立长效性、分阶段、有针对性的资助育人机制。

首先，重视高职学生入学阶段的教育引导，帮助家庭经济困难学生尽快适应大学生活。对于高职院校大一新生来说，他们相比本科学生文化基础较薄弱，各方面能力参差不齐，很多都是第一次离开家，独立能力不足，更容易出现学业困难、心理落差、环境适应不良等问题，最需要的是能够帮助他们尽快适应大学集体生活。学校在入学后的教育过程中，应开展包括心理健康、人际交往、艺术体育、科学文化等方面一系列适应学生需求的帮扶课程，帮助学生开阔眼界，提高认知水平和心理品质，丰富精神文化生活；加强对学生的社会主义核心价值观的教育引导，开展树立正确人生观、就业观、职业道德观的理论课程和师生座谈会，帮助学生树立正确的理想目标；组织新生看上海、红色教育基地参观、暑期社会实践等丰富的活动项目，帮助学生树立自信，丰富课余生活，激发学习动力，尽快适应和投入到全新的大学生活中。

其次，加强高职学生在校期间的教育引导，全面提升家庭经济困难学生的综合素养。大二是高职学生入学后的重要阶段，在这一阶段中，学生要面临学业与实习的双重压力，虽然他们基本已经适应了大学生活，对大学生活的迷茫和困惑减少，但与此同时，他们对学习能力与职业技能方面的提升需求不断增加，他们的发展方向从适应环境转变到自我实现与提升。因此在这一阶段，要全面提升学生的综合素养，为学生搭建和创造各种实践锻炼的机会平台，面向大学生开展更为深入的综合能力与职业技能教育。例如开设技能教育课程，围绕就业形势分析、市场研究、企业岗位需求分析、求职技巧培养等方面，培养学生责任感和职业担当意识，促使他们有目的、有意识地学习和掌握专业知识和技能，不断提升专业技能。鼓励学生积极参与勤工助学、社会实践、志愿服务等活动，在实践中培养艰苦奋斗、爱心奉献的精神品质。

最后，深化高职学生毕业前期的教育引导，为家庭经济困难学生顺利走上工作岗位奠定基础。在大三阶段这一准就业时期，资助育人应与就业指导、毕业实习、实训等充分结合起来。一方面帮助学生正确了解自身能力与现实发展水平，认识到不足并及时改进，从而全面提升职业竞争力，为未来高质量就业打好基础；另一方面，要在教育引导中多引用先进人物事迹，开设就业实践课程，举办模拟面试、就业和创业活动，引导学生加强自我认知，充分了解就业创业形势，积极提升就业创业能力，形成勤奋、踏实、奋斗的意志品质。在过程中要充分弘扬新时代工匠精神、奋斗精神和奉献精神，帮助学生更好地适应社会和面对竞争，培养爱岗敬业、勤奋进取、勇于创造的社会主义建设者和接班人。

（三）全方位融合，丰富资助育人形式与渠道，提升资助育人工作实效

全方位资助育人是指充分挖掘和整合校内校外、线上线下多方面的教育教学资源，创新工作内容和方式方法，充分激发学生的内在发展动力，以更加丰富的形式和全面的内容，从思想、学业、技能、文化素养等各方面全面提升学生综合素养和发展能力，从而切实提升资助育人实效。上海电子信息职业技术学院立足于高职院校人才培养目标，积极构建"521大爱铸梦"发展型资助育人工程，在促进扶贫与扶志、扶智深度融合的基础上，提出扶爱理念，引导学生奋发进取、积极实践和勇于奉献，立体打造了"理想信念树立""职业能力锤炼""积极心理塑造""慈善爱心行动""综合素质提升"五个平台，通过成长积分制度、天鹅计划两个抓手，围绕资助育人一条主线，搭建系统化、阶梯式的高职院校学生综合发展体系。

第一，要结合扶智、扶志、扶爱等育人目标，构建包含学业、技能、就业、心理等全方位的资助育人帮扶体系[5]。首先要对高职学院家庭经济困难学生的贫困情况、发展特点和成长规律进行梳理和研究，通过发放问卷、个案访谈，了解学生现状和发展诉求，制定相应的精准帮扶措施，建立个性化的资助育人项目。在扶智方面，可以根据家庭经济困难学生的实际情况和培养目标，在了解和掌握能力弱项的基础上，有计划地开设适合不同阶段的学业帮扶或技能型素质类教育课程，从而有效助力学生成才发展。在扶志方面，将感恩教育、心理健康教育、诚信教育、励志教育渗透到学生在校教育教学全过程，利用各个资助工作节点以多种活动形式为载体开展，将社会主义核心价值观融入资助育人全过程。在扶爱方面，可以通过建立学生团队、开展实体经营项目，倡导学生自我教育、自我管理和自我服务，锻炼学生各方面能力，引导受助学生在接受国家和学校资助之后，能怀揣感恩与奉献意识，努力发挥自身才能，积极回馈社会，为国家和社会发展贡献自身力量。

第二，打造线上、线下相互融合的资助育人平台。对于资助育人工作，除了线下的教育引导和实践活动，也应充分挖掘线上资源，将线上与线下相结合。[6]线上方面，可以依托互联网，利用一些培养自强不息、诚信感恩、勇于担当等精神品质的视频课程、先进人物典型素材等，开展网络教育活动或培训课程；另一方面，可以利用易班、微信公众号等平台，营造富有时代性的资助育人文化平台，把握新网络文化发展趋势，将资助育人与网络育人相融合，将资助育人文化塑造成学生易于接受的潮流文化。鼓励学生在网上分享心得，交流收获和共同成长，从而提高资助育人的实效性。

三、结语

总的来说，在"三圈三全十育人"背景下，"全员""全过程""全方位"

三者是互相联系、互相依托的，全员参与是基础，是全过程和全方位资助育人的保障，全过程渗透离不开全员的参与，渗透过程中也需要多方位的融合。在新时代背景下，通过实施全员、全过程、全方位的发展型资助育人体系，可以引导学生坚定理想信念、提升综合素质、提高职业能力、塑造积极心理、践行感恩回馈，破除学生物资贫困与精神匮乏的双重困境，是培养家庭经济困难学生成为自立自强、勤奋进取、积极实践、感恩社会、热心公益的社会主义建设者和接班人，提升资助育人实效的重要途径，对于打开新时代高职院校资助育人新局面，实现立德树人根本任务、提升人才培养质量具有重要意义。

参考文献：

[1] 何超.高校发展型资助育人存在的问题与优化路径探索[J].创新创业理论研究与实践,2020(24).

[2] 刘春阳."三全育人"视阈下资助育人工作的探索与实践[J].北京教育·高教,2020(17):63.

[3] 陈宝生.学生资助要在脱贫攻坚中发挥更大作用[N].人民日报,2019-03-01(013).

[4] 方蕾,刘艳晴."三全育人"视域下高校劳动教育践行机制研究[J].教育教学论坛,2021(5).

[5] 顾雁飞.基于"志智双育"视域下高校资助育人实践路径研究[J].黑龙江教育（理论与实践),2021(1).

[6] 宋志华等.高校"授之以渔"的资助育人模式探究[J].淮南职业技术学院学报,2021(1).

（执笔人：毛箴琪）

新时代劳动教育视域下民办高职院校资助育人体系构建

上海工商外国语职业学院

2020年3月，中共中央、国务院印发《关于全面加强新时代大中小学劳动教育的意见》，进一步为大中小学劳动教育提出了新要求。当前，良好的劳动教育氛围正在逐步形成，但大学生对劳动教育认识不足尤其对劳动教育的重要性与内在价值认识不够等导致劳动意识较为薄弱，其中不乏家庭经济困难学生。把劳动教育融入资助育人体系，旨在为困难学子提供经济资助、物质帮助的基础上，以提高学生劳动能力与生活能力，加强困难学子自尊、自爱、自信、自立、自强的精神品质，塑造勤劳、刻苦的实践能力。让他们在接受帮助的同时，增强自我解困能力，提高自身综合素质，引导他们通过自身努力进行自助自育，最终通过扶智实现扶困，改变个人家庭状况，进而更好地反哺社会。

一、劳动教育视域下高校资助育人现状

随着国家对劳动教育重视程度的加深，高校将劳动教育与资助工作相融合的探索越来越深入。从实践层面来看，资助工作与劳动教育相结合的实际做法已不少见，从传统的勤工俭学、顶岗实习到当下各高校不断推行的资助育人系列活动等，大家都在实践中不断强化劳动教育与资助工作的融合。从学术研究层面来看，对实施路径的探索研究较多。陈建红、孙倩茹、孙璐璐等对"新时代劳动视域下高校资助育人工作路径探索"进行了研究；王丽、

胡剑虹、陈伯豪等对"资助育人视角下高校贫困生劳动教育的实践路径探析"进行了深入研究。综合来看，有现实研究与实践的基础，但又存在着一些不足。

（一）以劳动付出作为资助参考，育人功能弱化

不管是在传统的勤工俭学还是在资助育人系列活动中，学校主要侧重于关注学生在劳动过程中的付出程度，倾向于通过劳动的时长作为进一步资助的参考依据。这虽然在一定程度上改变了完全"等、靠、要"的被资助心理，让受助对象意识到"一分耕耘一分收获"的意义，但相对劳动技能的培养与自立自强意志的熏陶较少，没有完全达到育人的最大实效。因此，提供给困难生的勤工俭学等平台仅仅只是一份工作，学生很难体会到这其中所包含的关心与帮助。

（二）劳动岗位的结构较为单一，专业对口性低

对高职院校来说，勤工助学岗位主要以校内行政工作为主，学生的工作内容基本是简单的文件整理、接待咨询等，岗位技能要求低，难有专业对口的岗位，对学生职业技能水平的提升较为有限。同时，在大力弘扬工匠精神的当下，高职院校在人才培养目标上以培养技能型人才为主，希望通过沉浸式的教学培育匠人技艺与工匠精神，但在实际工作中，劳动教育岗位的连续性相对较低，持续时间短暂，难以通过断断续续的劳动教育涵养工匠精神。

二、高职院校劳动教育融入资助育人工作的现实意义

在资助育人体系中融入劳动教育，可以较好地拓宽高校资助育人渠道，帮助构建多角度、多层次、全方位的资助育人体系。高职院校经济困难学生受家庭经济环境等影响，存在自主性较弱、创造能力与实践意识相对欠缺等问题，在长期享受资助政策的过程中形成了惰性心态。在资助育人目标指引下，深化资助精细程度、丰富资助内涵和形式都显得十分必要。以劳动教育为契合点，将"扶困"与"扶志""扶智"相结合，提高学生的自立能力，不仅能够更好地帮困，还能促进困难生自信心与能力的提升，有着十分重要的意义，也让资助育人从经济层面丰富到精神层面，促进资助助人到资助育

人的有效转变。

（一）劳动教育有助于历练大学生的价值观

劳动教育价值实现的核心是价值认同。[1]大学生正处于世界观、人生观和价值观形成的重要时期，具有一定的可塑性。劳动教育一方面可以培育其"实干兴邦"的家国情怀，形成"尊重劳动"的人本关怀。在劳动中与环境的双向互动，可以使学生逐步树立自我意识，学会自律，培植社会责任感。同时，劳动教育可以促使大学生学会体察他人、同情他人、关心他人，培养热爱劳动的品质、热爱劳动人民的情感。另一方面，有助于大学生形成正确的财富观，强化"诚实劳动"的劳动品德。劳动教育帮助大学生在获取和支配财富的问题上更为理性和理智，更为崇尚劳动、崇尚创造，而正确的财富观会进一步影响大学生的道德观。另外，劳动教育的重大意义还在于使人养成吃苦耐劳、勤于奋斗、乐于奉献的意志品质，特别是集体的生产劳动和一些高难度挑战性的劳动，还可以培养和激发人的集体主义精神、内在纪律、组织能力及其他许多优秀品质。[2]

（二）劳动教育有利于资助育人路径的拓展

新时代是劳动产生一切力量、劳动塑造一切道德、劳动创造一切幸福的时代，对劳动光荣理念和大国工匠精神的提倡达到新高度，这种精神和理念的输入及渗透唯有教育才能充分实现。[3]从理念上来说，劳动本就是一种教育，劳动是付出也是收获，这与资助育人的价值追求不谋而合，将资助与劳动教育相融合，不仅能够实现扶困的目标，还能在劳动过程中实现"智"与"志"的增长。从教育内涵上来说，不管是劳动教育还是资助育人，旨在通过个人的付出与努力，不断夯实自身的生活能力。劳动教育不仅能够通过身体力行的付出认识劳动的多样性，还能体验到职业的多元性。

三、劳动教育视域下构建资助育人体系的实施路径

随着新时代的到来，信息化与全球化对人类社会的生活和学习方式产生了极大革新。劳动教育的本质和价值正在以一种与时俱进的视角被重新认识。在统整的大劳动观下，将劳动教育深度融入"解困—育人—成才—回

馈"资助育人体系，不仅有理论价值，还有实践价值。

（一）以传承劳动精神为中心，发挥资助育人的价值引领作用

一是发挥榜样示范作用。榜样教育具有示范、激励、导向和矫正等多种功能，在大学生思想政治教育中发挥着重要作用，是高校加强思想政治工作的有效途径。高校应形成以育人为核心、资助为手段，将优秀典型的培育与宣传融入日常资助工作，为学生树立看得见、摸得着、学得到、有吸引力的榜样。我校在榜样教育中形成了以"学子讲坛""学风表彰大会""优秀学子风采"展三位一体的榜样教育。"学子讲坛"以面对面的交流进行学习经验与个人特色的分享，让同学们从身边的榜样真切认识到"哪有什么天赋异禀，只不过都是百炼成钢"的勤勉；"学风表彰大会"通过仪式教育让学子们全方位认识到"优秀有千万种，努力为源头"的勤恳；"优秀学子风采"通过公众号推送立体展示在校学子"逆风飞行，越飞越高"的坚韧与竭力。通过榜样示范，让同学们不仅只是关注一个个实际存在的榜样个体，而且还关注其成长为榜样的励志过程，从中汲取"不付出无收获"的养分。

二是强化工匠精神的培养。高职院校学生学习主动性与学习热情相对较弱，整体学习风气较差，缺乏沉淀下去的专注力。不仅如此，大部分同学容易出现妄自菲薄的心理，认为高职院校的就业前景与未来发展极为不明朗。但是，在大力倡导工匠精神、劳模精神的今天，职业教育出现了新的挑战，但也迎来了很多机遇。我校智能制造与信息工程学院依托劳模工作室进行以第二课堂为主的专业社团建构，通过与劳模的近距离交流以及相关企业的参观走访等不断发现职业教育的当下之需与未来之变。受此启发，我校资助工作也在通过"一院一品"的资助育人品牌进行相关尝试，如依托智能制造与信息工程学院劳模工作室进行企业参观走访与交流，以创意设计学院工作室教学模式等走进社区，积极参与属地乡村建设，孕育工匠精神。

（二）以增强劳动能力为导向，发挥资助育人的品格养成作用

劳动教育是实践型教育，提倡"做中学"和"学中做"，手脑并用，知行合一。通过调查分析，高职院校贫困学生因地域差异、经济情况等因素的影响，所获得的教育资源与教育方式等相对较为落后，综合素质整体偏低，尤其是实践能力与沟通能力等较弱，进而影响该群体的心理自信心。劳动技

能与劳动素质的培养对形成发展型资助模式来说尤为必要。

一是提升劳动技能。劳动技能不仅是简单的体力劳动，对高校来说，专业能力的精进与新技术的熟练运用也是提升劳动技能的主要途径。我校资助工作正在形成以学生自主管理为主体、以教师指导为辅助的互助自育模式，希望通过困难生的自我劳动形成一定的工作技能，以便未来更好地走向社会。例如，组建了以困难生为主的"微学工"资助公众号运营团队，根据学生专业背景不同，对学生进行文编、摄影、采访等分工，不仅让困难学生能够将所学专业运用到新媒体运用中，同时，通过公众号的运营，同学们交叉掌握了新媒体运营的其他技能，形成了基础的新媒体运营经验。不仅如此，他们也全权负责"优秀学子风采"的采访工作，通过与身边的榜样的交流不断学习到不同的学习经验，间接提高专业学习的效果，以增强个人劳动技能。

二是强化职业素养。高职院校大部分学生学习主动性较差、学习能力较差，然而要阻断贫困的代际传承，最大的捷径便是教育。在依托劳动教育的资助育人实践中，要体现技能的提升与专业的写作，通过资助不断实现能力的提升，真正实现扶智与扶志。如，通过技能培训与综合能力培训等不断提升学生的劳动能力，为更好地走向社会做准备。对贫困生来说，沟通能力与人际交往能力是短板，增强学生的相关能力也是不断强化职业素养的基础。我校经过一年的实践，正在进行学生宿舍自治管理委员会的重建。主要变化就是将困难生纳入宿舍自管会的队伍，让其在楼长、层长的岗位工作中走进学生社区，形成"发现问题—沟通问题—解决问题"的能力，通过实践学会更好地进行人际交往，进而不断提升个人综合职业素养。

人在劳动的过程中不仅创造物质财富和幸福生活，而且既认识世界也改造世界，既认识自己也成就自己。正是因为有这样的意涵，劳动才在人的培养中具有极其重要的意义。[4]"劳动能够创造幸福"的这种劳动价值观与资助育人的价值观基本重合，以劳动教育为载体开展资助工作，不仅助人自助，还能不断减轻经济困难的程度，也能有力支撑资助育人体系的建立。

参考文献：

[1] 孟国忠.高校劳动教育价值实现的机理研究[J].学校党建与思想教育,2019(07):86.

[2] 孙倩茹.新时代劳动教育视域下高校资助育人路径探析[J].学校党建与思想教育，2020(09):85-88.

[3] 黄如艳,李晓华.新时代劳动教育的本质、价值及推进路径[J].教学与管理,2020(33):1-5.

[4] 娄雨.劳动的古典观念及其对劳动教育的当代启示[J].劳动教育评论,2020(04):12-27.

（执笔人：冉蓉）

实践案例篇

新时期高校学生资助宣传大使的使命与价值

上海市学生事务中心

2020年五四青年节期间，习近平总书记指出，新时代中国青年要继承和发扬五四精神，坚定理想信念，站稳人民立场，练就过硬本领，投身强国伟业，始终保持艰苦奋斗的前进姿态，在实现中华民族伟大复兴中国梦的新长征路上奋勇搏击。大学生资助宣传大使是新时代中国青年的杰出代表，是新时期高校学生群体中的佼佼者，他们放弃寒暑假的休息和实习，或头顶烈日，或脚踏雪地，积极投身到进村入户宣讲中，把国家的资助政策第一时间送到最需要的学生和家长手中，他们是讲好"中国资助好故事"的最美代言人。

一、资助宣传大使发展历程

（一）孵化期

20世纪80年代初，共青团中央首次号召全国大学生在暑期开展"三下乡（文化、科技、卫生）"社会实践活动，一方面提高大学生综合素质，另一方面服务各地农村的经济社会发展；2005年共青团中央和教育部制定的《关于进一步加强和改进大学生社会实践的意见》将科教、文体、法律、卫生"四进社区"纳入社会实践体系，要求各高校广泛发动大学生利用寒暑假等时间组成社会实践团队，通过"三下乡"和"四进社区"活动为群众办实事、做好事、解难事，这是资助宣传大使雏形的孵化期。

（二）萌芽期

2007年，国家建立了新资助政策体系，走访慰问家庭经济困难学生成为寒暑期社会实践的重要内容之一，送国家资助政策下乡开始成为重要载体，资助宣传大使的雏形开始萌发。2015年教育部、财政部发出通知，要求各地各校进一步加强学生资助政策宣传工作，在突出宣传重点方面，提出"加大对学生、家长、教师等重点人群的宣传，确保国家资助政策家喻户晓""坚持用事实和数据说话，宣传资助政策的育人成效""挖掘宣传受助学生典型，充分发挥其励志引领作用"，在改进宣传方式方面，提出"组织开展经济困难学生家庭实地走访活动，走进社区街道，深入学生家庭，宣讲学生资助政策""加大对农村乡镇村社特别是偏远地区、少数民族地区的宣传力度"。各地高校开始引导优秀学生通过暑期社会实践重点开展国家和学校资助政策宣传活动，也加速了资助宣传大使雏形的建立。

（三）雏形期

2017年7月，清华大学举行学生资助政策宣传大使聘任仪式，10名国家奖学金获得者获聘为"清华大学学生资助宣传大使"。这是资助宣传大使首次登台亮相，获聘的宣传大使一方面比较了解国家资助政策，熟悉学校资助工作体系；另一方面成绩优秀，乐于奉献，在同学心目中有代表性，在宣传资助政策中能够发挥表率作用。10月，清华大学10名资助宣传大使向全国获得国家奖助学金的同学们发出倡议，号召他们要做"资助政策的学习者""资助政策的传播者""知恩感恩的践行者"。百年清华开创了学生资助政策宣传大使下乡送服务的积极探索。

（四）形成期

2017年11月，全国学生资助管理中心向各省各中央高校发出《关于组织国家奖学金获奖学生担任"学生资助宣传大使"的通知》，要求各地各高校转发并借鉴清华大学这一做法，组织本地本校受助国奖学生担任"学生资助宣传大使"，积极践行社会责任，广泛参与学生资助宣传活动。自此，暑期社会实践走访困难学生宣传国家资助政策的同学们有了一个响亮的身份——资助宣传大使。

二、资助宣传大使的角色定位

2018年暑假以来，高校选派的资助宣传大使们成为活跃在大江南北的一道靓丽青春线，他们或返乡宣讲国家政策，或回母校答疑解惑，或帮助新生们办理助学贷款，他们实实在在担负起了连接家乡母校和大学之间的使命。从宣传大使的角色定位看，主要有以下几类：

（一）回馈家乡的追光者

走出大山、走进城市是许多宣传大使们毕生的梦想，凭借自身的发奋努力，终于有一天他们收到了大学录取通知书，在秋天收获的季节来到了梦寐以求的大学，但他们的根依旧在家乡。经过一年的学习，在学校集中培训后，宣传大使们对国家资助政策了如指掌，暑期他们把高中校友们召集起来，建立学生资助政策宣讲团，走进社区、走进村委会，向家长们详细讲解国家的大学资助政策。宣传大使们还深入田埂地头，深入村民家中，实地走访家庭经济困难学生，鼓励家乡学子们安心学习，告诉家乡的学子，国家是他们求学之路的坚强后盾。

（二）反哺母校的播种人

宣传大使们能够走进大学离不开母校的悉心培养，离不开老师们的谆谆教诲。利用暑假他们回到母校"现身说法"，向学弟学妹们介绍自己在国家资助政策帮助下如何安心学习、健康成长，在经济困难的时候如何获得国家助学金资助，在成绩优秀的时候如何获得国家奖学金、国家励志奖学金的激励，通过讲述优秀学生的励志成才故事，宣传大使们成为了反哺母校、撒下希望的播种人，越来越多的校友返回母校，加入这支队伍。

（三）公益服务的小秘书

我国中西部地区是高校家庭经济困难学生的重要来源地，每年高考录取期间生源地国家助学贷款在这些地区的县级资助中心如火如荼地开展。宣传大使们回到家乡所在地的县级资助中心，主动参加生源地信用助学贷款志愿服务工作，辅导准大学生们填写《家庭经济困难学生认定申请表》、个人和家庭信息以及申请贷款等信息，协助审核相关证明材料，俨然成了县资助中心的小秘书。紧张而有序的工作之余，他们还给自己"加餐"，向大学新生介绍中西部生源新生入学资助、高校入学"绿色通道"、国家奖助学金等资助政策。

（四）招生宣传的小喇叭

资助宣传大使暑期宣传的时间也是高校招生宣传的阶段，大使们在返乡回母校的宣传中，宣讲国家的公费师范生、面向农村地区的专项招生等政策，也通过宣传册、PPT等方式将就读大学的历史发展、专业设置、就业前景等做系统的介绍，对专业课程的学习做全面的讲解，对每年学校退学情况做个案分析，使考生们对大学和专业有更加直观的认识了解，提前警示大学的学业任务和自我管理的重要性。

（五）资助工作的小能手

除了在寒暑假可以承担上述四种角色外，在日常学习生活中，宣传大使们还可以扮演学校资助工作小能手的角色。在高考录取阶段，协助接听热线电话，发放国家资助手册；在新生入学阶段，协助办理绿色通道；在入学教育阶段，讲解国家和学校资助政策和办理流程；在校园地国家助学贷款办理阶段，帮助新生填写各类表格；在困难生认定和国家助学金申请阶段，帮助新生提交各类申请材料。

三、经验与启示

新时期以来，资助宣传大使工作得到了各地各校的高度重视，并在各级各类学生资助工作中扮演了重要角色，发挥了重要作用，有效提升了学生和家长对国家资助政策的知晓度。从长期发展看，资助宣传大使的工作还需要从以下几个方面进一步改进和优化。

（一）加强政策培训，建立大使信息平台

党的十九大以来，国家对资助政策体系做了进一步的提升和优化，为此，高校在资助宣传大使选拔培训过程中，要及时加强政策文件的更新，确保宣传信息准确到位。同时在国家、省级和高校建立资助宣传大使的互联互通信息平台，可以查询了解每年各地各高校资助宣传大使的选聘和工作开展情况。

（二）规范大使身份，建立工作信任机制

在返乡回母校和走家入户宣传过程中，可能会遇到不接待不配合的情形，原因主要还是缺乏信息透明机制。为此，学校可以利用开具专门的介绍信、制作宣传大使工作证、公布监督电话等方式，使资助宣传工作规范化，确保同学们回乡、回母校期间能顺利与当地各部门进行对接、交流，提高当地部门对资助宣传大使的认知度和信任感。

（三）提供专项经费，建立工作保障机制

宣传大使在实际工作开展中，大多处于偏远地区，有的需要跋山涉水，有的需要多次转车，有的会设计制作可爱可读的资助宣传小扇子等创意小礼物，这些都涉及诸如资料费、交通费、住宿费、餐费、通讯费等费用的支出。学校在安排年度资助工作经费预算时，有必要对宣传大使工作给予专项经费支持，从经济上切实保障宣传大使的工作热情，让他们在工作开展中无后顾之忧。

（四）设立单项奖励，建立激励表彰机制

每年暑期宣传工作结束后，高校可以在全校范围内开展学生资助宣传大使的总结交流活动，在此基础上开展优秀资助宣传大使的答辩评选，颁发证书和奖金，从物质上和精神上给予双重激励。省级学生资助管理中心还可以开展全省范围内的十佳学生资助宣传大使评选，让每个高校最优秀的宣传大使在同一个舞台上共同展示交流，讲述他们的感人故事和家乡风情，凸显资助育人的时代价值和青年成长史。全国学生资助管理中心也可以开展全国百佳学生资助宣传大使评选，通过专家评审、网络展示和票选等方式，让各省的优秀大使们能够在全国平台上展示风采，进一步提升资助政策的社会知晓率和资助宣传的育人成效。

（五）组团集中宣讲，建立联合宣传机制

根据各高校的资助宣传大使报名情况，以地级市或县为标准，将属于同一个地区的资助宣传大使混编为一个宣传团队，制定组织框架，明确每个成员的角色和分工，一方面加大了高校之间宣传大使的交流力度，另一方面又避免了宣传大使重复宣传，达到资源整合精练的目标，也进一步放大了资助宣传大使的社会效益，让当地的学生和家长看到的是一批优秀学子踏进高等

学府，使他们对未来的教育更加充满信心。

（六）挂牌实践基地，建立密切联络机制

在中西部地区的县级资助管理中心、乡镇、高中等可以成为高校联合开展资助宣传大使活动的实践基地，通过挂牌方式，形成高校与地方、高校与高中长期合作机制，定时定点宣传国家资助政策。

（七）创立研究刊物，建立理论交流机制

优秀资助宣传大使的故事可以汇编成册，图文并茂，但这还不足以提升资助宣传大使的社会价值，还可以研究刊物的形式将更多高校、更多省份开展资助宣传大使工作的典型经验呈现出来，通过跟踪调查、课题研究、案例研究、人物访谈、比较视角等方式总结凝练为资助育人理论，进一步彰显社会主义核心价值观在学生资助工作中的现实意义。

学生资助宣传大使在活动中不仅增强了自身的幸福感、获得感和使命感，更提醒了自己倍加珍惜眼前幸福的生活，在实现个人理想的道路上努力奋斗，完成从"受助"到"助人"再到"自助"的蜕变。同时，通过资助政策宣传，让更多受助学生及其所在家庭感受到来自党和国家、来自高校、来自社会的关怀和温暖，让更多还在与贫困战斗的家庭感受到希望，让更多家庭经济困难的学生同样享有人生出彩的机会，共同享有梦想成真的机会，让学生与祖国共成长，为中华民族伟大复兴贡献力量。

参考文献：

[1] 国务院.国务院关于建立健全普通本科高校高等职业学校和中等职业学校家庭经济困难学生资助政策体系的意见[Z].国发〔2007〕13号.

[2] 教育部,财政部 教育部 财政部关于进一步加强学生资助政策宣传工作的通知[Z].教财〔2015〕8号.

[3] 教育部全国学生资助管理中心.全国学生资助管理中心关于组织国家奖学金获奖学生担任"学生资助宣传大使"的通知[Z].教助中心〔2017〕181号.

（执笔人：窦俊）

经济资助，成才辅助，助力学生终身发展

复旦大学

一、背景介绍

复旦大学深入贯彻落实国家和高校各项资助政策，秉持"经济资助，成才辅助，助力学生终身发展"的目标，强化资助平台的建设，切实做好家庭经济困难学生的帮扶工作，同时，结合学生特点，积极搭建育人平台，提升资助育人实效，促进学生的全面成长成才。

复旦大学历来非常重视家庭经济困难学生的认定工作，将其视为"经济资助，成才辅助"等一切资助育人工作开展的基础。每学年初，均会根据当年的最新要求和形势，组织和开展家庭经济困难学生的认定工作，近年来，更是通过学校各级认定机构不断提升工作站位和效能技巧，在增强认定工作的精准性、实效性的基础上，在合规、合理的范围内，简化学生申请的材料清单和流程手续。

2018年底，在教育部等六部委出台《关于做好家庭经济困难学生认定工作的指导意见》（教财〔2018〕16号）（以下简称"指导意见"）后，我校根据教育部统一部署，贯彻"指导意见"中对家庭经济困难学生认定原则、依据、程序等新的指导精神，制定完成了新版认定办法，并于认定工作中予以使用。

二、主要做法与成效

（一）加强业务培训，明确认定要求

尽管学校已对新版认定办法的制定和实施进行过相关的培训，但考虑到进一步深化对于精准认定的了解和认知，同时提升参与该项业务人员的覆盖面，党委学生工作部于2020年9月，分别面向本科生新生辅导员、院系资助工作负责老师，开展了两场专题培训，就认定办法的修订目标、认定办法的内容解读、认定工作的最新要求进行了说明，尤其对认定所需坚持的四项基本原则、认定的依据和特殊群体考量、认定的等级划分、各级机构的职责和程序要求进行了深入交流，并通过培训再次强调了：要将认定工作视作精准资助的首要基础；要将认定工作视作帮困助学的前移关口；要将认定工作视作完善量化评价和主观评议的工作试点；要将认定工作视作了解帮扶对象、更加温暖走心的有力契机；要将认定工作视作院系资助队伍培训管理的锻炼平台；要将认定工作视作包含有后续追踪和反馈的完整闭环。此外，根据"应助尽助"的原则，依据全国学生资助管理信息系统上所能查询到的重点保障人群情况，将建档立卡、城乡低保、特困供养、孤儿、残疾学生等情况及时排摸比对，并反馈至院系层面的认定机构，确保认定过程中对重点保障人群的关心和覆盖。

（二）前移工作关口，提升工作实效

2020学年招考和迎新工作的节奏，与往年相比发生了较大改变，同时也对开学初的认定工作提出了新的挑战，一方面是认定工作操作周期短，另一方面因不可抗力等临时突发情况导致家庭经济困难的不确定性也在增加。根据2020年的特殊情况，党委学生工作部与学校招生办公室协商合作，在招录工作中即对家庭经济存在困难的新生进行了排摸，对于其中特别困难的，发放新生助学金推荐表，为学生追逐梦想减轻经济上的压力和负担。同时，学校层面继续组织开展了绿色通道及资助政策宣传大使活动，鼓励学生由线下转为线上，177名"绿色通道"志愿者及资助政策宣传大使利用暑假返乡的机会，奔赴25个省、自治区、直辖市，通过网络等多种渠道方式，联系所在地的复旦新生，了解家庭经济困难新生的基本情况。关口前移为学校、院系了解新生情况提供了基础，为新生了解国家和学校资助政策提供了指引，在入

校后能够较快地启动认定工作和后续资助帮扶工作。

（三）注重总结反馈，优化程序方法

总体而言，在2020学年的认定工作中，复旦大学从学校资助工作领导小组、学校资助管理机构到院系、年级（专业或班级）等四级认定机构均较好地贯彻落实了"指导意见"中的相关精神要求，既通过新的认定流程和办法为学生申请进一步提供了简化和便利，也通过民主评议、综合评价等方式加强了认定工作的精准性和实效性。对于上一学年试运行的线上填报系统，也在今年对流程、界面等做了优化改进，为学生申请、院系审核提供技术上的便利。针对实际工作过程中发现的各类问题，党委学生工作部和党委研究生工作部也均作了相关记录，总结凝练成工作经验和方法，将在今后的培训中予以交流。最终，本学年我校共认定家庭经济困难学生4209人，其中本科生2041人，预科生4人，研究生2164人。

同时，认定工作是一个开始，但远远不是结束。复旦大学有着寒假走访、招生组宣讲、绿色通道暨资助政策宣传大使这"一年三访"的传统机制，来推进落实"指导意见"中提及的"可采取家访、个别访谈、大数据分析、信函索证、量化评估、民主评议等方式提高家庭经济困难学生认定精准度"。此外，我们与学校青年研究中心、心理咨询中心和信息办等部门也长期保持联动合作，在新形势、新要求下的家庭经济困难学生认定工作和资助育人工作中，寻求新的合作契机，多维度、多角度、多层次地推进我校资助工作。

三、经验与启示

（一）2020年学生资助总体工作情况概述

复旦大学目前已构建完成完善的多元学生资助体系，包含奖、勤、贷、助、减、免、补、医疗帮困、绿色通道、爱心公益站、冬季送温暖等多项政策措施。在扎实完成各项工作的同时，进一步强化资助平台建设，通过流程设计和网络平台建设，规范实施，精准定位，简化流程，提升服务效能。

2020年度的国家奖助学金工作中，党委学生工作部根据教育部《关于做好2020年普通高校本专科生国家奖学金工作的通知》（教助中心〔2020〕

67号)、《关于下达2020年中央高校国家奖助学金名额的通知》(教助中心〔2020〕51号)和《复旦大学本(专)科生国家奖学金管理办法》、《复旦大学国家助学金实施细则》等相关文件精神,于2020年9月底10月初启动国家奖助学金申请及评审工作。

  学校将名额分配至各院系。学生本人向所在院系提出奖助学金申请。各院系根据要求成立院系奖助学金评定工作领导小组和班级(年级)评定小组,在广泛听取学生意见的基础上制定评定细则,对申请学生的参评资格进行认定,并进行初评,确定各院系国家奖助学金获奖助学生初审名单,在院系范围内公示5个工作日,并同时公布了院级评审小组联系电话和联系人,公示期间未收到投诉意见。公示完毕后,各院系将初评结果上报学校学生工作部。学生工作部根据院系上报名单和相关申请材料逐一进行复核,报校奖助学金评审委员会审定并公示5个工作日,最终确定获奖助学生推荐名单。同时,今年根据相关要求,严格把控公示环节,既做到公平公正公开,也做到保护学生信息,公示期内关键信息不泄露,公示期满线上线下均撤除,学校和部门等公示平台不遗留任何期满公示。

  根据《财政部教育部人力资源和社会保障部退役军人部中央军委国防动员部关于印发〈学生资助资金管理办法〉的通知》(财科教〔2019〕19号)要求,学校严格执行国家相关财经法规和国家奖助学金实施细则的规定,对国家奖助学金实行分账核算,专款专用,按学年发放国家奖学金、国家励志奖学金,按月发放国家助学金,加强管理,认真做好国家奖助学金的评审和发放工作。同时,党委学生工作部也根据最新要求,修订了《复旦大学国家助学金评审实施细则》,对于今后国家助学金的发放将实施分档操作。

  党委研究生工作部2020年度在收到全国学生资助管理信息系统下拨的复旦大学研究生国家奖学金名额后,以符合参评条件的研究生数为基数,适当向基础学科和国家亟需学科(专业)倾斜,从事军工项目研究生的名额单列。依据各培养单位研究生人数,按相应比例下拨名额。由于部分培养单位研究生培养规模较小,为了让所有研究生都享有申报国家奖学金的机会,党委研究生工作部对这部分单位的研究生采取个人申报、单位择优推荐、学校层面统一组织评审的方式。

  各单位按要求成立国家奖学金评审委员会,负责本单位研究生国家奖学金的申请组织、初步评审等工作。各单位制定评奖细则，评审工作中充分尊重本基层单位学术组织、研究生导师的推荐意见。确定拟获奖学生名单，并公示5个工作日，接受师生的评议和监督。经公示无异议后，各培养单位将初评结果上报学校党委研究生工作部。党委研究生工作部对各单位上报名单和相关申请材料逐一进行复核，提出全校研究生国家奖学金获奖学生建议名单，在校内公示5个工作日，并经校国家奖学金评审领导小组审定。复旦大学研究生生活津贴由学校统筹国家财政拨款、上海市粮油副食品补贴、学校资金和导师配套经费设立，包括国家助学金、学校助学金、导师或院系出资等三个部分，2020年全年全部按月及时足额发放。

在高校学生服兵役资助政策执行方面，我校继续鼓励大学生积极投身国防事业，宣传服义务兵役国家资助政策。2020年，学校继续加强服义务兵役学费补偿贷款代偿及学费资助工作宣传。为了确保每位学生了解征兵资助政策，我校在征兵工作伊始就面向学生开展政策宣传。在确定征兵入伍名单后，组织资助政策宣讲会，第一时间向学生明确申请流程，并在学校相关部门以及贷款银行的配合下，确保学生在入伍之前，尽快地完成申请工作。因此，本次应征入伍服兵役学生贷款代偿和学费补偿的工作进展十分顺利。

2020年我校共有退伍复学学生33名，35名在校学生应征入伍。在确定入伍名单之后，党委学生工作部会同党委研究生工作部、武装部、财务处以及中国银行及时进行信息沟通和对学生相关信息的审核。通过仔细严格的审核，最终确定共有34名学生申请学费补偿或贷款代偿，其中有4名在校学生申请了国家助学贷款代偿，30名在校学生申请了学费补偿。2021年收到教育部全国学生资助管理中心下拨资助款后，我校学生工作部将尽快和我校财务部门联系，将学费补偿和贷款代偿金额拨付给学生本人，并通过短信的方式和入伍学生取得联系，将拨付金额告知学生。

在基层就业学费补偿贷款代偿工作中，学校进一步加大宣传力度，鼓励毕业生树立远大理想，赴中西部、基层和重点行业就业。2020年学校学生工作部与校学生职业发展教育服务中心、各院系等多方联合，加大了对基层就业学费补偿贷款代偿政策的宣传力度，让毕业班的学生及时了解基层就业的各项政策，引导学生在选择就业去向时能有所倾向，到中西部、基层和重点行业进行就业。2020年基层就业学费补偿贷款代偿工作尚在进行中，目前经过学生申请、院系推荐和学研工部门审核，5名2018届毕业生（1名本科生，4名研究生）已做好第三次在职在岗确认，预计将获得第三次资助；15名2019届毕业生（3名本科生，12名研究生）已通过全国学生资助管理中心审核，预计将获得第二次资助；6名2020届毕业生（2名本科生，4名研究生）申请了2020年基层就业补偿贷款代偿，目前全国学生资助管理中心正在审核中。目前2020年基层就业在职在岗确认和2020年基层就业学费补偿贷款代偿名单均已录入全国学生资助管理信息系统，待2021年收到教育部全国学生资助管理中心相关资助拨款和申请结果通知后，我校学生工作部将尽快和我校财务部门联系，将学费补偿金额拨付给学生本人，贷款代偿金额拨付给银行，并及时通知到学生。

在临时救助方面，考虑到2020年新冠病毒感染造成的学生家庭经济困难和多地发生的严重洪涝灾害的情况，我校主动挖掘校内外资源，多举措落实保障，做好特殊时期、特殊事件下的学生帮扶工作。其中，党委学生工作部通过校拨资金和社会捐赠设立疫情防控专项资助，帮助突发经济困难的本科学生，共计523人次，总计75.4万元，有效缓解了学生及其家庭的经济压力；考虑到疫情期间线上教学的需要，配合学校教学安排，解决学生实际困难，发放两批次流量补贴共计24.34万元，覆盖本科生1217人次，为学生居家学习提供了坚强保障和后盾；同时，受不可抗力影响，家庭经济困难学生的就业困难问题也凸显出来，为帮助家庭经济困难学生提升就业竞争能力，新设家庭经济困难学生就业支持基金，支持学生参与就业实习、参加就业培训课程，首期资助本科生647人，总计64.7万元，二期资助本科生176人，总计17.6万元。党委研究生工作部则继续推行研究生意外突发事件应急困难补助，全年共投入102.68万元，累计资助研究生710人次。

在2020级新生入学"绿色通道"工作中，我校对家庭困难学生进行贯穿入学前、入学中和入学后的全程帮扶。本年度尽管受疫情影响，但党委学生工作部仍然通过线上的方式加大"绿色通道"志愿者的招募范围和培训力度，加强队伍配备。177名"绿色通道"志愿者及资助政策宣传大使利用暑假返乡的机会，奔赴25个省、自治区、直辖市，通过网络等多种渠道方式，联系所在地的复旦本科新生，了解家庭经济困难学生的基本情况，开展相关资助政策的宣传工作。学研工部门延长"绿色通道手机热线"的开通时间，做到

"学校有暑期,资助无假期",解答新生各类来电咨询。入学时,党委学生工作部为家庭经济困难新生准备入学生活物资补助,包括床上用品、日用品、数码产品、教材减免券等,党委研究生工作部为申请助学贷款的学生优先办理学籍注册,一系列举措有力帮扶新生顺利开始大学生活,2020年共有333位本科新生、802位研究生新生通过"绿色通道"顺利入学。此外,在国家和社会的支持下,家庭经济困难本科新生在2020年实现了助学金的全覆盖,另有200位研究生新生获得资助,人均可提供5000元的新生助学金。

(二) 2020年国家助学贷款工作开展情况介绍

我校历来重视助学贷款工作,规范制度,加强与经办银行的协调沟通,为学生提供及时、高效、便捷的服务。同时,学校开通咨询热线,及时为同学们答疑解惑,帮助学生顺利办理,保障学生求学无忧。

1. 贷前明确资格,简化申请流程

经过2019年的试行,2020年继续与经办银行中国银行杨浦支行协调沟通,将认定资格过程中原本需要提交的《复旦大学家庭经济情况调查审核表》调整为《复旦大学家庭经济困难学生认定表》。同时取消"须有乡、镇或街道民政部门印章"的要求,代替为按要求"个人承诺和学生本人签字需手写,未成年人需有监护人签名"。贷款学生资格标准,则仍保持以《中央部门所属高校国家助学贷款业务合作协议书》当中的《合作协议条款》所指要求为基础,以"因家庭经济困难,所能筹集到的资金不足以支付其在校学习期间的学费、住宿费"为基本原则进行审核,考察申请学生提交的《复旦大学家庭经济困难学生认定表》当中显示的家庭经济情况,确定是否具备申请国家助学贷款资格。

2. 贷中以人为本,提升服务效能

重视政策宣讲,每年新生入学时,组织召开国家助学贷款宣讲会,宣传国家助学贷款政策并详细介绍办理流程。为充分讲解国家助学贷款办理流程,特制作《2020年国家助学贷款手册》,以纸质版和电子版的形式,通过院系学工队伍直接传达到每位有需要的学生手中。经学生自主申请、院系初审、学研工部门复审后,报送经办银行进行终审办理。

3. 贷后做牢做实,加强诚信教育

加强沟通,与经办银行认真核对还款学生名单,确保信息准确。每年

5月和12月，开展国家助学贷款还款宣传及诚信教育工作，面向本年度应还款的学生，集中讲解国家助学贷款还款的相关政策和流程。并根据系统应还款学生名单定向组织、引导学生办理还款申请手续。同时，通过《2020年国家助学贷款还款手册》，将具体的办理流程交到每位应还款本科生手中。2020年所有应还款学生均在规定期限内办理完成。

4. 全程联动协作，强化工作实效

继续与各院系合作，通过新生辅导员培训，让新生辅导员了解国家助学贷款申请流程及注意事项。在新生入学之初，为家庭经济困难学生开通绿色通道，排摸其申请校园地国家助学贷款需求，"决不让一位学生因家庭经济困难而辍学"。为进一步方便学生办理贷款相关手续，我校在党委学生工作部下设学生资助服务部，作为对外联络与服务窗口，专门为家庭经济困难学生办理国家助学贷款、还款业务和提供资助方面相关咨询。结合毕业生助学贷款还款工作和新生贷款工作，学校邀请办理机构、受理银行进校园，通过还款宣讲会、诚信主题讲座、金融知识讲座等活动，引导学生明确正规渠道，树立诚信意识和合理的消费观念。

在日常管理中，每季度确认毕业进入还款期人数和在校学生人数及其相应的贷款利息数，每年核定国家助学贷款实际发放金额与高校实际应支付风险补偿金金额，确保资金发放准确、及时。同时，根据全国学生资助管理中心《关于做好中央部门所属高校2020—2023学年国家助学贷款业务合作协议签署工作的通知》文件精神，我校与中国银行上海杨浦支行签订《2020—2023学年国家助学贷款业务合作协议》，严格按照协议精神开展工作。

我校开展国家助学贷款还款确认、续放、新申请等工作目前均比较顺利，但也在今年的工作中注意到一个情况趋势，即申请校园地国家助学贷款和生源地国家助学贷款人数均有所下降。究其原因，一是国家总体经济水平的发展提高，以及我国全面脱贫的实现，学生家庭经济情况有所好转；二是资助体系的不断完善，基本实现了家庭经济困难学生资助全覆盖，缓解了学生的经济压力；三是部分家庭经济困难学生家庭存在不想负债、不想让学生有经济压力、贷款操作麻烦等想法而放弃申请国家助学贷款。针对第三类学生，我校会继续加大国家助学贷款宣传工作，帮助学生和家长正确认识国家助学贷款的性质，了解其申请流程和还款流程，及时享受国家政策缓解家庭负担。

资助育人视域下勤工助学的劳动育人体系

上海交通大学

一、背景介绍

上海交通大学高度重视资助工作，持续贯彻落实国家和地方出台的一系列高校学生资助政策，以"学生的全面发展和健康成长"作为资助工作目标，积极创新资助工作模式，在加强资助工作的组织建设及规范化管理、建立健全组织机构的基础上，制定并完善了一系列包括困难学生认定、奖、助、贷、勤、补、减的相关制度，帮困资金持续投入，资助体系日臻完善。其中"勤"指的就是勤工助学，指学生在学校的组织下，利用课余时间，通过劳动取得合法报酬，用于改善学习和生活条件的社会实践活动。勤工助学是我校开展劳动教育的重要形式，也是落实新时代高校"全面育人"的重要内容，也是坚持"立德树人"的必然要求。

二、主要做法

（一）构建完善的组织架构，不断整合资源优化运维

资助育人是学校育人工程的重要组成部分，是培养人才的重要环节，鼓励交大学子自立自强、奋发向上、努力拼搏，引导、组织学生积极参加勤工助学活动是我校资助育人的重要举措。助力立志求学的寒门学子，在确保不影响正常的教学和生活秩序下，增加在校学子在校或在社会工作经验，以多

元的勤工助学体系——以校内岗位为主、校外企业实习兼职岗位为辅。让大学生通过自身劳动来直接获得资助，能培养学生热爱劳动、自强不息的奋斗精神，增强学生的综合素质，充分发挥勤工助学的劳动教育育人功能。

上海交通大学专门成立勤工助学办公室，为全校学生提供校内勤工助学岗位资讯、家教服务、兼职信息发布及网络信息咨询服务平台。在我校，勤工助学岗位由本科生勤工助学、研究生"三助"和校外勤工助学组成，岗位面向本校所有在校学生，由勤工助学办公室协调校内各单位共同管理；以全面、多维度的资助育人为基本原则，提供全校学生参与勤工助学的机会，每年面向全校学生提供智力型、专业型、管理型等岗位，学生可以根据自身的情况报名申请，赢得了全校师生的一致好评。根据近三年的勤工助学数据统计，勤工助学的年均岗位数约为1286个，年均总招聘人数约为11204人，约占交大总人数的25%，平均4个交大学子中就有一人参与勤工助学。

此外，为了适应高等教育的发展，规范勤工助学工作，我校结合教育部、财政部印发的《高等学校勤工助学管理办法》文件精神，制定出与学校实际情况相适应的勤工助学岗位管理相关制度与办法，包括领导和管理机构、组织原则、岗位设置、申请条件及程序、岗位管理、薪酬发放和法律责任等相关内容。

弹性标准，学业优先。上海交通大学极力保证学生在"学业为先""学有余力"条件下最大效益参与到勤工助学岗位之中，制定"两最"——最佳工作时间，最佳工作作保障。具体为：原则上工作时间每周不超过8个小时，每月不超过40小时。工资由基本工资和绩效工资组成：基本工资时薪校外勤工助学不低于23元/时，校内勤工助学岗位一般为17～25元/时；绩效工资则根据助管参与工作例会、业务培训、活动筹备等实际情况和表现评定。

严格管理，规范专业。勤工助学岗位的性质决定了其作为校园生活与职场生涯过渡适应的作用，上海交通大学力求打造专业化的勤工助学岗位形象。从严格的招聘机制到规范的离职程序、业务交接流程。力争让同学们在参与勤工助学的过程中习得严肃专业的工作精神、科学规范的工作方法。以学生服务中心的勤工助学团队为例，下至部员上至部长、兼职辅导员的招聘，均采用公开招聘、现场面试、基本业务培训、为期一月的试用期考核、正式聘用"六步走"的招新模式。对在职学生助管因故离职，需至少提前两周向部门负责老师提出申请，并在一个月内完成业务交接。执行严格的人事规定不是为了形成恶态的淘汰机制，而是通过严肃专业的勤工助学形象激励学生助管，旨在将"勤工俭学是成长自我的工作"这种想法潜意识化。

培训上岗，提升能力。在申请岗位之前，为确保每名学子对勤工助学体系有完备的了解，需参加勤工助学的同学必须完成上海交通大学勤工助学基础上岗考核。培训内容含本校勤工助学相关规范、基本情况、注意事项等内容，并规定70分为合格分数，85分优秀；以使学生能全面了解勤工助学体系。2020年来，总计3170名交大学生参与上岗证考核，通过考核后可获得电子上岗证作为参加勤工助学凭证。申请岗位则结合云端趋势以线上模式为主，通过网站"我的数字交大"应用"交我办APP"或"上海交大勤工助学群"使用学生个人账户自行申请并且可获取相关勤工助学岗位最新资讯。

月度评优，提升自信。高校为学生提供勤工助学岗位，不仅是进行经济帮扶，更要重视其育人功能。学校建立科学有效的考核评价体系。针对在岗助管分别以月、年度定期展开培训、考核、育人活动并进行考评，各岗位每个月第二周进行一次月度考评统计，根据每月培训、考核、育人活动与工作绩效对助管学生进行考评，排名前10%的部员被选为当月的"月度优秀部员"，计一次优秀并在当月固定工资给予一定奖励，奖励方式除了经济上的奖励外，可通过召开表彰会、颁发奖杯等方式进行精神上的鼓励。针对长期工作认真负责并多次获得优秀评定的助管，累计10次优秀即被评为优秀助管，颁发证书并获得奖金。

通过完备的勤工助学体系和科学合理的管理办法，一方面让"自主自信自立自强"精神走进在校学子的生活，引导学生参与到勤工助学之中，以勤工助学的方式引领交大学子树立正确的人生观、价值观和世界观；另一方面通过劳动育人的方式不断历练自己以积累足够工作经验，助力提高学生的综合能力，为走向社会成为国之栋梁打下基础，使之成为其人生路上的财富。

（二）实行完备的培训方案，打造资助育人第二课堂，提升劳动育人实效

为更好地发挥勤工助学的劳动育人成效，着力培养学生自主自信自立自强的精神，以资助育人为根本，除了提供大量的岗位实践机会以外，上海交通大学创设勤工助学第二课堂，依托于"交大慕课"平台，为交大学子提供求职能力提升、视频基础教学及后期制作、家教培训、PPT美化、微信公众号运营、Excel数据分析基础六大类课程；开课以来，六项课程总计3801条学习记录，为广大交大学子提供办公、摄影、视频剪辑、就业等高级能力培训，实现学生多样化能力的提升。此外，为进一步增加学生参与勤工助学时知识技能的习得、个人意识的萌发、社会交往能力和团队合作意识，以促进勤工助学的劳动育人成效，校内各勤工助学团队十分注重针对性地为学生助管团队开展专项培训。

以"一门式学生服务中心"学生助管团队为例。上海交通大学于2016年正式成立"一门式学生服务中心"（以下简称"学服"），经过五年的实践与发展，该组织已经成为我校最大的勤工助学平台，在建设互动的学生工作体系、融合线上线下业务，促进部门协同合力育人及解决学生跨部门多地办理业务的实际问题等方面发挥了不可替代的作用。到2021年，学服学生在岗的助管人数有400余人，可向全校学生提供包括学籍、户籍、毕就业、医保、校园生活等70项服务。这支庞大的助管队伍是学生服务大厅正常运作的重要保障。

通过对学服助管进行培训前调研，了解学服助管的培训意向和需求，围绕学服助管从入职到离岗的整个周期中的心理特点，制定主题丰富、形式多样的全年培训体系，一个月开展2～3次，全方面提升助管的业务能力和综合素质、增强他们的凝聚力和团队的归属感。同时，在学服全范围内针对"服务质量"开展一系列的强调和落实工作，对高峰业务期进行再培训以及开展针对大厅紧急事件处理和服务礼仪的培训，在最大程度上保证让每一位前来办理业务的学生能够满意而归。以2019—2020学年为例，其中秋季学期以适应岗位、提升业务能力为主，培训全面提升业务能力和综合素质；春季学期以强化业务能力、增强对学服的认同感为主，培训旨在加强他们的职业规划能力和团队凝聚力。具体实施计划如表1所示：

表 1　培训实施计划

序号	时间	心理周期	培训主题	主要内容	培训形式
1	9月	岗位适应期	秋季学期学服新助管心理总动员	1.通过设计心理团建活动方案，打开学生的心理防御，增强团队凝聚力和归属感 2.邀请学服各个部门的部长分享自己的成长经历，为新入部成员适应岗位提供宝贵经验	心理游戏+经验分享
2	10月	岗位适应期	大厅行为礼仪及沟通技巧提升训练	1.设计生动的课程形式，为学生讲解大厅必备的行为礼仪，提升学生的职业素养 2.讲解咨询服务行业必须了解的四大沟通技巧，全面提高学生的业务能力	课程讲授+案例分享
3	10月	业务提升期	大厅日常管理流程及突发事件的处理	1.通过设计课程加互动的形式为学生介绍大厅日常管理流程，增强学生对大厅的了解 2.为助管介绍大厅可能会发生的突发事件及应对方式，提供学生的灵活应变能力	课程讲授+体验式教学
4	11月	业务提升期	三招，教你成为Excel大神	安排经验丰富的助管同学为学生讲解Excel的基本功能，提高学生对办公软件的应用能力	课程讲授+体验式教学
5	11月	业务提升期	情绪管理：如何避免被负性情绪污染	1.为同学们介绍大厅中常见的不良情绪，并分析不良情绪的心理影响机制，增强同学们对自身情绪的觉察 2.为同学们介绍三种常用的不良情绪的调剂与干预方法	课程讲授+案例分享
6	12月	业务强化期	Audition音频软件处理提升训练	安排经验丰富的助管同学为学生讲解Audition音频处理的基本功能，提高学生对办公软件的应用能力	课程讲授+案例解说
7	12月	业务强化期	图文设计——PS大神养成记	安排经验丰富的助管同学为学生讲解图文设计软件PS的基本功能，提高学生对办公软件的应用能力	课程讲授+案例解说
8	3月	业务强化期	压力管理：如何提升心理韧性和抗压能力	1.通过心理游戏的方式让学生感知身边的压力并分析压力产生的原因，增强同学们对自身压力的识别及应对 2.为学生介绍常见的压力调试方法	课程讲授+角色扮演

(续表)

序号	时间	心理周期	培训主题	主要内容	培训形式
9	3月	业务强化期	新媒体写作技巧培训	安排经验丰富的助管同学为学生讲解新媒体写作的相关技巧,提高学生对新媒体写作的应用能力	课程讲授+案例解说
10	4月	岗位认同期	职业生涯规划与心理成长	以行政部为单位,设计职业规划相关的团体心理活动,增强同学们对自身职业规划的能力	团体心理辅导
11	4月	岗位认同期	大厅突发事件的应激处理及必备行为礼仪	1. 通过设计课程加互动的形式为学生介绍大厅日常管理流程增强学生对大厅的了解 2. 为学生讲解大厅必备的行为礼仪,提升学生的职业素养	情景演练+体验式教学
12	5月	岗位认同期	职业生涯规划与心理成长	以勤助部为单位,设计职业规划相关的团体心理活动,增强同学们对自身职业规划的能力	团体心理辅导
13	5月	岗位认同期	职业生涯与时间管理	以行政部为单位,设计职业规划相关的团体心理活动,增强同学们对自身规划和时间管理的能力,增强团队凝聚力	团体心理辅导
14	5月	岗位认同期	情绪与压力管理	以爱心屋为单位,设计情绪与压力管理相关的团体心理活动,为同学们提供轻松愉悦的放松环境,增强团队凝聚力	团体心理辅导
15	6月	岗位认同期	考前心理减压	以奖助部为单位,设计压力管理的心理游戏,增加同学们进行考前心理减压,增强团队凝聚力	团体心理辅导
16	7月	岗位认同期	手拉手心连心	以奖助部为单位,设计团体凝聚力相关的心理游戏,为同学们的相互了解,增强团队凝聚力	团体心理辅导

此外,每学年学服还开展"春季团建"和"秋季团建"两次大型户外团队拓展,每个部门也会开展4~5次内建活动,最大限度地增强学服助管团队的凝聚力及对学服的组织认同感。

通过全年培训体系,学服助管能快速适应岗位,不断提升自己的业务能力,此外也在很大程度上降低了助管因非学业因素造成的离职率,增强了学服助管团队对岗位的职业满意度,综合素质也得以进一步提升。

聚焦"资助＋志愿服务＋X"新模式，深化教育扶贫

东华大学

一、背景介绍

机械工程学院坚持以习近平新时代中国特色社会主义思想为指导，以落实立德树人根本任务为核心，切实将社会主义核心价值观融入资助育人全过程，充分发挥高校文化传承创新职能，以培育打造富有东华特色的校园文化品牌为契机，秉承"围绕受助学生、关照受助学生、服务受助学生"的原则，以文化浸润、情感关怀为手段，以勤工实践、创新创业为载体，通过团队建设、榜样培育等方式，不断丰富资助育人内涵、扩展志愿服务外延，打造品牌育人基地，引导青年学子树立践行东华大学慈善文化：自强不息、仁爱共济，彰显当代大学生风采。

二、主要做法与成效

（一）"资助＋公益"，倡行公益文化，打造志愿服务品牌

1. 凸显二十六载"智力助残"品牌特色，弘扬志愿精神

东华大学"智力助残"志愿者服务队是机械学院资助育人基地，成立于1995年，是上海市成立最早的高校助残队伍之一。队伍组建至今，共培养志愿者8000余人，服务超过298000小时，足迹遍布松江各个街道和社区。

2020年在册志愿者418人，累计服务17630工时/年，受益对象覆盖1100余人/年，爱心接力棒在一届届莘莘学子的手中传递，并取得累累硕果。

服务以社会主义核心价值观为指导，围绕"助残圆梦"展开。每周二下午，40名志愿者分别前往中山、岳阳、永丰及谷阳北路阳光之家开展"为智障人士奉献爱心"活动，利用机械制造、工业设计专业特长，开展科普类实验课程、益智类绘画课程。让智障人士特殊群体在快速发展的社会找到情感的依托，与受助者共铸"诚信友善、互帮互助"社会主义新型人际关系。以形式多样的志愿服务活动，帮助智障人士更好地融入集体与社会，使他们找到生活的信心，以乐观的态度，勇敢、坚强地面对生活。多年来，阳光之家奉献爱心活动累计服务3500余次，服务残障人士400余人。

以"智力帮困"为主题，每周六、周日志愿者前往洞泾、泗泾残疾人家庭，帮助他们解决学习上和生活上的问题，提高他们的成绩。定期展开科技进校园系列活动，宣传科技知识，启蒙学员将来的规划与发展。孩子学习成长，就业后会带动家庭脱困，家教实现"潜进式"助残帮困。服务队累计义务家教25000余次，覆盖家庭300余个。被辅导的残疾人子女学习成绩都得到了不同程度的提高，很多学员跨入了高一级的学校深造，有的还进入了高等学校学习，取得良好成效。其中，学员诸丽文是一名盲女，在队员义务家教帮扶下，克服重重压力困难，成功考入上海师范大学，成为一名大学生。

通过志愿服务活动，大学生志愿者增进了对社会的认知，提升了社会责任感和主人翁意识，树立正确的义利观，营造积极向善的校园文化氛围。智力助残服务队广受赞誉，先后获得第四届中国青年公益创业赛银奖、上海市志愿服务集体、上海市青年五四奖章（集体）、立项团中央"七彩四点半"志愿服务项目等六十余项荣誉，并接受上海新闻广播、上海志愿者网、青年报、松江报采访。这些是对志愿者的肯定，更加坚定机械学子更好服务社会的信心。

2. 打造行走课堂，营造资助实践氛围

鼓励机械学院学子发挥引领作用，积极参与征文比赛。"国家贷款助我成长"作品103份，曹琦作品《背负过去，肩负希望》获教育部资助全国学生资助中心举办的第五届"助学·铸梦·铸人"征文活动三等奖。在学院内举办东华大学家庭经济困难学生在网上学习优秀案例评选活动，评选出优秀代表周念、田宏晶参加校级评选，获得学校优秀奖。四支团队成功立项资助专项暑期社会实践活动。其中，"跨千山递真情，宣国助共铸梦；扬帆起航，我们一直在路上——东华大学机械工程学院资助专项实践团"获得东华大学"优秀项目"荣誉称号，"宣资之优，助学铸梦，传东华之希望，担青年之使命——东华大学机械工程学院资助专项实践团"获得"最佳项目"荣誉称号。杨浩然代表东华大学大学优秀宣传大使，参加2020年上海高校十佳学生资助宣传大使评选活动，并荣获一等奖。

3. 讲好公益故事，强化服务辐射效应

一方面，拓展基地建设，扩大品牌影响力。服务队积极组织开展以"了解松江、融入松江、奉献松江"为主题的团队建设、服务松江系列活动，与中山、岳阳、永丰阳光之家建立助残服务合作关系，建构长效服务机制。另一方面，创新活动形式，增强"智力助残"辐射面。除每周在阳光之家开展助残服务外，积极组织服务队在校内举办残障人士手工艺品爱心义卖，"理解、关怀"残疾人体验营，"让我们带去希望的阳光，为天使插上梦想的翅膀"系列暑期社会实践活动，"125我志愿"一对一家庭志愿者等各类大型活动，"我与残联三十年"赛诗活动作品征文比赛，呼吁大学生关注残障人士，支持残障事业。其中，爱心义卖活动有效吸引到许多大学生主动奉献爱心、体味民生，帮助残障人士筹集到大量善款，为培育社会主义核心价值观营造了良好风尚。多次在校内举办"黄丝带幸福周"、东华志愿者故事分享会、新时代·初心诵网上平台传播活动，参与"爱心义卖""125慈善文化月"等活动，传播志愿精神，构建和谐校园建设。服务队吸引更多志愿者加入志愿工作，实现校园文化建设的思想引领、服务辐射作用。服务队在实践中传承志愿精神，培育和践行社会主义核心价值观，并将其推广到社会上去。

（二）"资助+科创"，提升专业素养，练就过硬本领

发挥"机械工程"+"设计"专业优势，智力助残。调研残疾家庭需求，有针对性设计残疾人辅助器具、康复器械。响应国家精准扶贫与乡村振兴号召，利用"工业设计"专业优势，为定点扶贫县——云南省盐津县企业设计农产品包装，开展带货直播活动，助力乡村振兴。参与大型赛事志愿服务，积极为"上图杯"先进成图技术与创新设计大赛、浦江论坛、进博会、纺织

机械展等活动招募志愿者，进一步激发了同学们对于专业学习的兴趣，加深了对专业方向学术领域的认知。2020年大型赛事累计志愿服务超过10000小时。

创办"众创空间"，为学生把奇思妙想转化为现实产品提供场所（除日常教学实验室外，创新创业实验室24小时开放，学生刷卡使用），组织开展创业赛事、打造创新创业实践平台，推动创新创业育人。学院聘请"领雁计划"砺志科创导师，对于优秀的学生创业项目，免费给予办公场所、技术支持，在家庭经济困难学生中培养了一批创新创业典型。设立大学生创新创业基金，以立项申请、孵化扶持、补贴贷款多种形式支持家庭经济困难学生开展创新创业实践。获国际、国家、省市级一、二、三等奖，共计158项，参与学生424余人次，成功立项大学生创新训练项目60余项，困难生同学在"挑战杯"全国大学生课外学术科技作品竞赛、全国大学生"恩智浦杯"智能汽车竞赛、全国大学生机器人大赛、中国机器人大赛、全国大学生节能车大赛、3D打印创新设计大赛等各类竞赛中屡获佳绩。

三、"资助+党建"，提升党性修养，强化责任担当

1. 以文化人，主题教育与时代并行

通过继承和弘扬中华优秀传统文化、厚植社会主义核心价值观、营造诚信文化氛围，推动文化浸润育人。围绕"全面建成小康社会的第一个一百年""抗美援朝70周年"，开展"同升国旗、同唱国歌"仪式教育；依托爱国主义教育基地，建设"四史青年说"品牌活动，青年讲述人奔赴渔阳里、中共一大、中共二大等，讲述百年民族解放史、人民奋斗史；结合"读懂中国"活动，加强校史院史、校风校训与东华人物"三项教育"，深入挖掘院史中为党的建设发展、为改革开放、为上海城市建设和浦东开发开放作出贡献的典型人物、先进事迹，录制《心中无我，成就大我》周琴之院士舞台剧、《一生一世跟党走》闻力生教授视频微课。充分挖掘"东华机械"的历史底蕴，将"四史"学习教育与资助育人相结合，培养受助学生的人文情怀、励志感恩意识。以诚信征文、诚信专题辩论赛、诚信演讲比赛、诚信情景剧等系列活动，提升学生诚信意识。

2. 以范导人，榜样领航与发展同向

通过开展评选表彰、加强宣传引导，培育优秀励志典型，发挥榜样引领作用。组织开展"砺志芯""尚实芯""优秀志愿者"等评优活动，在机械学院学风建设大会上颁奖，每学期开展优秀志愿者表彰大会，邀请上海市十佳宣传大使分享、自立自强先锋分享、献血达人分享，岳阳街道向学院赠送锦旗，进一步加强典型培育力度，营造赶、学、比、帮、超的良好氛围。组织开展励志典型优秀事迹报告会、优秀事迹网络展播等活动，在"机械志管&智力助残"公众号开设优秀志愿者专栏，对优秀事迹进行专题报道，鼓励广大家庭经济困难学生向榜样典型学习，提升优秀学生典型的示范作用。

3. 支部育人，服务意识与成长同频

依托资助，成立"匠心扶智"本硕博一体化党支部，先后吸纳了8000多名大学生参与志愿服务，培养了入党积极分子1300余人，向党组织输送了优秀学生党员400余人。这些青年学子在服务他人、奉献社会中收获了成长和进步，找到了青春方向和人生目标。他们积极投身于基层就业和服务西部志愿者行列中，在祖国的四面八方传播志愿服务理念，用知识和爱心热情服务需要帮助的困难群众，许多人成为了行业标兵和先进典型。苏金鹏，作为服务队队长，高效、高质完成志愿任务，博士毕业后，放弃高薪工作到云南基层扎根；陈蓉，服务队骨干成员，参加西藏专招计划并主动申请到海拔最高的日喀则定日县工作，在雪域高原上践行志愿者的责任担当。

在举办中国国际进出口博览会的契机下，作为"青春上海"品牌志愿服务站点，志愿者们服务于陈云故居等多个场馆，在纪念馆内进行展览讲解，弘扬伟人精神风范，讲好党的故事。创新服务形式，将爱国主义、社会责任、个人担当三个层面的价值观教育融入育人全过程，宣扬先进思想，在大学生中掀起"爱国主义"浪潮，讲东华故事，颂伟人精神，将传统美德与时代精神融会贯通，让志愿服务有特色、有价值、有内涵。

资助育人任重而道远，在新时代背景下，机械工程学院将持续推进资助实践、制度、文化"三位一体"建设，坚持资助育人导向，奖助评优环节，全面考察学生的学习成绩、创新发展、社会实践及道德品质等方面的综合表现，培养学生奋斗精神和感恩意识。对申请贷款同学，深入开展诚信教育和金融常识教育，培养学生法律意识、风险防范意识和契约精神。积极探索

"资助+志愿服务+X"新模式,在校内与党建、团建等工作多方融合,深化教育扶贫;在校外与街道、社区深化合作,探索流动服务队机制,为推动资助育人的常态化制度化注入新的活力,努力培养自助自强、诚实守信、知恩感恩、勇于担当的时代新人。

(执笔人:李宁蔚、姜雪梅)

践行资助育人理念，推进综合素养提升

——华东师范大学"助力扬帆计划"

华东师范大学

一、背景介绍

资助育人是高校立德树人根本任务的重要组成部分，是学生资助工作的前进方向和奋斗目标。2017年底，中共教育部党组印发了《高校思想政治工作质量提升工程实施纲要》，将"资助育人"列为十大育人体系之一，强调要把"扶困"与"扶智""扶志"相结合，构建物质帮助、道德浸润、能力拓展、精神激励有效融合的资助育人长效机制，着力培养受助学生自立自强、诚实守信、知恩感恩、勇于担当的良好品质。2018年初，陈宝生在《人民日报》刊发署名文章《进一步加强学生资助工作》，也明确指出"学生资助必须坚持育人导向，将育人作为资助工作的出发点和落脚点"，"资助育人是立德树人工作的重要组成部分"。2019年，中共中央、国务院印发《关于深化教育教学改革全面提高义务教育质量的意见》，强调"培养德智体美劳全面发展的社会主义建设者和接班人"。

作为一所以师范教育为特色的综合性研究型大学，华东师范大学的家庭经济困难学生比例一直较高。学校一直很重视学生个人综合素养的培训、在"扶困"与"扶智""扶志"结合上不断进行探索和尝试。华东师范大学从2018年春季学期伊始，实施开展了"助力扬帆——华东师范大学家庭经济困难学生能力素质培训计划"（以下简称"助力扬帆计划"），"资助育人"的发展型资助模式在师大蓬勃发展。

二、主要做法与成效

（一）联动式资助育人模式：因"系"制宜显专长

为保障"助力扬帆计划"的实施效果，华东师范大学特采取了"以评促建"的运作思路，即学校设立"助力扬帆计划"专项基金，并以申报项目的形式面向全校院系公开发布；各院系根据自身的专业特色、学生特点、育人需求等进行自主项目申报，待成功立项后即可获得资金扶持，从而开展相关资助育人活动。由于"助力扬帆计划"因"系"制宜的灵活性，能够发挥院系的自主性，一推出便得到了各院系的积极响应和支持，内容丰富、形式多样的资助育人活动在师大校园里蓬勃开展。"助力扬帆计划"以困难学生为核心目标群体，但活动在具体开展中并不设壁垒和标签化，凡感兴趣或觉得有自我需要的学生都可加入。

在项目实施的监督方面，学校首先会邀请相关专家对申报项目进行评审以确定立项项目以及相应的立项经费额度；再次，学校要求每个开展实施的项目要定期提交项目实施进度、反馈活动开展成果；最后，每期的"助力扬帆计划"学校都会组织召开中期分享汇报和终期总结交流，以期及时发现不足、总结经验。学校对实施项目的经费使用也是根据项目成效进行梯度支持，凡是前一期实施到位、成效显著的项目，学校会在经费上给予更多的倾斜支持。华东师范大学"助力扬帆计划"至今已成功开展三期，成功立项35个资助育人项目，各项目分别聚焦了学生的感恩励志教育、社会责任教育、学业能力提升、美育发展体育锻炼、职业技能提高、创新创业发展等方面，提高学术的综合素质。各学院在项目的开展中，能够从本单位学生的实际需求出发，充分发挥院系自身的资源，精准施助，让项目的实施更加贴近学生的需求，更接地气。

（二）全方位育人角度："五育并举"落实处

"助力扬帆计划"充分发挥了实施单位的专长和主动性，丰富多彩的活动内容、创新多样的开展形式使项目在实施过程中真正地实现了"五育并举"，践行了全面培养社会主义建设者和接班人的教育根本任务。

1. 德——坚定理想信念，在厚植爱国主义情怀与品德修养上下功夫

家国情怀是中华民族的文化精髓与价值逻辑，家国情怀的培育是立德树人根本任务落地的重要方式。"助力扬帆计划"立足于提升学生的人生价值，坚定学生的个人理想，树立学生的精神支柱，使培育学生的家国情怀融于整个计划之中，帮助学生更好地了解国家、服务社会、发展自我。

教育学部的"同心云课堂"项目，组织以新疆少数民族大学生为主体的困难学生志愿者，面向新疆农村少数民族儿童开展一对多的线上教学。该项目不仅提升了少数民族大学生们的教学实践能力，更培养了他们的社会责任感、助力了新疆地区的教育扶贫事业。"同心云课堂"在新疆引起了较大的社会反响，得到了当地教育局、学校老师、学生家长的大力支持和热烈欢迎。"同心云课堂"助力新疆小学生"停课不停学"的事迹也得到了人民日报（客户端）、新华社、新华网等多家媒体的报道。

数学科学学院、信息学院等开展的助力扬帆项目，组织困难大学生面向学校周边社区青少年开展公益数学兴趣课程、科普知识教育。该项目把在校的家庭经济困难大学生组织起来，以社区公益授课为契机，为参与项目的大学生们提供互助互益的学习体验，在提升教师职业技能的同时，帮助每一位困难学生培养演讲、表达、领导、展示等方面能力，全面涵养综合素质。

除上述重点关注、帮扶的特定范围学生群体的项目外，"助力扬帆计划"也有着面向更广泛学生的"资助育人"项目。如社会发展学院的公益启航项目。该项目着重培养学生对于社会公益发展的思考与创造。项目通过与紫江公益及多家慈善机构合作，组织学生走进公益机构、慈善机构，比如带领学生参访幸福五号青年公益发展服务中心、第一社会福利院、童医学体验馆、拾星者社工中心、上海太阳花社区儿童服务中心等公益组织，让学生们了解不同群体（特别是特殊人士）的生活状态和日常需求，并在此基础上，通过公益创意想法提案的提出及实践，引导学生们深度探讨和思考社会创业的生态，培养他们关心社会、感恩社会的公益之心和责任之感。

2. 智——聚焦不同群体，在增长知识见识上下功夫

帮助家庭经济困难学生提高学业能力，让他们树立学习自信心、取得良好的课业成绩，是"助力扬帆计划"实施的初衷之一。在具体项目的实施

中，帮助学生提高学习能力，就成为了许多项目的共同目标。

（1）**聚焦学业困难学生群体**。为帮助家庭经济困难本科生的学习能力及成绩提升，软件学院特开展学业精准帮扶与综合素质提升计划2.0。该项目根据课程难度及学生反馈开设了6门课内辅导课程，注重发挥优秀学生的榜样力量和带头作用，组织一对N学业指导帮扶结对活动，为经济困难的学业困难学生配备学生导师（优先考虑经济困难的优秀学生），开发"ECNU优学课"微信小程序，定期回顾专业课程的重点难点，总结辅导课程的内容，收集学生辅导需求及反馈，发布辅导课程及学业、就业、科创、心理等相关讲座通知，鼓励学生们线上线下课程学习并及时参与各项研讨互动。

（2）**聚焦研究生群体**。研究生群体平时更关注于学业与科研，相对语言表达、演讲、礼仪、形象等综合素养提升的知识往往关注不多。针对研究生群体特点，生物科学学院实施"生生不息"素质训练营项目，帮助研究生在各方面综合提升能力。他们的"生生不息·助力添翼"训练营自2020年9月开展以来，面向以家庭经济困难生为主的生科院研究生开办，围绕生科学子普遍关注的科研、求职、综合素质能力提升等问题，设计开展了"求职助力训练营""教师素养训练营""综合素质训练营"三大板块，以专题讲座、技能培训、志愿者服务等多种形式培养学生的实践能力、创新能力和社会责任感，促进学生全面发展。同时也围绕科研作图、论文写作投稿、实验技能、多媒体技能培训等方面举办了"论文写作格式规范""论文写作与投稿技巧""常用科研作图软件培训""国奖获奖人科研经验分享"和"多媒体技能培训"等活动，切实帮助学业困难的研究生学生提高学术科研的技巧与能力。

（3）**聚焦少数民族学生群体**。面对少数民族经济困难学生就业竞争力相对较弱的问题，光华书院依托少数民族师范生"发展型"就业竞争力系列培训活动，组建项目制竞标活动及搭建交流平台等多种育人形式，促使学生建立自信，正确认识自己，做好自我探索、自我管理及自我超越，在培养学生树立正确成才观、就业观和价值观的同时，提升其就业核心竞争力及综合素质。同时，为每一位参加项目的学生建立帮扶档案，实施一人一策精准资助。

（4）**聚焦海外访学学生群体**。尽管出台了针对贫困生的海外交流资助文件，但是许多贫困生没有海外交流的想法，也缺乏勇敢迈出第一步的信心。如果没有先期的准备和启动工作，那么很可能无法走到申请海外资助交流的程序。地理科学学院通过建设国奖学生讲师团、搭建海外学生及教授交流分享会等多种方式，切实提高经济困难学生的自主学习能力及文化自信，充分调动学生赴外交流学习的主动性和积极性，营造"学在师大"的优良学风，多渠道、全方位地促进学生综合素质发展。

3. 体与美——培育积极风尚，在增强综合素质上下功夫

健康的体魄、健全的人格、坚定的意志是奋斗者最基本的身心素质要求，审美的教育则能激发积极情感，培养积极人格。体育能够让学生在运动中，享受乐趣、增强体质、健全人格、锤炼意志，每月能够提升学生审美素养、陶冶情操、温润心灵、激发创新创造活力。体与美的熏陶，能够让以往鲜少接触这些方面教育的经济困难学生，发现更好的自己、树立健全人格。

（1）**体育进社区**。体育与健康学院的一站式体育配送项目，首先通过体育服务公众号招募家庭经济困难学生成为教练员，再由华东师范大学体育与健康学院中有资质的专业课教师对学生教练员进行上岗培训，最终通过上岗培训的教练员再为学校周边社区及中小学有体育教育培训需求的青少年、中老年等各年龄段群体进行免费的体育技能培训。通过项目的锻炼，家庭经济困难学生的体育教学能力和社交能力得到了有效的提高，为他们提前融入社会和后续的实习活动奠定了良好的基础。

（2）**绘画技能课**。大夏书院的"夏之光"家庭经济困难学生美育社项目，坚持"以美育人""以文化人"提高学生审美和人文素养，先后开设了"共赏艺术展""共创一幅画""共习一幅字""大手牵小手共读一本书"等系列活动。项目通过当代艺术博物馆的艺术展览参观和36学时的艺术创作课程，帮助学生们启发艺术想象、提升艺术鉴赏能力。通过学习，学生们掌握了初步的书画技巧，并最终创作了近600幅书法和水彩作品，其中有27幅作品被收录为大夏书院首届"画笔大夏"慈善画展。"夏之光"项目的开展使经济困难学生们不仅掌握了一定的艺术技能，更进一步提升了对生活中美的感知和艺术创作的热情。

（3）**文创产品开发**。城市与区域科学学院利用学生需要在全国各地学习考察的契机，策划组织了基于田野考察中风土元素的文创产品项目。该项目由经济困难学生担任团队骨干，依托学院遍布全国各地的实习基地，在田野实习实践活动过程中，捕捉地方特色风物，如特色饮食（物产）、特色建筑、

特色服饰、特色习俗等，秉承"万物皆可文创"的信条，开展具有师大风貌、地方风采的特色文创产品设计与推广活动。

（4）观摩艺术展。美术学院的"爱艺扬帆"项目则开展了美育课堂活动。该项目根据专业特点开展趣味性的集体美育活动，组织学生参观博物馆、美术馆等场馆，并组织相关美术创作或手工活动。除美术学院的学生外，相关活动也面向全校学生开放。项目的实施激发了学生潜能，充实了校园生活，实现了多元发展的素质教育目标。

4. 劳——提升劳动技能，在培养奋斗精神上下功夫

习近平总书记强调"要在学生中弘扬劳动精神，教育引导学生崇尚劳动、尊重劳动，懂得劳动最光荣、劳动最崇高、劳动最伟大、劳动最美丽的道理，长大后能够辛勤劳动、诚实劳动、创造性劳动。"高校作为育人的基地，劳育是大学生成人成才的基础，更是关系到高校立德树人根本任务的实现、国家的发展和民族的未来。合适的劳动教育，能够让学生在劳动实践中提升技能与素质，找到奋斗的自信。

（1）勤助基地展风采。孟宪承书院的勤工助学团队教师职业素养提升与劳育养成项目，以孟宪承书院的学生勤助团队为对象，帮助学生培养、实践、提高以教师技能为主的综合职业素养。孟宪承书院学生勤助团队主要负责管理学校的"学生共享空间"勤助基地，团队具有多年级、多专业（9个专业）、多民族（10个民族）的特点，并以"资助育人""自助助人""劳动是最好的教育"为建立的初衷和宗旨。孟宪承书院在勤助团队中设立团队支部，该支部于2017年曾获得"上海市五四特色团支部"荣誉称号。该项目通过工作礼仪、劳动技能、户外团队拓展、优秀管理员评选、团队经理竞选等，为学生们提供展示、锻炼、分享、进步的机会；同时开展"教师技能类"和"就业技能类"两大类主题活动，对经济困难学生进行教师职业生涯规划指引、培养教师职业素养，帮助学生了解就业形势、正确定位自身发展、夯实师范生教师职业技能、增强困难学生就业核心竞争力，助力师范生激发终身任教、献身教育事业的激情以及增强自身对教师职业的认同感和责任感。

（2）产品开发促发展。数据学院以家庭经济困难学生为骨干，通过计算机教育个性化人才培养的平台搭建为抓手，通过对项目的设计、实施、经验分享，以及组织参加相关学术活动，对学生进行全过程、全方位锻炼。项目

模拟软件开发的实际商业过程，参与学生表示在项目开发中，通过自己动手解决一个个实际技术问题，不仅学习到了许多专业知识，并且在团队平时展开的技术交流中，培养自身的批判精神、抗压能力以及团队协作精神。

（3）科创培育立项目。心理与认知科学学院的"大学生创意·创新·创业能力发展培育"项目，聚焦高校学生创新创业素养培训课程体系。该项目在学院范围内开设"创意·创新·创业训练营"，邀请名师专家、优秀创业者和获奖创业团队负责人开展讲座和工作坊训练，帮助有创新意识和创业想法的少数民族生、师范生和家庭经济困难生拓展知识结构、体验创造性劳动、不断优化实施项目。训练营共开展了10期、总计20课时的能力发展课程培训，内容包括历届优秀项目风采展、科创讲座、领导力培养、团队组建、三创赛经验分享、学校助力双创项目发展政策解读等，并辅以团体辅导的形式开展了头脑风暴、读书分享以及介绍活动，有效催生了各学生团队的创新创业项目。

三、经验与成效

"助力扬帆——家庭经济困难学生能力素质培训计划"在从"输血型"资助向"造血型"资助转变的探索中全面统筹人才培养各方面的育人资源和育人力量，将"资助育人"与"全员育人""五育并举""六个下功夫"等新时代的青年人才培养要求切实紧密地有效结合，力求提升学生资助的科学化水平，建立健全系统化的育人长效机制。多种内容和形式的家庭经济困难学生能力素质培训活动在校园里蓬勃开展，取得了良好的成效。

第一，学生学会自强，笃志勤学。学生在项目开展过程中，互相学习、互相帮助、见贤思齐，发现了榜样的力量、历练了自强的精神。社会发展学院（大夏书院）朱苓君虽然是一名盲生，但她不惧视力障碍，不但自己克服出行、学习等困难，还是一位热心公益的志愿者，她说："我的专业社会工作，是为需要者提供心理疏导、精神关爱、关系调适、能力提升等社会服务的专业力量。在学校的培养与项目的支持下，她先后荣获华东师范大学"感动师大·青年学子""2019年度中国大学生自强之星"等荣誉称号。

第二，学生感受成长，勇担使命。学生在项目实践过程中，发现真问题、研究真问题、解决真问题、创获真知识，感受到自己为国家、家乡做贡献的社会责任感与使命感。担任教育学部"同心云课堂"项目志愿者队长的姣勒杜斯·赛日克，在项目支持的支教活动中深切感到了自己肩负的使命，她说，"我们要特别能学习、特别能吃苦、特别能干事、特别能团结、特别能自律、特别能奉献，以实现自己的价值。要像胡杨一样，在沙漠中奉献出一片绿色，在昏黄的大漠中给人憧憬、给人希望、给人力量。"由于在项目志愿服务中的突出表现，姣勒杜斯·赛日克荣获了"上海市优秀慈善志愿者"的荣誉称号。

第三，学生体味进步，坚定信念。"助力扬帆计划"的实施为参与学生带来了实用有效的帮助，使其获得了学业的提升、综合素养的进步，坚定了他们成长成才的信念。软件学院参与"学业精准帮扶与综合素质提升计划2.0"的所有学生2019—2020学年第一学期的成绩较2018—2019学年第二学期都有不同程度的提升。有同学参加项目后绩点从2.13提升到了2.8，虽然距离优秀还有一些距离，但是让学生们看到了进步的希望与信心，坚定了他们奋力拼搏的信念。

第四，学生体悟收获，历练成才。在学校"助力扬帆计划"的助推下，一批又一批的家庭经济困难学生在师大校园里不懈奋斗、追求卓越，收获了求学道路上令人欣喜的荣誉。教育学部的石关子荣获首届长三角师范院校师范生教学基本功大赛一等奖，体育与健康学院的毛倩于2019年、2020年连续两年参加"互联网+"创新创业大赛并分获上海市银奖和金奖，社会发展学院的徐婷婷荣获上海市优秀毕业生（本科）、华东师大紫江公益慈善实践项目"紫江公益明日之星"银奖……

华东师范大学"助力扬帆计划"至今参与学生累计超三千余人次，内容丰富、形式多样的活动让每一名参与的家庭经济困难学生都能够对自己有要求、对国家有信心、对未来有希望，让育人效果内化到学生的思想言行之中，切实助力了学生的成长成才。因此，"助力扬帆计划"项目得到了新民网、全国高校思想政治工作网、全国学生资助管理中心、上海学联、上海学生资助网、新疆哈密电视台等多家媒体的相继报道，在"资助育人"的同时也获得了良好的社会影响。

把握规律、搭建平台，协同助力困难学生成长成才

上海财经大学

一、背景介绍

2016年习近平总书记在全国高校思想政治工作会议上的讲话中强调："坚持立德树人作为中心环节，把思想政治工作贯穿教育教学全过程，实现全程育人、全方位育人。"2017年12月，教育部为进一步指导高校做好思想政治教育工作，在印发的《高校思想政治工作质量提升工程实施纲要》（教党〔2017〕62号）通知中，提出了构建包括资助育人在内的十大育人体系。由此可见，高校学生资助工作是高校学生工作的重要组成部分，也是高校思想政治工作开展的重要渠道。

经过多年的探索与发展，目前，我国已建立了一套相对完善的经济困难学生资助体系，为实现教育育人、确保贫困家庭学生顺利完成学业提供了一定的社会保障。但资助育人工作远不能只停留在物质保障层面，"资助育人始于资助，成于育人，不能搞资助、育人两张皮"。我们更应关注到学生理想信念、能力培养等发展性辅导上来，从而提升家庭经济困难学生的综合素质。现通过统计与管理学院资助育人典型案例分享与经验总结，进一步探索辅导员队伍实现资助育人的有效途径。

二、典型案例

统计与管理学院 2018 级学生孙某，特别困难学生。
当前担任学生干部：上海财经大学统计研究学会会长
曾获奖项及荣誉：国家奖学金
　　　　　　　　国家励志奖学金
　　　　　　　　人民奖学金（多次）
　　　　　　　　第 12 届全国大学生数学竞赛上海市一等奖
受助项目：国家生源地信用助学贷款、上海财经大学社会助学金蘭基金

　　通过高中三年的拼搏与努力，该生在高考中取得不错的成绩，在国家生源地信用助学贷款的帮助下，前往上海财经大学统计与管理学院就读。进校后，得知该生的家庭情况，校院及时完成了困难生认定工作并为其提供了社会助学金蘭基金。三年来，该生始终记得初进学校时，时任辅导员姚老师对他的叮嘱："好好学习，不要在大学生活中迷失自我。"并一直用实际行动履行着这句话。

　　刚进校时，由于此前学习鲜少涉及数学证明内容并从未接触过编程语言，课程难度于其而言前所未有。但书山有路勤为径，该生保持着高强度的学习状态，一遍遍研读定理证明，一次次练习语言编程，通过一年的努力，获得了国家奖学金和人民奖学金一等奖。大二学年进入统计学实验班后，该生在专业课的推导证明和循环迭代中渐渐坚定了最初的专业选择，并在不懈努力下获得了国家励志奖学金和人民奖学金三等奖。2020 年，通过近半年的数学竞赛备赛，他对微积分有了更深刻的理解，同时也获得全国大学生数学竞赛上海市一等奖的优异成绩。

　　学习之余，该生大一时在辅导员的鼓励下报名参加了统计研究学会，并在这个组织中逐渐寻找到了归属感与成就感，一路坚持，现任统研会会长一职。在统研会期间，通过组织各类活动，该生提高了能力，丰富了阅历，增长了见识，锻炼了领导力。

　　此外该生致力于运用专业所学，为社会的发展添砖加瓦。其参与的"千村调查"项目，用一份份问卷记录下最真实的立体化的中国乡村，调研报告最终荣获二等奖。在 2020 年的大学生创新项目中，其小组集中研究区域经

济与高职教育的协调发展，获得校级优秀结项。

近三年的大学学习生活见证了他极大的成长与蜕变，他深知自己的大学机会来之不易，尽管家庭生活条件有限，但其清楚怎样走好未来的路更为重要。他用知识武装头脑，用志气武装灵魂，用青春的激情与毅力，创造出了属于自己的绚丽明天。

三、经验与启示

（一）把握学生成长规律，明确育人工作重点

思想政治教育若想取得一定的成效，需要思政教师把握大学生成长成才的规律，结合学生的需求，用学生喜闻乐见的方式开展相应的引领工作。同样地，对于资助育人工作来说，面对具有不同程度自卑、焦虑、孤僻、虚荣、嫉妒、敏感等心理现象的困难生群体，辅导员更应掌握针对这类学生在不同阶段开展育人工作的规律，以确定相应的工作重点。具体来说：

首先是建立信任阶段。初进高校，面对陌生的环境，经济困难生更需要辅导员的关注与帮助。因此，在这一阶段辅导员应定期做好困难生谈心谈话工作，仔细排摸家庭经济情况，为困难生详细讲解各类资助政策，关心关爱学生的学习与生活，增强其对新环境的归属感，与学生建立互信的友好关系。

其次是树立自信阶段。大部分家庭经济困难学生或多或少会具有一定的自卑感，由自卑衍生出的不自信体现在学习、活动参与等诸多方面。为此，辅导员应在与学生建立信任关系的基础上，结合学生的特长，鼓励其积极参与相应的学术竞赛、学生活动、学生工作等，帮助困难学生发挥特长，从而更好地融入集体，并适当加以公开奖励增强学生的自信心。

最后是能力培养阶段。在前两个阶段的基础上，学生已与辅导员建立了良好的师生关系，加之自信心的增强，辅导员可依据学生的实际情况提供相应的平台，帮助学生多方面锻炼其人际交往能力、创新能力、学习能力、实践能力、领导力等，助力学生综合素质的全面提升。

贯穿这三个阶段的则是思想引领教育。辅导员可通过感恩文化、励志文化、诚信文化、责任文化等资助文化的培育，丰富活动形式，将思想引领贯穿资助育人全过程，引导学生树立正确的世界观、人生观、价值观，坚定理

想信念，抱有远大理想。

（二）积极搭建育人平台，协同助力学生发展

构建资助育人工作平台，须立足学生成长发展规律，树立三全育人意识，协同辅导员、班主任、思政教师与专业教师合力推进育人工作，形成全员、全方位、全过程的资助育人格局。依托学院三助岗位提供勤工助学机会，培养学生责任意识，加强教师与学生之间的沟通交流，方便进一步了解学生学习生活中的困难以及时提供相应帮助；依托学院统研会、数据诊所，在专业教师的指导下，为学生提供专业实践平台，锻炼学生的学术能力，加深其对专业的实际应用与了解；依托学院心理成长力工作室，针对贫困生心理特点开展相应的心理讲座、辅导，帮助学生缓解负面情绪，并依据各年级学生发展特点，提供相应的生涯规划指导，通过讲座、培训、面试模拟等提升学生的就业能力与自我发展潜力。

（三）提升个人能力修养，发挥榜样示范作用

古人云："师者，人之模范也。"在日常教育工作中，教师的一言一行都对学生有着潜移默化的影响。习近平总书记也多次强调，高校应建设一支"有理想信念、有道德情操、有扎实学识、有仁爱之心"的高素质教师队伍。这就要求我们从事高校思想政治教育的一线工作者，要时常反躬自省，修己立德，努力提升专业素养。在日常学生工作中，以身作则，躬身力行，用个人的人格魅力、学识魅力引导学生树立崇高理想，坚守道德准则，常怀感恩之心，葆有奉献精神，努力成长为合格的社会主义建设者与接班人。

《关于进一步加强和改进大学生思想政治教育的意见》（中发〔2004〕16号）中提出："加强和改进大学生思想政治教育要把解决思想问题和解决实际问题相结合。"在资助育人工作中，坚持资助以教育为导向，资助是手段，育人是目标，这样才能体现出真正的价值。为践行全人教育理念，培养学生全面发展，提升综合素质，我们应在精准资助保证其物质保障的基础上，依据不同阶段学生特点充分把握其成长规律，厘清各阶段工作重点，部门联动、全员协同为学生搭建精神培育、品质陶冶、价值观塑造、实践磨砺等多层次平台，助力学生成长成才。

（执笔人：曹欣怡）

以资助促发展,"发展型"资助育人模式思考与实践

上海海洋大学

一、背景情况

脱贫攻坚是实现第一个百年奋斗目标必须完成的任务。学生资助工作是帮助学龄子女贫困家庭脱贫的重要举措,"扶贫"与"扶志""扶智"相结合,是习近平总书记关于扶贫工作重要论述的深刻内涵,是针对当前脱贫攻坚实际开出的治本良方。

当前,上海海洋大学资助工作主要由"奖、贷、勤、助、补、减"六条主线和"绿色通道"等多元资助体系组成。在帮助困难学生缓解家庭经济压力的同时,又注重引导学生树立自立自强意识,鼓励他们通过努力奋斗改变自己和家庭的命运。在学生资助政策保障下,众多贫困家庭子女顺利完成学业并实现就业,继而带动了整个家庭稳定脱贫和高质量脱贫。

在此引领下,海洋科学学院坚持建设"发展型"育人体系,实现了从传统物质资助向发展型育人成才资助体系的转变,有效激发学生内生动力,丰富资助育人文化内容,在资助育人的过程中,实现立德树人的根本目标。

二、主要做法与成效

高校资助工作既要通过经济支持保障学生顺利完成学业,又要通过思

想政治教育实现育人目标。上海海洋大学海洋科学学院的资助工作始终坚持"扶贫"与"扶志"和"扶智"相结合，以针对性的资助理念和方式，在资助的过程中进行诚信教育、成才教育、感恩教育，通过学业规划、科研指导、社会实践、心理辅导、项目驱动等方式，着力提高学生的成长发展能力和社会竞争实力。

马某某，女，回族，中共预备党员，上海海洋大学海洋科学学院2018级海洋技术专业本科生。她于1998年5月出生在甘肃省张家川回族自治县一个贫困落后的山村。两岁时父母离异，由她的外公和外婆抚养、照顾她至今。外公和外婆为了让她受到更好的教育，放弃了家族世代的务农生活，带她去了两千多公里以外的新疆乌鲁木齐，靠打工干苦力活供她读书。这一去，就是十一年。

在外地求学的这十几年里，为了让她能像其他孩子一样正常地学习和生活，外公外婆省吃俭用，干尽了苦力活。外公多次生病住院，并且长期服药。外婆右耳失聪十几年，常年靠捡废品来缓解家庭困难现状。虽然生活过得非常拮据，他们却从未有过放弃供外孙女读书的想法。她从小就懂得外公外婆的不容易和自己肩上的担子，所以一直勤奋刻苦、努力读书，希望有朝一日靠读书改变命运。于2017年9月考入自己理想的大学——上海海洋大学。

然而，命运仿佛又和她开了一次玩笑。2018年2月，刚步入大学半年的她不幸被查出患有肺结核，不得不选择休学。在休学的这一年里，她一个人隔离在一间房子里近四个月，每天要吃二三十粒药片。这样的生活时常让她回想起在学校图书馆窗户上看到的日落。在休学的一年里，她不但没有被病魔打倒，反而更加乐观向上，积极配合治疗，坚持复查和服药。在与病魔进行了长达八个月的斗争后，病情得以完全好转和康复。在这期间，她也更加体会到了有一个健康的身体和能在学校正常读书是一件多么幸福的事。

针对她个人的情况，学院全面了解了她的家庭经济困难情况和资助需求，即使是不在学校的日子，也让学生感受到了学校的归属感，增强了幸福感。2019年3月她返校继续读书，学校老师从生活、学业和未来职业发展出发，进行了针对性的帮扶指导，鼓励她自强自立、学有所成、报效祖国，真正激励学生发奋学习，实现自立自强。

（一）创建资助育人文化环境，促进学生成才

当代大学生社会主义大学是为社会主义服务的大学，教育的根本目的在于"立德树人"，培养中国特色社会主义事业的可靠建设者和接班人。而学生资助是保障学生接受公平教育的重要手段，最终目的是要发挥育人功能，因此针对经济困难学生的不同状况，不仅要给予经济资助，也要进行心理疏导和学业指导以及品格锤炼。

2020年8月，马某某返校上课，针对她的状况，学院进行了一对一帮扶，在经济资助之外，为其提供学业和未来职业发展的规划指导，实现科学性与人文性的有机统一。马某某也积极利用课上课下时间，刻苦学习钻研，主动报名并主持市级大创项目、参与校级大创项目、本科生进实验室项目等。她也参加了"华测导航杯"首届全国大学生测绘创新开发大赛并荣获一等奖。同时，她以第一作者的身份发表了全英文学术论文，于2020年2月被SCI期刊Journal of Marine Science and Engineering收录。这些经历都为她打下了坚实的学术基础，也让她对科研有了更大的兴趣和信心。

（二）激发资助育人内在性，激发学生内生动力

当前的资助过程，应实现从传统物质资助到发展型资助的转变，实现被动性向主动性的转变，这是开展资助育人工作的本质要求，也是实现教育目标的重要途径。上海海洋大学海洋科学学院始终坚持"授人以渔"的发展型资助，为学生提供展示自我的机会，在物质资助的过程中培养学生的自立自强、诚实守信、爱国奉献的品格，有效提升资助育人的针对性，激发学生的内生动力。

马某某正是国家脱贫攻坚的受益人与见证者。大学期间，由于家庭困难，她多次收到国家助学金、社会助学金、学校临时困难补贴等，这些资助使得家里的困难生活得到了很大的缓解。

艰难困苦，玉汝于成。她说，回望过去，从一个贫困山村的小女孩，到一名海大学子，在她这么多年的成长中，时时刻刻伴随着国家、学校和社会爱心人士的资助与关怀。她相信像她这样的困难学生一定有很多，这也不仅是对家庭经济困难学生生活上的补助，更是一个强大的国家、一个有爱心的社会对下一代的庇护与关爱。这一切都让她感到，出生在这样一个伟大的祖国，生活在这样一个伟大的时代是多么的幸福和幸运！所以，她会更加珍惜

当下来之不易的幸福生活和大学时光，运用自身所学回报家乡，回馈社会，为国家的海洋事业贡献自己的力量。未来不管走得多远，身在何方，她将把不忘初心、回报国家和社会作为她的理想与目标，用奋斗来担当起民族复兴的历史使命和时代责任，与国家的发展同频共振，书写出无愧于祖国、无愧于社会、无愧于自己的青春华章。

三、经验与启示

（一）将物质帮助和思想育人有效结合，落实"三全育人"强化教育合力

对家庭经济困难学生思想政治教育，是高校思想政治教育内容的延伸和形式的拓展，是落实"三全育人"要求的具体体现。在加强对家庭经济困难学生经济上、物质上资助的同时，要把思想政治教育摆上重要位置，将思想教育与物质帮助有机结合起来。

一方面，在经济基础的影响下，很多困难学生思想认知不足，解决了他们实际生活上的困难，才能以此为基础开展思想政治教育；另一方面，加强思想政治教育，解决思想上的深层次问题，才能让经济困难学生树立"自立、自尊、自强、自爱"的意志品格。从解决经济困难入手，让思想政治教育融入现实生活，更接地气、更入人心，才能真正实现从理论走向现实，增强高校思想政治教育的实效性。

（二）服务学生成长成才，实现发展型资助育人

马斯洛在《人类激励理论》论文中提出了著名的"马斯洛需求层次理论"，从较低层次到较高层次依次为：生理需求、安全需求、爱和归属感、尊重、自我实现。高校资助育人工作既要根据学生身心发展规律和不同需求，传承传统资助方式，又要以服务学生成长成才为根本目的，实现向发展型资助育人的转变。

坚持育人导向，以规范的资助体系、完善的资助程序帮助学生成长和发展。打破单一模式，发挥政府、高校、社会、企业协同帮扶，让经济困难学生切实感受到中国特色社会主义国家的温暖，在接受帮助的过程中，培养自信，提升能力，实现个人自我价值，最终反哺社会。

（执笔人：任诗雨）

全流程融入育人元素的一体化勤工助学平台建设

上海中医药大学

一、背景介绍

习近平总书记指出"不忘立德树人初心，牢记为党育人为国育才使命"。如何在当今大学生群体中通过勤工助学更有效地实现育人、育才实效？这是新时代资助工作者需重点思考的命题。勤工助学是高校学生资助工作的重要组成部分，建立健全高校学生资助育人机制，可以有效地防止家庭经济困难家庭因学致贫和因学返贫，阻断家庭经济困难学生贫困代际传递。上海中医药大学通过多部门联动的机制，充分运用信息化手段依托学生综合信息服务网及易班平台设计勤助育人主题建设项目，用新时代劳动文化影响青年学生，用主题培训建设教育引导青年学生，用特色岗位创建活动吸引锻炼青年学生，用特色考评体系激励青年学生，取得了较好的效果。

二、主要做法与成效

（一）案例概述

勤工助学资助育人凝聚了全员、全过程、全方位育人元素，上海中医药大学校内勤工助学，学院、教学、科研、后勤服务等45个部门设有400余个勤工助学岗位，岗位配450余名指导老师，通过指导老师最大范围调动起了学校所有教职员工的育人力量。勤工助学的资助范围覆盖我校所有学历层次包括预科生、专科生、专升本、本科生、研究生学生成长的全过程。通过特色岗位创建活动带动全校岗位实现勤工助学岗位创建，明确所有勤工助学岗位的岗位要求、育人目标、岗位职责等要求，明确勤工助学岗位以育人为宗旨。

通过强化勤工助学信息化建设，充分将网络引入勤工助学的全过程，通过学生综合信息服务平台勤工助学模块建设及易班网络勤助培训等信息化手段的融入，贴近当代青年学生使用网络的特性，将勤工助学岗位创建、岗位发布、岗位招募、人员培训、人员录用、工资发放等全流程引入互联网平台，并将双向评价机制引入系统中，通过查看评价星级记录，纳入综合育人绩效评定过程。通过勤工助学岗位培训、勤助收获征文大赛、勤工助学特色岗位建设、学生综合评定评价等吸引学生积极加入勤工助学实践中来，强化学生劳动体验，激发全体师生的勤工助学育人的积极性。

（二）工作目标与思路

工作目标：以全国高校思想政治工作会议和全国教育大会精神为指导，紧紧围绕立德树人根本宗旨，以习近平新时代中国特色社会主义思想为指导，突出立德树人根本任务，健全学生资助制度，全面推进精准资助和资助育人工作。充分发挥全校教职员工育人功能，在勤工助学资助育人过程中培树社会主义核心价值观，重点开展励志教育、社会责任感教育、感恩教育、劳动教育。将勤工助学打造成学生了解社会的窗口，引导学生在实践中长才干长本领。

工作思路：通过开展调查研究，了解当代大学生关于成长的期盼，了解校内外勤工助学资助育人现状。面向学生，开展个性化的勤工助学资助育人工作。按照学生不同能力水平和特长设立岗位，激发学生在勤工助学中的自我认同感，重点关注学生成长和发展所需要的能力，并进行针对性引导，通过提高家庭经济困难学生思想水平、政治觉悟、道德品质、文化素养，让他们成为德才兼备、全面发展的人才。通过易班优课平台开展勤工助学上岗培训、辅导员微课堂劳动育人宣讲等形式引导学生学习，将勤工助学实践活动纳入学生综合操行评定，将在学习和实践环节都表现优秀的学生，着力打造成优秀的榜样，形成一个完整的教育闭环。

（三）实施方法与过程

以全国高校思想政治工作会议和全国教育大会精神为指导，围绕"立德树人"的育人宗旨，以融合、协同运行的模式通过勤工助学平台加强师生联系，以数据先行、导向指引实现资助工作的精准滴灌，以提升学生获得感、创新评价激励模式、强化育人效果。

1. *建设以育人为导向的融合、协同运行机制*

在学校党委的领导下，我校资助管理中心全面负责学校的勤工助学工作，出台《上海中医药大学勤工助学管理办法》，在明确组织机构、岗位设置、酬金标准、法律责任等方面的基础上，着重强化勤工助学全过程的育人功能。校内勤工助学面向全校所有组织机构开放，勤工助学岗位全面推行三级管理模式。每个用工部门领导为本单位勤工助学负责人，并设置1名联系人协调本部门勤工助学各岗位工作，每个岗位设置负责教师1人，根据需要设置岗位指导教师若干。

严把岗位设置关口，申请教师需提交岗位的工作时间、工作地点、工作内容，尤其需要明确岗位育人功能，我校岗位设置种类为教学助理、科研助理、行政管理助理、校园公共服务四大类，超出种类范围、岗位职责不清、育人功能不明确的不予设岗，经过三级审核后方可设岗。

明确岗位负责教师的育人职能，谁设岗、谁负责。对于人数超过12人的勤工助学岗位设置勤工助学团队，强化岗位指导教师的责任意识，创建勤工助学特色型岗位的活动，劳动育人型岗位、服务育人型岗位、科研创新型岗位、网络育人型岗位、朋辈互助型岗位等一批重点培育岗位。充分发挥全校各个岗位教职员工育人功能，将育人工作融合进学校各个职能部门的勤工助学工作中，学生可以在勤工助学平台收获更多。对于优秀特色型岗位学校将对其岗位数量及经费进行重点保障。

2. *以数据先行、导向指引实现资助工作的特色型精准滴灌*

习近平总书记在全国高校思想政治工作会议上指出"做好高校思想政治教育要因事而化、因时而进、因势而新"，当前信息技术革命给社会带来了颠覆性的影响，伴随网络成长起来的一代，今天的青年学生更是在思维方式和行为习惯上更倾向于网络化表达。我校勤工助学自2020年起全面网络化。岗位设置、岗位发布、岗前培训、简历投递、岗位录用、工资发放、双向互评等均可以在勤工助学功能系统内实现。

网上勤工助学系统利用大数据控制可以精确查询到每个部门设置的岗位数量，在岗人数，家庭经济困难学生人数、家庭经济困难学生工资发放占总工资发放比例等岗位信息。通过系统设置岗位的困难生录用比例，录用人员将优先考虑到家庭经济困难学生，目前我校家庭经济困难学生上岗率近60%。同时通过数据分析将得出全校每一位家庭经济困难学生在校所有岗位上的勤工助学用工及应聘信息，校资助管理中心会根据每一个学生获得的奖助学金数量和勤工助学报酬数量对于家庭经济特别困难学生开展定向帮扶，同时系统会对于已参与勤工助学的家庭经济特别困难学生出现当月无工资收入情况进行预警提示。

学生可以通过勤工助学系统实时查询岗位数量，每周周三下午面向全体学生开放岗位招募，突破原有线下招聘会的形式，让学生更轻松地投递自己的简历，应聘喜爱的岗位。在每月薪酬发放后，用工部门和参与勤工助学学生可以双方进行评价，以年轻人喜爱的外卖平台星级评价方式开展，一个学年内多次荣获五星级评价将纳入优秀勤工助学学生的评定、岗位勤工助学评定结果，将通过学生资助管理中心按月度提醒岗位负责教师，并作为第二学年设置岗位的重要考察。

3. 以提升学生获得感、创新评价激励模式强化育人效果

我校勤工助学培训活动以校资助管理中心岗前培训、各个用工单位岗中培训，易班优课平台线上线下培训相结合的方式的模式开展。将国家和学校勤工助学的管理办法、文明礼仪、办公自动化技术、摄影及公众号编辑技术等融入岗前和岗中培训中，学生必须通过岗前培训方可取得上岗证参与勤工助学活动，可以选择喜欢的岗中培训参加，提升相应的工作技能。

我校在部门岗位勤工助学资助育人的考核中，明确勤工助学的资助育人考核对象、考核内容、考核方式。校内用人单位育人考核结论与单位岗位设置直接挂钩。用人单位以报告的形式汇总本单位勤工助学育人工作，主要包含如何关心学生生活学习情况，与学生交流情况，培养学生心理、专业、就业等综合能力，岗中培训开展情况，诚信教育、感恩教育、安全教育、劳动

教育等，总结学生在岗位工作的成长和发展变化。考核优秀的部门将在下一学年的岗位设置中作的重点保障岗位。

在获得感提升方面，学校鼓励勤工助学指导教师与学生多交流，以解决学生成长小疑惑为目的，通过学校勤工助学的资助育人满足大学生的内心需要。通过勤工助学征文、用工部门推荐、勤工助学学生自荐的形式，遴选优秀的勤工助学典型，将其奋斗经历和收获进行展示和宣传，带动更多的大学生参加到勤工助学之中。同时在我校《学生操行评定实施办法》中明确将勤工助学、公益劳动、志愿服务按照15%比例纳入评分细则中，鼓励学生通过课余时间积极参与勤工助学劳动实践。

（四）主要成效

我校跟踪调查了2020级本科生在一个学期内参加勤工助学的情况，共有952人参加勤工助学，平均每人参加2月勤工助学工作；人均工作时长25.5小时，我校专业课中医内科学时为98学时，一个学期4月内平均每月与教师相处时间为24.5小时，学生每月与勤工助学岗位指导老师的相处时间与授课教师相处时间几乎相同，勤工助学融入"三全育人"理念就显得尤其重要。

通过全流程融入育人元素的勤工助学建设，已经将我校校内勤助打造成全体教职工立德树人的特色性平台，通过网络信息化手段的全面介入，让学生和各职能部门的对接更加便捷，通过形式多样的考评考核机制的有效运作，融合全校各个领域教职员工的集体智慧，将我校勤工助学打造成提升学生综合能力和素质的有效途径，是实现全程育人、全方位育人的有效平台。近年来参加西藏专招、西部计划和应征入伍的家庭经济困难学生均有参与勤工助学工作的经历，学校已初步形成"解困—育人—成才—回馈"的良性循环局面。

新时代高校资助育人"双助"模式的实践与思考

上海工程技术大学

一、背景情况

上海工程技术大学坚持以"三全育人"为引领、以劳动教育促提升，着力构建"经济资助+能力扶助"有效融合的"双助"模式，促使家庭经济困难的学生成长成才，实现资助与育人的双重功能。

高校学生资助工作主要包括家庭经济困难学生认定、国家助学贷款管理、各类奖助学金评审及发放、勤工助学管理等具体内容，在实际工作中，都会存在一些标准之外的问题，高校资助体系需要不断地进行完善。2020年是我国"十三五"（2016—2020年）规划的收官之年，也是决战脱贫攻坚、决胜全面建成小康社会的关键之年。2021—2025年是我国国民经济和社会发展第十四个五年计划时期，也是"两个一百年"奋斗目标的历史交汇期，是中国特色社会主义新时代全面建设社会主义现代化强国的开局起步期。面对新的历史阶段，以往单一的经济上的帮扶已经不能满足时代发展的需求，探索构建"经济资助+能力扶助"的资助育人"双助"模式，对实现资助育人效果具有重要的理论意义和现实意义。

（一）落实立德树人根本任务的内在要求

新时代高校要全面落实立德树人根本任务，就必须切实抓好面向家庭经济困难学生的资助育人工作。这就要求资助育人工作始终坚持以社会主义核心价值观为引领，引导家庭经济困难学生树立正确的世界观、人生观、价值观，将个人理想与国家理想有机融合，在拥抱新时代、奋进新时代的过程中积蓄本领、发挥能量、奉献国家，着力强化家庭经济困难学生的实践能力与创新能力。

新时代、新目标、新征程，高校应始终坚持"立德树人"为己任，不断探索，积极构建全员、全过程、全方位的"三全育人"体系。资助育人作为"三全育人"的重要内容，构建资助育人"双助"模式，不仅能够解决学生经济上的后顾之忧，还能充分发挥育人功能，引导学生心怀感恩，帮助学生拓展素质能力，成长为德智体美劳全面发展的社会主义建设者和接班人。

（二）新时代促进教育公平正义的必然要求

教育公平是社会公平正义的重要基础。扶贫先扶志、扶贫必扶智，教育是阻断贫困代际传递的根本之策。构建"双助"模式，就是要推动资助与育人两手抓、经济资助和能力扶助齐头并进，既通过经济资助帮助贫困学子入学就学，也通过技能培训、就业帮扶、思想引导、学业指导、心理疏导等帮助贫困学子成长成才，弥补贫困学子因高昂的技能培训班费用失去学习机会的缺憾，是持续改进高校学生资助工作的重要举措，有着特殊的现实意义。

二、主要做法与成效

近年来，上海工程技术大学坚持立德树人的根本任务，以全面促进家庭经济困难学生成长成才为目标，开展资助育人实践探索。学校通过建立以四项工作制度、两大工作平台为主的"4+2"资助育人体系，着力构建资助育人"双助"模式。

（一）建立四项工作制度，经济资助做细做小做实

第一，建立精准识别制度，实施困难生三级认定与公示模式。以实现"家庭经济困难学生资助全覆盖"为目标，学校构建了家庭经济困难学生认定指标体系，综合考虑区域经济差异、家庭构成、多子女在学、赡养老人、父母收入等50余个指标对困难生进行量化评价；通过采集困难生基本信息、学生访谈和辅导员谈话了解学生的实际情况；实施"学生、学院、学校"的三级认定与公示模式，通过定量和定性相结合来实现精准定位资助对象。

第二，建立科学引导制度，线上与线下调研相结合精准施策。在困难生认定工作结束后，上海工程技术大学以学生现实需求为导向开展调研活动，通过问卷调查、访谈和座谈会的形式了解学生的需求，并利用大数据对学生情况进行统计分析，了解受资助学生的学习和社会实践情况，精准掌握困难生的现实诉求，并遵循家庭经济困难学生的成长发展规律、学生资助工作规律及教育规律，以学生发展为目标精准施策，点对点采取有针对性的育人举措，力求把资助育人工作做到精细化。

第三，细化队伍管理制度，形成四级工作机构的管理模式。上海工程技术大学依托校级学生资助管理中心，发挥各学院的主观能动性，形成了学校资助工作领导小组、学生资助管理中心、学院资助工作小组、班级帮扶小组的层级化的工作机构；依托党政部门管理干部、辅导员导师队伍、校内外学生成长导师、小班主任等，建立了一支多元化的资助育人工作队伍，明确各自的工作职责，保障了工作力量；同时制定了一系列管理制度，开发、完善学生资助信息管理系统，使各项工作有章可循、规范有序、便捷高效。

第四，建立考核评价制度，定性与定量相结合进行全面考评。不定期对资助育人工作进行考核评价，从学校这一客观主体和学生这一主观主体出发，采用定性与定量相结合的评价方法，让考核评价更加真实客观，切实发挥对资助育人工作的导向和把脉作用。

（二）打造两大育人平台，探索能力扶助途径

"双助"模式中，经济资助是基础，能力扶助是重点，二者有机统一于育人这一核心。为确保真正达到资助育人实效，上海工程技术大学倾心打造"勤工助学+"劳动育人平台、"彩虹人生"育人计划平台，作为"双助"模式育人的重要载体，提升资助育人工作成效。

第一，打造"勤工助学+"劳动育人平台。学校建立了勤工助学工作小组—勤工助学中心—勤工助学工作站三级架构，构建多层次的勤工助学育人模式，进行动态化管理（见图1），用工部门和学生通过勤工助学招聘会进行岗位双向选择。充分挖掘学校的行政管理、窗口事务办理等岗位，为学生提

供长期、稳定、多样化的岗位，让学生有机会参与到学校管理工作中。重视对勤工助学学生的关注与培养，为勤工助学学生开展岗前培训、能力提升及就业能力培训，助力学生提升职业能力。举办勤工助学与劳动教育工作交流展示会，开展勤工助学总结和评优等工作，树立先进典型，发挥勤工助学二级工作站劳动育人功能，让"勤工"在"助学"的同时更"助心"，切实增强勤工助学育人的实效性。

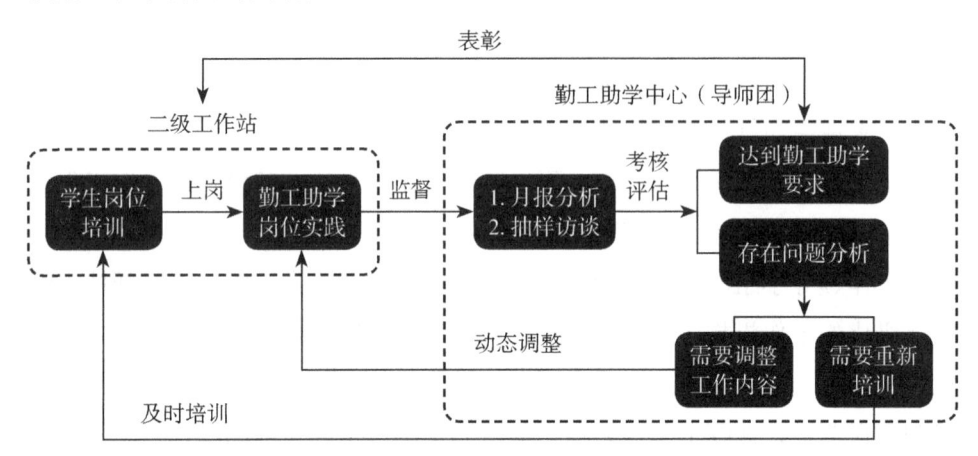

图 1 "勤工助学+"劳动育人工作动态管理

第二，打造"彩虹人生"育人计划平台。学校遵循学生成长规律，着眼于困难学生的未来发展，以引导学生成人成才为目标，通过实施"青柠""绿筏""橙实"计划，构建递进式梯度资助育人体系。

青柠计划：针对青涩的新生，通过勤工助学、国家助学金、校内助学金、社会助学金、助学贷款、临时困难补助、冬令帮困、学费减免等资助项目，切实消除学生经济顾虑，减轻学生的精神负担，帮助困难生在受助过程中受教育、受锻炼、长才干，培养学生自强不息、知恩感恩的良好品质。

绿筏计划：针对不断成长的二、三年级的家庭经济困难生学生，通过各类奖学金、学生技能资助、境外产学合作助学金、励志之星等资助项目，实施发展型资助育人行动计划，积极构建"奖+励志、助+感恩、贷+诚信"的资助育人模式，开展多种形式的资助育人活动。

线下通过在生活园区彩虹桥上展示励志之星先进事迹宣传推广树立典型；线上依托校园媒体矩阵，学校校园网、程园学工微信公众号等平台以生动活泼的形式对各类资助政策和典型事迹进行宣传解读，例如开展"程星闪耀""程园勤人"等主题活动，宣传国家奖学金、上海市奖学金获得者的先进事迹和勤工助学工作中二级工作站的优秀做法、勤工助学优秀指导教师和先进个人的事迹，通过不断地宣传推广树立典型，发挥朋辈帮扶影响作用，激发学生外化于行。

鼓励学生积极参加学科竞赛，参加专业类技能培训班，不断提升专业能力；参加社会实践、公益活动以及勤工助学，提高学生的实践能力、创新能力和社会责任感。此外，学校还积极探索开办技能培训班，坚持以学生需求为导向，通过学生访谈、问卷调查等方式了解学生所需，开设对应的技能培训班，激发学生学习的兴趣和毅力，不断提高学生的能力水平。

橙实计划：针对逐渐成熟的大四毕业生，通过中西部就业补代偿、兵役资助、进藏奖学金等资助项目，重视对学生的价值引领和社会责任教育，鼓励大学生把个人成长与国家发展、国家命运有机结合起来，把个人理想追求融入国家和民族事业中。数据显示，2020年上海工程技术大学实现困难生100%就业。

三、经验与启示

相比传统的学生资助工作而言，"双助"模式的育人优势和成效更为突出。面对新时代赋予学生资助工作的新要求，面对学生成长发展的新期待，高校要进一步丰富"双助"模式的时代内涵，创新思路和方式，推动资助育人工作质量不断提升。

（一）以三全育人引领"双助"模式实施

"三全育人"是新时代高校育人工作必须遵循的理念。在"三全育人"理念的引领下，高校要大力提升资助工作者的资助育人能力，深刻把握学生资助工作规律和学生成长规律，坚持改革创新，健全体制机制，在全员全过程全方位资助育人中推进经济资助与能力扶助深度融合，不断完善"双助"模式，增强资助育人时代感和实效性，更好地为家庭经济困难学生的成长成才保驾护航。

（二）以智慧资助促进"双助"模式发展

步入新时代，高校要借力信息化的优势，将先进的信息技术与资助工作深度融合，研判学生求学期间的经济压力、成长规律及发展趋势，最大限度地实现受助对象的精准识别和资助资源的精准发放；同时，要依靠信息化手段打造多维度、动态化的资助育人"大数据中心"，准确把握家庭经济困难学生成长发展的状态及变化，及时解决其成长中的困惑和问题，为他们提供更多智能化、实时化的成长扶助。

（三）以技术支持提升"双助"服务效能

我校在"双助"模式中，积极探索勤工助学、产学合作教育等劳动育人新形式、新载体，共建校企合作平台，以提高学生的能力水平，引导家庭经济困难学生树立正确的劳动观，勤于劳动、善于劳动、自立自强、全面发展。

（执笔人：刘艳红）

基于上海高校"行走祖国"主题教育的协同育人创新实践

上海应用技术大学

党的二十大报告指出,"我们坚持精准扶贫、尽锐出战,打赢了人类历史上规模最大的脱贫攻坚战""我们党成功推进了和拓展了中国式现代化""着力维护和促进社会公平正义,着力促进全体人民共同富裕";同时我们要"加快义务教育优质均衡发展和城乡一体化,优化区域教育资源配置,强化学前教育、特殊教育普惠发展,坚持高中阶段学校多样化发展,完善覆盖全学段学生资助体系"。教育部2022年工作要点中也明确要求"加强精准资助,推进资助育人,全面落实各项学生资助政策"。

上海市教育委员会、上海市学生事务中心联合上海各高校积极搭建资助育人协同平台,把社会发展成果、多领域资助实践与创新高校资助模式有机结合,形成全体人员参与、全过程、全方位的育人格局。让当代大学生真实了解脱贫攻坚取得的巨大成就,引导当代大学生在实现中华民族伟大复兴的生动实践中大有作为、贡献力量。提升大学生的综合素质,对于增强德育时效性、营造良好校园环境以及推动高校资助育人工作和思想政治教育具有重要意义。

一、案例概述

自2021年起,上海市教育委员会、上海市学生事务中心组织上海高校受资助学生与资助工作者开展"行走祖国"主题寻访活动,拟通过五年时间完成对全国相关省份资助工作的调研走访任务,带领一线资助工作者和受资助学生开展深入学习领会习近平新时代中国特色社会主义思想理论的精髓要义，让当代大学生真实了解脱贫攻坚取得的伟大成就，感受中国共产党人的初心使命，加强大学生理想信念教育，教育引导大学生，尤其是受国家资助的大学生们在实现中华民族伟大复兴的生动实践中贡献青春力量。

二、工作目标与思路

工作目标：理论上，分析高校学生资助育人在脱贫攻坚、乡村振兴和共同富裕阶段的不同理路，明晰不同发展阶段国家资助的发展路径、资助情况和育人现状。在此基础上，分析影响学生资助政策育人效果的因素，探究高校学生资助政策育人效果提升的创新实践路径。实践上，研究联合上海各高校开展"行走祖国"活动，旨在为高校深入开展资助育人工作，提高资助育人效果，促进学生成才发展提供学理性参考；同时也为丰富高校资助育人实践，创新资助育人路径提供实证依据。

工作思路：多学科背景下讨论在脱贫攻坚、乡村振兴和实现"共同富裕"进程中高校资助育人工作新思路，在上海高校"行走祖国"主题教育实践活动中进行行动研究与理论实践论证，主要完成对三个问题的深入研究：一是进一步开发高效资助育人工作资源。感受"脱贫攻坚—乡村振兴—共同富裕"的伟大历史实践，交流整合、提炼归纳高校资助育人工作经验；二是加强高效资助工作的育人环节，调研学生资助工作提效增质的有效方法，将简单的发钱发物转化为注重家庭经济困难学生内生动力的培养；三是探索高效资助育人功能的有效实践，完成资助育人工作的"学思践悟"，探究提升家庭经济困难学生全面发展的有效方式。

三、实施方法与过程

在上海高校"行走祖国"的活动背景下，通过看昨天、看今天、看明天，诚信教育、感恩教育、励志教育模式开展"三看三教育"活动，研究巩固脱贫攻坚成果、服务乡村振兴战略、促进共同富裕实现三个阶段探讨高校资助育人工作开展的实践道路。

具体开展"三看三教育"活动，一是诚信教育：看昨天，以"行走"方式推动做好国家资助政策的宣传教育工作。帮助大学生深入了解国家资助政策、明确困难认定标准及相关流程要求；组织家庭经济困难学生走访农村和边远地区，尤其是革命老区、集中连片特困区，重走习近平总书记走过的"扶贫之路"。通过实地走访困难学生家庭，寻访当地爱国主义教育基地等"走一线，到乡村"的实践体验活动，感受祖国广大贫困地区脱贫攻坚以来的巨大变化，通过与扶贫地区党员干部、基层一线群众、家庭经济困难学生家长的深入交流，挖掘精准扶贫背后的感人故事，体悟国家全面建成小康社会的来之不易，增强大学生的社会责任感，增强当代大学生学思践悟，为实现脱贫攻坚目标点赞，增强当代大学生走中国特色社会主义的道路自信、理论自信、制度自信、文化自信。二是感恩教育：看今天，以"行走"方式开展上海高校家庭经济困难学生的认定复核工作。通过高校联合组团进行交叉复核，提高复核工作的可信度，提升学生资助工作精准率，探索建立全市困难生认定交叉复核工作机制；通过对接一个学生资助工作机构、开展一次国家资助政策现场宣传的方式，以上海高校"资助宣传大使"为抓手，"现身说法"宣传和解读国家学生资助政策，宣传上海各高校的资助工作特色，帮助困难学生了解政策、建立信心、扫除他们求学路上的经济顾虑，帮助他们安心学习、健康成长。三是励志教育：看明天，以"行走"方式增强当代大学生的责任意识和建设本领。通过重点走访省域龙头企业、民族企业、国家重点布局的代表性企事业单位，让在校大学生走进社会、增加实践，将自身成长与家乡振兴、祖国发展相结合；通过召开一次资助工作座谈会，或与在边远和农村基层就业的校友座谈，引导在校大学生牢固树立责任在肩、勤奋学习、砥砺奋斗的远大志向；鼓励大学生坚定理信念、肩负时代使命，在第二个百年奋斗目标中起航新征程，发挥主力军作用，励志新时代大学生把青春华章书写在祖国大地上。

在脱贫攻坚、乡村振兴、共同富裕三个进程中，"行走祖国"主题教育在实践中探讨高校资助育人工作的创新实践方式。

巩固脱贫攻坚成果阶段：资助育人帮助家庭经济困难学生成长成才是阻断贫困代际相传的治本之策，帮助大学生深入了解国家资助政策、明确困难认定标准及相关流程要求，联合上海高校联合组团进行交叉复核，提升学生资助工作精准率；资助育人重点要转向家庭相对贫困学生群体的关注与帮扶，组织家庭经济困难学生走访农村和边远地区，尤其是革命老区、集中连片特困地区、重走习近平总书记走过的"扶贫之路"；通过"行走祖国"的诚信教育，进一步实现更加精准的资助育人方式，通过实地走访困难学生家庭、寻访爱国主义教育基地等"走一线，到乡村"的实践体验活动，引导家庭经济困难学生感受祖国广大贫困地区脱贫攻坚以来的巨大变化。

服务乡村振兴战略阶段：对家庭经济困难学生的人力资本开发，着力培养立志投身乡村振兴的正能量有志青年，安排面对家庭经济困难学生的专项性资助育人活动，帮助家庭经济困难学生提升专业学习能力和综合素质，树立优秀的家庭经济困难学生典型模范，充分培养家庭经济困难学生眼界、能力和技能。通过"行走祖国"的感恩教育，将资助育人与破解乡村振兴的人才短板有机结合并提供助力支持，充分动员上海高校"学生资助宣传大使"开展国家资助政策现场宣传，让在校大学生走进社会、增加实践，"现身说法"宣传和解读国家学生资助政策，宣传上海各高校的资助工作特色，帮助困难学生了解政策，建立信心。

促进共同富裕实现阶段：鼓励学生勤劳和创新，实现高质量的就业，结合家庭经济困难学生的品质特点和目前就创业实际工作中出现的难点，通过提境界、强能力、铺渠道、赋资源四个方面提升家庭经济困难学生就创业能力，实现高质量的就业。资源配置上创造更加普惠公平和有效率的资助育人条件，带领家庭经济困难学生重点走访省域龙头企业、民族企业，国家重点布局的代表性企事业单位，引导和帮助大学生做好回乡创业的职业生涯规划。做好政策的解读，结合学生的实际情况和地方的实际需要，指导学生选择能够胜任的职业。通过"行走祖国"励志教育激发家庭经济困难学生感恩和回报社会的意识和责任感并付诸行动，培养家庭经济困难学生的就业创业能力。带领学生与在边远地区和农村地区基层就业的校友座谈，改变家庭经济困难学生"等靠要"的落后思想观念，培养其不懈奋斗的创业精神。

四、主要成效

上海高校"行走祖国"主题教育历时两年来，深入走访内蒙古自治区、福建、江西等 10 余个省份，访问了家庭经济困难学生 50 余户，跟随习近平总书记的脚步，感脱贫攻坚成果、实现精准资助育人。开展诚信、感恩、励志教育，服务乡村振兴战略。引导家庭经济困难学生树立服务乡村振兴的志向，培养服务乡村振兴的高质量人才；目标导向育人，促进共同富裕实现。培养家庭经济困难学生成为德才兼备的高新人才；充分就业高质量就业回馈社会，报效祖国。

上海应用技术大学连续两年作为这一活动的牵头高校，悉心筹划，精心组织，圆满完成各项调研走访任务，取得预期成效。上海各高校在上海市教育委员会、上海市学生事务中心的领导下，将继续开展"行走祖国"主题教育活动，不忘初心、牢记使命，坚持立德树人根本任务，建立健全学生资助体系，重视开展资助育人工作，继续取得丰硕成果。

点识成金，助力成长

——"学生发展银行"项目

上海立信会计金融学院

一、背景介绍

2007年，上海立信会计金融学院积极响应党中央、国务院相关决策部署，高度重视家庭经济困难学生资助工作，认真贯彻落实《国务院关于建立健全普通本科高校高等职业学校和中等职业学校家庭经济困难学生资助政策体系实施意见》（国发〔2007〕13号）和上海市有关文件精神，不断完善我校帮困助学体系建设，并于2013年建立学生发展银行资助育人创新实践平台（简称学发行）。在认真领会《关于加强和改进新形势下高校思想政治工作的意见》（中发〔2016〕31号）文件精神基础上，我校进一步提出在帮困助学体系中融入思想政治教育核心理念，在松江校区快速推广并复制学生发展银行资助育人新模式，将资助帮困与大学生思想教育、素质提升、专业学习、社会服务高度结合，更加凸显我校诚信教育在资助育人工作中的重要地位和作用，开创了一条具有立信诚信特色的资助育人创新之路。2018年12月，学生发展银行项目荣获2018年教育部"第一批高校思想政治工作精品项目"，我校根据《高校思想政治工作质量提升工程实施纲要》中提出的"要通过构建资助育人质量提升体系提升高校思想政治工作质量"的具体要求，依托高校第一批思想政治工作精品项目继续推进学生发展银行建设。

二、主要做法与成效

（一）工作思路

学生发展银行（以下简称"学发行"）将资助工作与学校行业优势和金融专业背景特色紧密结合，依托校内各类学生奖助学金项目，搭建学生自我运营、自我管理、自我服务、自我教育的资助育人实践项目。学发行以增强学生诚信意识和感恩意识为核心目标，通过"经济解困+能力培养+学业帮扶+心理疏导+素质提升"五位一体的资助工作体系，借鉴商业银行工作模式，将学生的受资助金额折算成"虚拟成长币"，通过学发行"信贷"方式发放学生，学生通过专业学习、志愿服务、社会实践、学业帮扶、社会活动等形式予以偿还贷款。学生发展银行自2013年创建以来，每年客户数量达千余人，在提升思政教育水平，传播诚信文化理念，促进学生综合素质发展等方面发挥了重要作用，形成了"解困、育人、成才、回馈"分层递进的帮困助学体系，构建了立体式资助育人模式，目前已成为我校颇具影响力的诚信育人特色品牌。

（二）实践过程

2013年5月，学生发展银行经过5个月的硬件、软件的调研策划和全面考察后开始了为期6个月的试运营。通过模拟我国商业银行的管理结构与运营模式，以"资助促进成长"为核心理念，以"点识成金，助力成长"为行训，学生发展银行于2013年11月正式运营，成为了全国首创的学生资助育人平台。2013年至今，学生发展银行项目成功在立信校园中试点运营8年，期间不断完善自身业务模式，前期精耕于贫困学生"成长币"偿还核心业务，强化资助育人导向，之后在核心业务的基础上拓展了"一生一档"档案管理业务、困难学生日常消费情况核查业务和勤工助学业务，实现物质帮助、道德浸润、能力拓展、精神激励的有效融合，最终构建起立体化资助育人服务体系。

自2013年创办以来，学生发展银行累计服务学生客户10081人次，每年服务客户量约1500名，是著名的"诚信育人特色品牌"。2015年11月，学生发展银行的全新资助育人模式成功在重庆工商大学推广运营。2019年

12月，上海松江六校来我校进行学生发展银行资助育人新模式的实地观摩学习，为之后在上海乃至全国各高校推广学发行资助育人模式奠定坚实的基础。

（三）特色做法

学生发展银行由学校学生资助中心分管，学生发展银行的管理结构、运营模式参照我国商业银行，依托完整的"组织链"，监督保障资金精准发放和合理利用。在组织架构方面，下设理事会与监事会，具体设立风险管理部、总行营业部、客户业务部、客户发展部、科研创新部、总行办公室六大部门。所有银行职员由学生担任，是一个大学生自我运营、自我管理、自我服务、自我教育的学生自治组织。银行岗位分为：行长、客户经理、综合柜员、柜员等。在运营管理方面，项目的运作流程包括家庭经济困难学生建档立卡、个性化制定偿还计划、风控审批与核查、柜面办理偿还登记、后台监督及催收等业务。在审核监管方面，学发行采取学生自我监督，自我核查的方式，定期采用分层抽样、整群抽样和系统抽样等方法，核查"客户"消费能力。详见图1。

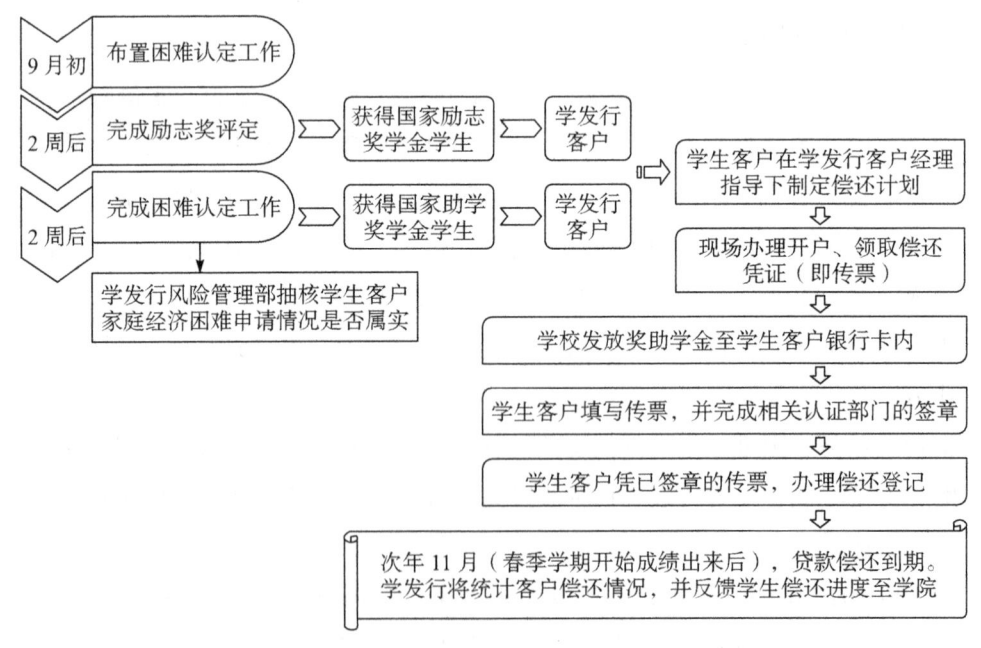

图1 学生发展银行工作流程图

（一）立足"立信"诚信文化，体现诚信育人特色

学发行项目是学校开展诚信教育的有效载体，自2013年创办以来，每年服务学生客户约1000余名，2016年新校成立后，每年服务学生客户约2000余名，8年来学生发展银行累计服务学生客户约10081人次。基本覆盖家庭经济困难学生，学生人均还贷点数逐年提高。学生通过成长币的积累和增长，不仅完成了对国家、社会、学校的承诺，而且收获了成长，懂得了感恩。项目的源起与开展充分结合学校诚信教育特色，将诚信教育理念贯穿学发行项目始终，让学生充分参与到资助中，增加学生参与度，以资助工作增强学生的感恩意识和诚信素养。

（二）立足金融专业特色，实施精准资助

学发行项目立足学校金融学、经济学特色，通过虚拟银行的运行模式，每年在全校范围内招收新行员300余名，为其提供实践平台，为学生营造一种仿真的金融行业环境。这个项目作为学生职业素养和技能教育的一种新的实施手段，把自我服务与学生职场实习相结合，在服务"客户"的过程中激发学生参与的积极性和职业素养能力的提升，与中国银行等多家金融机构建立学生实习基地，学发行每年300余名的行员将优先拥有进入大型金融机构实习就业的机会。

立足学发行学生自治组织，不断探索服务社会的精准资助模式，在建档立卡的基础上，实行动态名单制度。通过相应核查机制，关注学生个人消费情况和家庭经济情况，建立家庭经济困难学生等第动态调整机制，提高有限资金的流动性和实效性，为最需要的学生提供最及时的帮助。同时对偿还突出的学生加大奖励力度，对不能较好偿还的学生实行一定的惩戒。

（三）立足朋辈教育，资助榜样作用不断突显

学发行积极策划，协助学生资助管理中心举办资助榜样颁奖典礼，2017年4月举办首届"立信·榜样"颁奖典礼，奖励2017年度各级各类奖学金、个人奖、集体奖获得者，树立了先进典型、榜样引领作用，颁奖典礼也逐渐成为构建物质帮助、道德浸润、能力拓展、精神激励有效融合的资助育人长效机制中的重要一环。学发行优秀行员在由全国学生资助管理中心主办的2018年第五届"助学·铸梦·铸人"主题宣传活动中，荣获全国三等奖，在2019年上海市学生资助管理中心举办的"我与祖国共成长"征文活动中荣获

上海市一等奖。2020年基于项目申报的《大学校园里的虚拟币银行——学生发展银行》项目获第十二届"挑战杯"上海市大学生创业计划竞赛银奖；同年，项目经"直通车"选送获第十二届"挑战杯"中国大学生创业计划竞赛全国决赛银奖。

学生发展银行所获荣誉汇总如表1所示。

表1 学生发展银行所获荣誉一览表

时间	内容	级别
2013年6月	市教委资助工作特色项目	上海市教委 上海市学生资助中心
2014年3月	上海市资助特色项目代表在2014年上海市资助工作会议上做专题发言	上海市教委 上海市学生资助中心
2014年5月	《学生发展银行项目的探索和实践》一文，荣获2013上海市高校学生资助工作论文优秀奖	上海市教委 上海市学生资助中心
2014年9月	学生发展银行项目荣获校级精神文明优秀项目	校级
2015年	上海高校辅导员工作培育项目	上海市教委
2016年3月	2014—2015学年校级先进集体	校级
2017年3月	2015—2016学年校级先进集体	校级
2018年3月	2016—2017学年校级先进集体	校级
2018年4月	全国学生资助工作推荐学习单位	教育部全国学生资助管理中心
2018年12月	第一批高校思想政治工作精品项目	教育部
2019年3月	2017—2018学年校级先进集体	校级
2019年5月	学生发展银行大学生易班网络文化工作室成功申报2019年大学生易班网络文化工作室	校级
2020年3月	2018—2019学年校级先进集体	校级
2020年9月	"大学校园里的虚拟币银行——学发行"项目荣获第十二届"挑战杯"上海市大学生创业计划竞赛银奖	市级
2020年11月	"大学校园里的虚拟币银行——学发行"项目荣获第十二届"挑战杯"中国大学生创业计划竞赛全国决赛银奖	国家级

坚持立德树人，充分发挥资助育人效能

上海杉达学院

一、背景介绍

学生资助工作，是党中央提出的"立党为公，执政为民"根本要求的体现，是实施"科教兴国"和"人才强国"战略的重要保证，是为维护学校乃至社会稳定、增强大学生对党和国家热爱之情的重大措施，更是"教育公平"的有效手段。2020年，是国家完成"脱贫攻坚战"的关键之年，学校领导高度重视学生资助工作，完善学生资助工作制度，及时调整学生资助工作领导小组以更切实有效地领导学生资助工作的开展。学校构建"奖、勤、助、贷、补、免"六位一体的学生资助体系，充分发挥十大育人体系中"资助育人"的功能，通过保障型资助、造血型资助、激励型资助、提升型资助、关怀型资助五大分支落实各项资助政策、确保没有一个学生因为家庭经济困难而辍学，鼓励学生自信、自立、自强。

二、主要做法与成效

（一）保障型资助——发挥学生资助工作"托底"功能

家庭经济困难学生认定工作是学生资助工作的基础，学校实事求是、公平、公正、公开地开展家庭经济困难学生认定工作，学校家庭经济困难学生认定工作采用四级认定模式，即班级认定评议小组评议、学院认定工作组认定并公示、学生资助中心复核并公示五个工作日、校学生资助工作领导小组讨论通过。2020年春季，学生资助中心完成854名学生的家庭经济困难学生认定工作。为对照上海市教育委员会等四部门于2019年8月印发《上海市家庭经济困难学生认定工作实施意见》，学生资助中心及时发布《上海杉达学院关于做好2020—2021学年家庭经济困难学生认定工作的通知》，将认定标准由原先的特殊困难、特别困难、一般困难调整为特别困难、比较困难、一般困难，并引入"高校学生家庭经济情况量化测评指标体系"，对学生家庭经济情况进行定量评价。2020年秋季，学生资助中心完成919名学生的家庭经济困难学生认定工作。

学生资助中心依托各类助学金、国家助学贷款等"保障型资助"，给予困难学生经济资助，为困难学生提供经济保障。2020年，学校共发放春季国家助学金144.41万元，获助学生数为854人；发放秋季国家助学金155.445万元，发放学生数为919人；发放新生助学金51.75万元，获助学生数为203人次；评审产生15名特别困难学生获"智瑾奖助学金"，发放奖助学金共计12万元；评审产生20名特别困难和比较困难学生获"徐国炯奖助学金"，发放奖助学金共计6万元。学校大力拓展社会资源，争取更多资助机会，接受上海市甬协公益基金会对我校3名学生进行的资助，资助金额合计1万元；接受上海市红十字会对我校6名遭遇重大疾病学生的"红十字高校学生助医项目"救助款，资助金额合计2.55万元。学校积极开展国家助学贷款工作，确保学生应贷尽贷，向5名学生发放校园地国家助学贷款，共计4.8万元；帮助1名2020级新生成功申请校园地贷款；协助775名学生办理并获得生源地助学贷款，获得贷款金额619.25万元；做好前三季度贴息工作，共计贴息金额0.56万元。学校协助24名毕业生做好农村任教学费补偿工作，共计申请学费补偿64万元；协助1名毕业生做好农村基层就业学费补偿工作，申请学费补偿3.2万元；协助4名毕业生申请中西部基层就业学费补偿工作，共计申请金额12.8万元，今年发放补偿款7.47万元。

（二）造血型资助——发挥学生资助工作"自助"功能

学校重视困难学生的实践与劳动教育，鼓励学生通过自己的劳动自我解困。学生资助中心依托勤工助学等"造血型资助"发挥学生资助工作的自助功能,向900人次的困难学生提供校内勤工助学岗位,发放勤工助学工资41.6万元。学校鼓励困难学生参与社会公益劳动,并将公益劳动作为智瑾奖助学金和徐国炯奖助学金获奖后必须完成的工作之一。

(三)激励型资助——发挥学生资助工作"励志"功能

学生资助中心通过奖学金评选等"激励型资助",在学生中树立典型、表彰优秀,以点带面促进学风建设,如国家奖学金、国家励志奖学金、上海市奖学金、上海励志奖学金、上海杉达学院励志奖学金、谢希德奖学金、新生奖学金等。学生资助中心依靠"提升型资助"发挥资助工作"强能"功能,通过开展"我为资助代言"学生资助宣传大使评选活动、"大学生自强之星"评选活动,为困难学生提供展示自我的平台,提升学生综合能力。外语学院顾佳宝获得"青春力量 责任担当"志愿抗疫优秀案例二等奖,学校获得优秀组织奖。

学生教育处开展各类奖学金与荣誉称号评选活动,评审和上报国家奖学金获奖者23名、上海市奖学金获奖者32名、国家励志奖学金获奖者270名,并经教育部和上海市教委审核通过,发放国家奖学金18.4万元、上海市奖学金25.6万元、国家励志奖学金135万元;鼓励家庭经济困难学生自我解困,授予64名学生上海杉达学院励志奖学金,合计发放励志奖学金16万元;授予2400人次谢希德奖学金,合计发放谢希德奖学金176.53万元;树立新生中的典型,授予108名新生"上海杉达学院新生奖学金",合计发放新生奖学金55.3万元。学生教育处做好优秀毕业生评审工作,授予417名学生为"2019年上海杉达学院优秀毕业生",推荐203名学生申报上海市优秀毕业生并获确认、表彰;组织开展了2020年学校"大学生年度人物""大学生自强之星"的评选,授予10名学生"2020年大学生年度人物"荣誉称号,授予10名学生"2020年大学生自强之星"荣誉称号,以优秀的青年群体形成示范带动效应。

(四)关怀型资助——发挥学生资助工作"暖心"功能

学校不仅重视对困难学生的经济资助,也重视给予困难学生"精神资助"。学校开展各类"暖心型"资助活动,如"冬季送温暖"系列活动,"夏季送清凉"系列活动,"中秋节、国庆节"双节慰问活动等。通过这些活动,邀请校领导与困难学生共进午餐，为困难学生搭建与校领导面对面的桥梁，校领导直接倾听困难学生在学习、生活、工作上的烦恼，并提供解决途径或者给予激励。学生资助中心通过"关怀型资助"发挥学生资助工作"暖心"功能，如开展"冬季送温暖"活动、"夏季送清凉"活动、"中秋节、国庆节双节慰问"活动等，为 100 人次的困难学生发放合计 5.06 万元的返乡车费补贴，向 30 名困难新生额外发放了以生活用品为主的新生大礼包。学生资助中心会同征兵办、教务处、财务处做好 78 名应征服义务兵役学生的学费补偿申报，涉及资助金额 148 万元；做好 59 名退役义务兵的退役复学学费减免申报，涉及资助金额 121.6 万元；为多位因服兵役致残学生做了全额学费减免，减免金额合计 10.2555 万元。

学校构建"三全育人"育人体系，以学生资助中心为主体，号召多部门、各学院通力合作，齐心做好学生资助工作。学生资助中心增进与各处室、各二级学院的联系，推荐专业对口的困难学生参与各处室、各二级学院的勤工助学工作，不仅使学生通过勤工助学解决经济上的困难，更因为专业对口，提升了自身专业能力和综合素质。学生资助中心联合就业指导办公室、心理咨询中心为困难学生提供就业上的帮助和心理上的指导，并协助就业指导办公室对困难学生做了求职补贴的发放。学生资助中心会同征兵办、教务处、财务处做好应征服义务兵役学生的学费补偿、贷款代偿申报等工作。

高校困难大学生面向就业的资助工作创新

上海视觉艺术学院

一、背景介绍

就业是民生之本，也是高等教育人才培养之基。在高等教育日益普及的今天，高校学生的就业问题关系着千家万户，特别是对于困难大学生来说，能够顺利就业不仅关乎着其个人的发展和前途，甚至会对困难大学生整个家庭的命运产生影响。

（一）高校困难大学生就业现状

近年来，伴随着每年高校毕业生人数的持续攀升，就业形势日趋严峻。高校困难大学生作为就业中相对弱势的群体，严峻的就业形势对其的影响更为突出。与普通高校大学生相比，困难大学生就业主要存在着以下突出问题：

一是就业观念相对保守，对职业发展缺少规划意识。困难大学生由于家庭、成长境遇等多方面的原因，家庭经济压力、心理负担都比较重，非常希望能够通过就业改变家庭情况、解决经济问题。在此情况下，对待就业往往希望能够一蹴而就，期望值比较高，对职业未来发展、岗位是否与自身素质相适应等问题考虑不多。困难大学生很容易因急于就业而错失良机。

二是就业签约相对滞后，就业质量相对较低。高校毕业生就业除学校提供就业信息、网络渠道获得就业信息之外，家庭及社会关系提供就业信息和就业渠道也是高校毕业生就业的重要方式。对于困难大学生来说，家庭及其主要社会关系所能够提供的就业信息或者是能够帮助毕业生进行就业的能力非常有限，大多数情况下需要困难大学生独自面对就业问题。在严峻的就业形势之下，在急于就业的压力之下，就业质量相对不高。

三是困难大学生就业心态不成熟、就业能力不高。在教育实践中可以发现，很多困难大学生不但在物质方面表现出困难，还因为物质困难而造成自卑、焦虑、敏感、急躁等不良心理，进而形成物质与心理的"双重困难"。再加上大学生社会阅历较浅、对贫富差距等社会现象不能正确客观看待，会产生偏激心理。在就业能力方面，困难大学生在专业知识学习中分化比较明显，由于经济等原因综合素质相对偏低。

（二）当前高校资助工作存在的不足

困难生资助工作一直是高校学生工作的重点内容，在当前精准扶贫的新阶段中，让大学生在学习过程中不因困难原因对学生的学习、生活、心理造成影响已成为高校困难生资助工作的目标。近年来，"国家—地方—高校"制定了多层面的资助政策，形成了以"奖、助、贷、勤、补、减、偿"为主要内容的资助体系，在很大程度上解决了困难大学生在校学习期间的生活问题。但是在实践中发现，高校困难大学生资助工作重在保障高校困难大学生能够顺利完成学业，对学生毕业后的就业问题关注不多；看似多层次多路径的资助工作，对困难大学生就业能力提升和发展能力提升的帮助不大。存在的不足主要表现在三个方面：

首先，高校资助工作重"输血"轻"造血"。"救济性""保障性"是高校资助的根本特征，该特征也决定了高校资助工作往往是从经济层面出发，从困难大学生生活保障落脚。在扶贫工作受到重视的今天，很多困难大学生多年来习惯性地接受各种资助，易滋生依赖心理，高校、个人对"造血"能力培养不重视。

其次，对高校困难大学生成长需求缺少关注。困难家庭的形成有多种原因，有的是当地经济发展落后，有的是由于家庭的变故和不幸。困难大学生由于经济、物质相对贫乏，主动参与社会活动的意愿不强烈，自我发展的积极性和主动性比较低。而高校困难生资助过程中，对学生思想、心理的成长需求关注不够，对学生就业所产生的目标缺失、就业焦虑有所忽略。

再次，高校忽视了对困难大学生就业能力和创业素养的培养。很多高校困难学生资助相关工作人员认为专业知识的学习、职业技能的掌握就是学生能够得到很好就业的保证。在当前就业形势下，专业知识、职业技能仅仅是学生能够良好就业的基础，除此之外，还要帮助学生特别是困难生掌握一定的就业能力和创业能力。

二、主要做法与成效

（一）主要做法

为切实解决困难学生的就业困境，提升困难学生就业能力，项目组在学校的帮助和支持下整合各方资源，从多方面努力推动形成合力，增强困难学生的就业竞争力。

1. 构建基于"互联网＋"的全程化就业服务平台

伴随着信息技术的不断发展，各个高校普遍开展了校园信息化或者是数字化建设。为了方便快捷地开展困难大学生资助工作，很多高校依托互联网技术构建了学生资助互联网平台，运用大数据技术和信息技术有效提高了高校困难学生资助工作的工作效率。同样，为了提升困难学生就业能力、解决就业困境，学校在学生资助平台的基础上构建了基于"互联网＋"的全程化就业服务平台。

该平台所能够实现的主要功能有：一是困难学生的精准识别功能，在大数据技术的帮助下，平台能够搜集学生在校期间的消费、餐饮、学习以及参与学校活动等方面的数据，综合学生在校期间的学习、生活表现，实现困难学生的精准识别和靶向认定；二是政策宣传、办事流程公示功能，教育部、省市教育主管部门以及学校都制定有详细的困难学生资助政策，平台能够对教育行政主管部门、学校的资助政策进行宣传，让困难大学生了解困难资助政策，知道资助的具体办事流程；三是就业培训与指导功能，从学生入校开始，平台就通过已就业学生、优秀校友、企业高管在线访谈的形式向困难学生分享和介绍就业心得、职业发展经历和岗位需求，同时还在平台中提供预约式的就业咨询与就业指导，搭建全程化就业服务；四是提供学习资源功能，平台一方面提供相应的知识学习资源，另一方面提供大量的就业能力学习资源和心理健康辅导资源；五是提供就业信息推荐服务，就是将从各种渠道获取的就业信息推送给困难学生，同时让学生了解就业创业的相关政策，实现就业引导。

2. 开展精准化技能培训，促进实践实习与就业结合

第一，开展精准化的技能培育。掌握扎实的专业技能是学生实现良好就业的基础，更是提高困难学生就业能力、实现职业发展的保证。上海视觉艺术学院按照《教育脱贫攻坚"十三五"规划》要求，积极引导上海视觉艺术学院困难学生参加各类科技与创新赛事、专业相关技能比赛，并为学生提供充分的赛前指导和专业培训；结合学生职业发展需要，鼓励困难学生考取技能证书，并为困难学生提供技能证书免费培训机会；按照学生职业发展规划和学习方向，为困难学生提供精细化的技能培养，以增强困难学生的就业竞争力。

第二，校内教学实践、校外实习与就业的有机结合。校内教学实践、校外实习是高校教育教学的重要部分，同时也是高校教学与学生职业发展的重要结合点。在校内教学实践中，可以将岗位实际项目按照教学内容进行适当的优化作为校内教学的实践项目，从而实现通过校内教学实践培养学生的实际生产能力，实现教学与生产、教学与工作的一体化；在校外实习中，学校有意识地将优秀困难学生介绍给实习单位，让学生通过实习接触用人单位，既培养学生的职业视野又便于困难学生通过自身努力与实习单位达成就业协议。

第三，充分发挥科技园、创业园的优势。大学科技园、大学生创业园是科研成果转化、产学研一体的重要场所，一般情况下学院对学生进驻科技园、创业园有一定的补贴。学院一是鼓励困难大学生到科技园、创业园进行实践，在帮助困难学生解决一定经济问题的同时，为学生将来就业、创业积累经验；二是将学生资助工作与创业园入驻结合起来，优先考虑困难大学生入驻创业园，并给予一定的优惠条件或者补贴，培养学生的创业能力。

3. 入学初期，做好困难生的早期职业生涯规划教育

有调查表明，高校学生中在入校之初就已经明确自己学习目标和就业目标的学生占比大约为20%，其余学生对于自己大学学习和就业并没有明确的规划。因此，高校可以改变将职业生涯规划课程开设至最后一学年的常规做法，将职业教育改在入学之时并且在贯穿于整个大学时期，对于学生明确就业目标和职业发展目标更有帮助。如果能够在入学之初就帮助学生明确就业目标和职业发展目标，能够帮助学生规划管理学习时间、调整学习状态，向着已明确的目标扎实前进。

与普通学生相比，困难学生就业渠道相对单一、考研升学的意愿相对偏低，更需要做好早期的职业生涯规划教育。一方面，学校在大一开设职业生涯规划的相关课程，由专业教师向学生们介绍职业生涯规划的重要性，介绍学生树立职业发展目标、职业生涯规划的一般方法；另一方面，由辅导员、专业导师、优秀困难毕业生代表组成职业生涯规划指导队伍，优困难毕业生在开学之初以讲座的形式介绍自己的职业发展，发挥榜样的力量，辅导员和专业导师结合每一位困难学生的具体情况和所学专业，再进行个性化的职业生涯规划指导。

4. 强化就业教育，提供精准就业服务

进入高年级（三、四年级）之后，学院针对不同专业的困难学生开展一系列的、具有就业岗位针对性的就业教育。主要包括语言表达能力、信息搜集与运用素养、人际交流与沟通能力、团队协作与协调能力、综合素质拓展、心理健康教育等内容，在专业知识与技能学习中注重培养学生专业岗位技能和专业知识运用能力。尤其要重视困难学生的心理健康教育，并将心理健康教育贯穿于整个大学阶段。定期对困难学生进行心理健康普查，定期举办心理健康讲座，对普查中发现的存在心理问题的学生进行心理咨询和心理辅导，帮助困难学生实现心理健康发展、形成健康人格。以健康心理，助推困难学生实现良好就业。

每一个困难学生，所学专业不同、个人情况不同、家庭状况不同，对于就业需求也是不一样的。学院利用基于"互联网+"的全程化就业服务平台，在搜集学生个人情况、家庭状况和就业意向的基础上，可以通过困难学生数据分析，提供精准就业服务。通过平台，帮助学生进行就业分析、找准就业方向，同时向学生推送相关的就业课程和精准的就业信息。

5. 对困难大学生组织开展 NFTE 创业教育

创业是高校大学生毕业之后职业发展的重要方向之一，特别是"双创"工作倡导以来，高校毕业生掀起了创新创业的热潮，在促进毕业生就业的同时带动了社会经济的活力，推动社会经济发展。但是从高校毕业生创业结果来看，很多高校毕业生对创业的准备不足、创业能力相对不高，甚至部分高校毕业生还存在着"盲目创业"的情况，整体创业的质量并不高。对于困难大学生来说，所能够承受创业失败的能力相对比较低，这种情况下就需要在就业教育增加创业教育的内容以提高困难学生的创业能力。特别是在当前互联网时代下，一方面，创新创业能力是大学生立足社会、参与社会竞争的必要条件，同时也是自身综合能力提升和发展的必要条件；另一方面，"互联网+"背景下创新创业教育与就业指导相融合有助于破解用人单位和院校之间在人才供需方面存在的结构性矛盾；最后，在互联网时代背景下，高校学生创新创业能力提升是我国创新型国家建设的需要。

NFTE（the national foundation for teaching entrepreneurship）是美国国家创业指导基金会的简称，主要是在全世界范围内开展创业教育的普及工作。NFTE创业教育主要是针对受过中等以上教育的个人，最早由史蒂夫·马里奥特创办。2003年，北京光华慈善基金会开始与NFTE合作，在国内推广NFTE创业教育的相关课程。与其他创业课程相比，NFTE创业教育相关课程易学易用，实用性、趣味性比较强，而且在课程学习过程中强调学员的参与和潜力的开发、注重理论学习与实践活动的有机结合，最终帮助创业者掌握创业所需的基本思路和基本技能，实现正确创业与自我发展。

在调查上海视觉艺术学院困难大学生个人职业发展和创业意愿的前提下，遵循自愿参与原则，上海视觉艺术学院在暑假期间举办了NFTE创业教育课程培训班。目前，培训班主要采取在线教育与直播互动的方式进行。本次困难大学生NFTE创业教育课程培训班的目标主要有：一是帮助学院困难大学生树立正确的创业意识和商业意识，让困难学生挖掘自身创业潜力的同时能够客观评估自己的创业能力；二是教会困难大学生创业与经营所需要的基本知识，帮助学生掌握创业与经营的基本思路、所需的工具和技能；三是能够通过创业课程培训，帮助学生树立自食其力意识，树立家庭责任和社会责任意识。课程的内容分为商业机会、市场营销、财务管理与综合知识四大模块，四大模块的具体内容有：商业机会的内容主要有创业潜力分析、商业机会识别、市场消费者需求分析和市场供求规律分析；市场营销的内容主要包括市场调研、市场营销、销售与谈判四项课程；财务管理同样包含了四课，分别是财务记录、财务报表、成本与盈亏平衡点分析、投资回报率计算；综合知识模块同样包含四课内容，分别是企业形式与注册、企业的社会责任、特许经营和创业计划书。

（二）主要成效

其一，创新了基于困难生就业视角的高校资助工作方法。首先，项目组结合当前高校困难学生就业现状和困难学生资助工作中存在的问题，依托学院尽快建立困难生资助平台，参考其他高校的经验做法，构建"互联网+"的全程化就业服务平台，实现了全程化就业服务和精准化就业服务；其次，结合困难学生存在的就业困境，提出了入学初期开展早期职业生涯规划教育、中期知识学习实践实习与就业有机结合、高年级（三、四年级）开展一系列具有就业岗位针对性的就业课程的全过程就业教育体系。

其二，提高了高校困难大学生的就业意识和就业能力。与普通大学生相比，困难大学生对于就业的期望度更高，但是受限于成长环境等多方面的原因，困难大学生就业渠道相对单一、就业视野受限，综合就业竞争力不强。项目从培养就业观念出发，重视困难学生心理健康发展，拓宽学生就业视野，帮助学生树立正确的就业意识和职业发展意识；以夯实学生知识技能为重点，利用资助政策和资金杠杆引导和鼓励通过参与赛事、考取证书、创业实践等方式提升职业能力；以提升学生就业竞争力为终点，帮助学生做好职业生涯规划，提升综合素养。

其三，激发和培养了高校困难大学生的创业激情和创业能力。在调查上海视觉艺术学院困难大学生个人职业发展和创业意愿的前提下，遵循自愿参与原则，学校在暑假期间采取在线教育与直播互动的方式举办了 NFTE 创业教育课程培训班。通过几天的课程学习，帮助我校困难大学生树立了自信心，激发了学生的创业激情，提高了学生创业能力。

三、经验与启示

一是高校困难大学生资助工作要将"扶困"与"扶智""扶志"相结合。在高校困难学生资助工作中，"扶困"是基础，帮助困难学生实现良好就业并且实现良好的职业发展进而纾解困难才是目标，而要实现这一目标，"扶智"与"扶志"是必经的过程，因此需要在完善高校资助"扶困"功能的同时，进一步在资助工作中加大对"扶智"与"扶志"的支持。在具体的工作中，一方面，要坚持"资助育人"的导向，培训学生正确的就业观；另一方面，要创新资助工作的育人形式，以形式、内容推动困难学生综合素质的提升；最后，要建立"资助育人"的完整体系，实现全过程育人。

二是高校在困难大学生资助资源分配中要经济资助与项目资助结合，"输血"与"造血"功能兼顾。经济资助一直是高校困难学生资助的主要方式，但是从实践效果来看，虽然经济资助方法直接、效果明显，但是育人效果并不是很好，没有发挥出资助的最大效果。高校在资助资源分配过程中，要在保证国家规定的助学贷款、助学金的基础上，拓宽资助资源应用渠道，加大职业技能培养、创业实践、勤工助学等投入力度，在"输血"的同时注重困难学生"造血"功能的培养。

（执笔人：丁丹丹）

以爱为魂，铸梦成才

——构建"521 大爱铸梦"发展型资助育人工程

上海电子信息职业学院

一、背景介绍

　　党的十九大报告强调，"坚持大扶贫格局，注重扶贫同扶志、扶智相结合"。在党和国家精准扶贫战略下，贫困人口不断减少，到 2020 年，我国现行标准下农村贫困人口实现脱贫，贫困县全部摘帽，实现脱真贫、真脱贫。随着物质上的贫困问题得到有效解决，贫困学生因物质匮乏、成长环境单一所带来的理想信念缺失、机会能力不足、视野狭窄受限、心态消极悲观、感恩意识薄弱等精神贫困问题将凸显出来。因此，新时代下的学生资助工作要结合时代背景，转变工作模式，重视和解决贫困学生在精神、机会和视野上的"贫困"，进一步强化资助育人功能，将保障型资助向发展型资助转变，从对贫困学生的群体关注转向更关注学生的个性化特点，让每一位贫困学生都能够享有与祖国和时代一起成长与进步的机会。我校不断总结、提炼我校学生资助工作的新思路和新方法，在促进扶贫与扶志、扶智深度融合的基础上，创造性提出扶爱理念，积极构建"521 大爱铸梦"发展型资助育人工程，大爱精神作为项目的核心与灵魂，不仅指国家、社会对贫困学子前途与命运的高度关爱，更蕴含着社会和谐、人民生活幸福的美好愿望，引导学生心中有爱、肩上有责、不懈奋斗。"铸梦"指的是引导学生将个人的理想与中华民族伟大复兴中国梦紧密结合。项目整合了学校原来的资助品牌项目和育人资源，搭建系统化、阶梯式的学生综合发展体系，在同类高校资助育人工作中具有一定的示范作用，促进高校资助育人工作的成效。

我校"521大爱铸梦"发展型资助育人工程坚持立德树人根本任务，立足于家庭经济困难学生的实际情况和学校人才培养目标，以促进学生终身发展为目的，立体打造"综合素质提升""积极心态塑造""慈善爱心行动""理想信念教育""职业能力锤炼"五个平台（如图1所示），通过成长积分制度、天鹅计划两个抓手，围绕资助育人一条主线，开展物质资助、能力拓展、精神激励和道德浸润有机融合的"五个平台、两个抓手、一条主线"的发展型资助育人体系，构建起全员育人、全方位育人和全过程育人的工作模式，激发学生的内在发展动力，引导家庭经济困难学生坚定理想信念、提升综合素质、提高学习成绩、锤炼职业技能、塑造积极心理、开展爱心回馈，使扶贫、扶智、扶志、扶爱紧密结合。

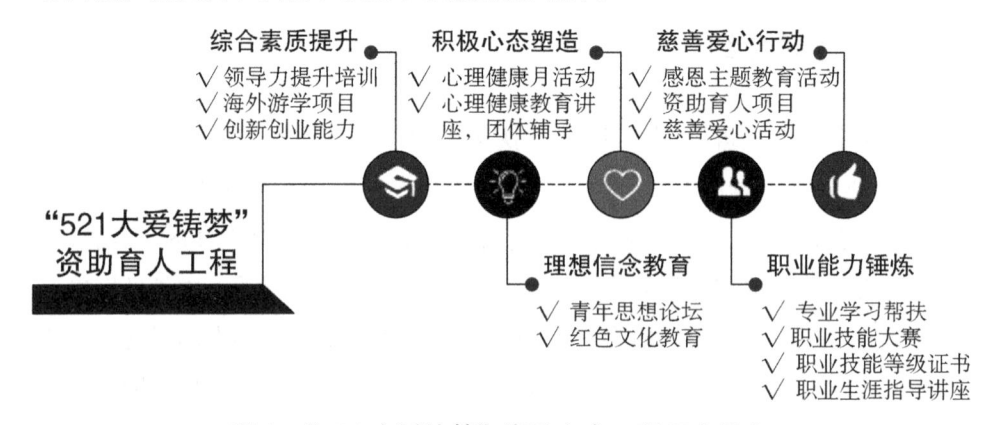

图1 "521大爱铸梦"资助育人工程五大平台

二、主要做法与成效

我校紧紧围绕发展型资助育人理念，在上海市教委专家领导的建议下，不断提高认识水平，依托学校资助育人工作团队，对我校近三年家庭经济困难学生的基本情况作了分析，对家庭经济困难学生有待提升的综合能力进行梳理，整合现有的工作基础和育人资源，创新工作内容和方式方法，通过"五个平台、两个抓手"，从思想、学业、技能、文化素养等各方面提升学生发展能力，具体包括以下几个方面：

（一）搭建理想信念树立平台，将资助育人工作与思想政治教育工作紧密结合

积极组织红色教育基地参观、暑期社会实践等活动，让学生在实践中增长才干、拓宽视野、陶冶情操，树立坚定的理想信念和积极乐观的人生态度。依托"读书·时政"研习会——青年思想论坛，为学生提供学习交流的平台，让理论思想真正走进学生内心，教育引导青年学生成为信念坚定、品德优良、知识丰富、本领过硬的新时代社会主义建设者和接班人。依托学校关工委的老教师、老模范、老专家资源，组织开展"走进榜样人物"人物访谈、"我与老同志面对面"座谈会等育人活动，积极发挥关工委老同志在学校思政教育中的作用，强化精神引领，引导学生树立正确的人生观、世界观和价值观。

（二）搭建职业能力锤炼平台，服务学校高素质技术技能人才的培养目标

作为职业院校，我校非常重视学生的职业能力培养。学校根据家庭经济困难学生的实际情况，开设职业技能、生涯规划、创业技能等系列讲座，组织开展模拟面试，帮助学生正确认识自我，树立正确的理想目标，了解走向职业岗位所需要的通用能力、专业技能和职业素养，同时根据家庭经济困难学生的短板和不足更多组织开展英语、计算机培训讲座，积极引导学生考取职业技能证书，帮助学生提升专业技能。通过建立相应激励政策，鼓励学生参与各级各类职业技能大赛，提高职业能力和专业素养，为学生未来的高质量就业奠定基础。

（三）搭建积极心理塑造平台，充分发挥心理健康教育在资助育人中的重要作用

依托学校专业心理教师团队，开展情景剧大赛、团队拓展、宣传画征集等形式多样、主题突出的活动，引导家庭经济困难学生树立积极乐观、自立自强的人生态度。针对家庭经济困难学生容易产生的如自卑、焦虑、缺乏自信等心理问题开展专题讲座，结合个别心理辅导等形式帮助家庭经济困难学生树立自信，培养乐观向上的人生观、价值观。鼓励学生积极主动参与体育

运动、文化艺术活动，充实校园文化生活，提高对美的认识和鉴赏能力，从而拥有更丰富深刻的精神世界和积极进取的心理品质。

（四）搭建慈善爱心行动平台，引导学生主动践行慈善，回报国家和社会的关爱

组织开展感恩主题教育活动。每年开展感恩主题教育，通过参观学习、座谈沙龙、演讲征文、主题班会等活动为载体，引领学生增强爱国热情，提升感恩意识认知。开展资助育人项目立项申报。为学生搭建更多实践平台，鼓励学生走进贫困地区、希望小学，参与爱心志愿服务，投身社会公益事业，培养学生传递爱的能力，力行慈善，提高综合能力和创新意识。如开展爱心活动，组织图书漂流活动，将二手书籍流动到真正需要的困难学生手中。开展微心愿活动，在校园内营造慈善文化氛围，弘扬爱心奉献的慈善理念。

（五）搭建综合素质提升平台，提供学生更多开阔视野、锻炼才能、实践创新的机会

根据家庭经济困难学生的特点和发展需求开展每年 2~3 期不同层次的领导力提升培训，帮助学生在团队合作、沟通表达、组织协调等层面提升能力、建立自信，促进家庭经济困难学生的全面健康发展。对于品学兼优的家庭经济困难学生，鼓励、帮助和支持他们参与各类海外游学项目，通过资助一定游学经费，帮助他们走出校门，拓宽国际视野，增强国际交流能力。开展书报亭等实体经营，为学校家庭经济困难学生提供实践机会和创业基地，在锻炼能力的同时，实现由"他助"向"自助"的转变，积极对接相关专业，设计制作校园文化产品，支持劳动成果转化为物质财富和精神激励。

（六）实施大爱铸梦发展型资助育人工程的两大抓手

（1）实行成长积分制度。将帮困资助和综合能力提升方面如学业成绩、社会实践、技能大赛、慈善公益、创新创业等结合起来，家庭经济困难学生可以通过提升学业表现、参加社会公益和实践活动等来获取积分，用积分换取帮困爱心物资，引导和激励家庭经济困难学生自立自强，勤勉奋进，积极提升专业技能和综合素养。同时，对自强不息、勇于奋进、践行慈善的家庭经济困难学生进行表彰。

（2）实施家庭经济困难学生"天鹅计划"。以"优中选优、重点培育"为原则，对表现优秀或极具发展潜能的家庭经济困难学生实行全方位、精细化和个性化的精英人才培养模式，根据学生个性特点及发展需求，为学生提供专业性强、有针对性的成长生涯规划和培训提升机会，充分挖掘学生的发展潜能，帮助优秀家庭经济困难学生实现个性化、阶梯式的成长成才目标。

三、经验与启示

通过"521大爱铸梦"资助育人体系的实施，可以引导学生坚定理想信念、提升综合素质、提高职业能力、塑造积极心理、践行感恩回馈，破除学生物资贫困与精神匮乏的双重困境，鼓励学生自立自强、勤奋进取、积极实践、感恩社会、热心公益，实现终身可持续发展。项目具有一定现实意义和价值：

（1）系统化构建资助育人体系，破除资助育人"散而不凝""做而无效"等难题。我校围绕立德树人根本任务，结合高职学生的培养方向——高素质技术技能人才，建设"理想信念树立""综合素质提升""职业能力锤炼""积极心理塑造""慈善爱心行动"5个平台，每个平台分别有若干重点育人品牌项目，用实施家庭经济困难学生成长积分制度作为抓手促进全体学生成长成才，以推进"天鹅计划"作为抓手，实现优秀学生的个性化发展需要，点面结合，激励与鞭策有机融合，变"要我成才"为"我要成才"。

（2）满足全员参与和个性发展需要。全年在开展资助工作的各个节点，有针对性开展资助育人主题系列教育活动，进一步构建全员、全过程、全方位资助育人体系，保证了资助育人的长效性和全员参与性，通过家庭经济困难学生成长积分制度对所有家庭经济困难学生的综合素质、奖励荣誉、社会实践、创新创业、爱心奉献等在校表现进行登记、跟踪和引导，帮助学生提升综合素养，促进学生成长成才、全面发展。同时，通过"天鹅计划"对优秀家庭经济困难学生提供精细化、全方位、个性化的指导服务，尊重学生的差异性特点，进一步强化资助育人效果，帮助优秀的家庭经济困难学生实现个性化的成长成才目标。

（3）激发学生的内在提升动力，提升资助育人实效。组织家庭经济困难学生参与资助育人项目，鼓励学生积极投身社会实践，在项目实践中提升综合能力、挖掘自身潜能。建立勤工助学学生管理团队，由学生自主参与负责勤工助学的培训、宣传和管理等工作，倡导学生自我教育、自我管理和自我服务，同时建立爱心屋、书报亭等实体经营项目，提供学生实践机会和创业基地，锻炼学生各方面能力，实现由"他助"向"自助""助他"的转变。同时，依托学校慈善爱心屋和慈善义工队，组织学生积极参与慈善爱心项目，如爱心图书漂流、微心愿活动等，鼓励学生用实际行动传递爱心、践行慈善，弘扬慈善理念。例如，在2019年开展的资助育人项目中，我校电子技术与工程学院资助工作小组组织资助政策宣讲团走进甘肃省武威市凉州区五和镇九年制学校，开展了以"落实教育扶贫，切断贫困代际传递"为主题的资助政策宣讲活动，项目入围团市委暑期社会项目决赛。

（4）总结和形成资助育人成果。在全校范围内征集资助育人工作案例，将先进育人经验作为典型案例编辑成册，展现了我校在落实学生资助政策过程中，实施精准资助以及资助育人工作方面的典型经验，探索、总结和展示我校学生资助工作的一些理论与实践成果，对于进一步开展资助育人工作具有启发和指导作用。

助困与育人并举，扶贫与砺志并重

上海工商职业技术学院

一、背景情况

高校学生资助工作是高校学生教育与管理工作的重要内容，同时也是高校育人的重要手段和有机载体。我国民办高校资助工作着眼点在"精准资助"，更多的是保障学生能够顺利完成学业。但是在新时期，民办高校更应该注重资助的"育人"功能，通过"有质量"的资助使学生成为更好的自己。民办高校的资助育人工作是高校发展的重要工作，关乎学生能否有效的完成自己的学业。

民办高校学生资助工作是以学生为主体，以资助形式为依托，以育人为出发点和落脚点。民办高校比较年轻，资助体系尚不够完善，容易忽视"育人"实效。作为学生资助工作的"出发点"和"落脚点"学生资助要着重家庭经济困难学生综合素质的提升和发展。

为持续推进资助文化建设，创新构建资助育人载体，进一步培养受助学生诚信感恩意识和自强自立精神，坚持以学生为中心，上海工商职业技术学院创新开展"一个文化节、两维度走访、三级评审、四种精神、五个到位、六个平台"的工作模式，六向发力，不断提升资助质效，使资助工作更加精准，旨在强化育人实效，促进受助学生从"受助者"向勇担社会使命的"助人者"转变，形成良性的资助反哺体系。

二、主要做法与成效

（一）"一个文化节"全面提升经济困难学生素养

上海工商职业技术学院自 2018 年以来已经开展三届"资助文化节"。内容上分为"道德浸润""能力拓展""精神激励"三个内容，不仅提升家庭经济困难学生能力和综合素质，并帮助广大家庭经济困难学生成长成才，使他们共同享有人生出彩的机会。资助文化节在受助学生中覆盖面达 100%。通过开展学生资助文化节，在丰富大学生活的同时，让同学们充分了解党和国家制定并实施的高等学校学生资助的相关政策，激发同学们的学习积极性。

（二）"两维度走访"扎实开展家庭经济困难学生家庭走访

上海工商职业技术学院开展家庭经济困难学生家庭走访、调研慰问工作，宣传资助政策、展现资助成效、追踪困难认定结果。一是走访家庭经济困难学生家庭。通过周末走访上海居住的受助学子家庭，寒暑假走访外地受助学子家庭，实地了解学生家庭情况，获知学生家庭困难和需求，宣传国家和学校的资助育人政策，发放慰问补贴。二是走访地方资助管理中心。推动校地信息共享，助力学生假期返乡实践，发挥精准扶贫和精准资助合力作用，实现学校资源优势和属地优势的整合，真正实现与家长心连心，与地方手牵手，与学生面对面。

（三）"三级评审"打造资助阳光工程

上海工商职业技术学院坚持完善奖助学金评审工作：一是结合学校相关资助制度，突出各项制度的可操作性，增强制度的指导性，确保资助工作有法可依、有章可循。二是切实做好认定工作，进一步规范认定程序，坚持班级民主评议、二级院系初审认定、校学生资助管理中心复核、校内公示、确定等次的三级评审认定程序。三是继续坚持"逐级认定、分段评审、分批公示、过程监督"的评审程序和办法，做好国家奖助学金的评定工作，进一步完善分批公示、全过程监督的操作程序，使学校学生资助工作真正成为惠及学生的阳光工程。

（四）"四种精神"渗入学生日常活动

一是结合主题教育活动，体会奉献精神。组织学生参加"感恩奉献，百日行动"签名宣誓活动、"一封家书"感恩活动等。

二是结合新生军训活动，践行革命精神。宣传应征入伍服义务兵役国家资助政策，使新生切身感受军人守家卫国、舍己为人的崇高人格，增强广大学生拥军、爱军、从军意识。

三是结合资助文化节，弘扬自立自强精神。鼓励受助学生在受助中要懂得感恩，在自助中牢记责任，在助人中学会奉献。

四是结合国奖、上奖评审，发扬奋斗精神。组织学生参加"优秀学子宣讲会"，由荣获国奖、国励、上奖获奖者分享成长经历，让学生感受榜样的力量，为未来的学习生涯打下良好基础。

（五）"五个到位"打造广阔平台

一是坚持工作前移，做到资助政策宣传到位。在新生入学通知书中加入介绍学生资助政策，使学生在开学前便充分了解国家及学校的各项资助政策；利用SICP学工在线微信公众平台，将《资助政策早知道》和励志成才典型故事制作成符合学生阅读兴趣的推送，加大学生资助政策和育人成效的宣传力度；开通资助热线电话24小时提供服务，及时为新生及家长答疑解惑，打消了新生及家长的后顾之忧；各院系二级学生资助工作站建立各系资助政策咨询群，及时帮助新生解决问题，真正实现资助政策与困难学生的"零距离接触"；组织针对外地困难学生家访活动，方便学校了解学生家庭实际状况，及时了解学生需求，为家庭经济困难新生送去温暖与问候。让学生资助政策家喻户晓，人人皆知；不让一个学生因家庭经济困难而失学。尽量达到资助工作的"两个100%"，即资助措施覆盖100%家庭经济困难学生，100%家庭经济困难学生解决基本生活需求。

二是坚持精准资助，做到受助学生情况普查到位。针对新生提前通过辅导员在军训期间对所有新生进行家庭经济情况普查，了解新生家庭整体情况；学校学生资助管理中心暑假期间开通"咨询热线"，提前与新生及家长建立联络，了解新生家庭具体情况；针对老生，对家庭经济困难老生进行入户家访，了解老生家庭实际情况，及时为有需求的学生提供临时困难帮助。

三是坚持完善体系，做到资助项目设置到位。学校现在已建立了较为完善的奖、勤、助、补、减和绿色通道联动互补的经济资助体系。针对困难新生设立"迎新暖心助学金"和"爱心大礼包"为新生提供基本的生活学习用品，设立"临时困难补助"为家庭突发性困难的学生送去温暖；设立"温馨旅途"解决困难学生往返路费；通过"爱心超市"为家庭经济困难学生，提供学习、生活物资。

四是坚持高效温暖，做到帮困服务到位。建立两级资助体系，各院系资助工作站根据本院系特点坚持"资助和育人并重"原则开展困难学生的实践活动。校资助管理中心针对各院系学生资助工作站站长进行业务培训，做到资助工作的制度化与个性化相结合，实现资助政策的全过程、全方位保障服务。

五是坚持资助育人，做到发展型资助到位。充分利用"爱心超市"这一资助育人实践基地，优先帮扶家庭经济困难学生；依托"菁英工程"对爱心服务队、勤工俭学学生队伍进行业务、学业、创新能力等方面培训，促进学生综合素质提升；开展励志典型评选，发挥榜样引领示范，引导学生自信、自立、自强。

（六）"六个平台"支持学生长远发展

学校坚持实践"受助—自助—助人"的思路，科学筹划、认真落实、开拓创新、务求实效，形成了具有工商特色的资助育人工作。

一是搭好学业促进平台，依托"成长助飞计划"，针对家庭经济困难学生普遍存在的英语、计算机、高等数学等课业困难，开办训练营、讲座和个性化辅导相结合，帮助学生适应大学学习。

二是搭好社会实践平台，组织家庭经济困难学生开展校园宣讲、学习参访等实践活动，反哺家乡，服务社会。组建"学生资助宣传大使"队伍，在宣传资助政策的同时，使得他们从受助中感动到奉献中成长。同时依托二级学生资助工作站，广泛开展活动，促进朋辈之间的相互激励与影响，提升学生使命感和责任感，培育学生感恩。

三是搭好视野拓展平台。鼓励学生校园参与，培养学生自信与"建构力"。学校组织学生参加上海市、全国各类资助活动和竞赛，受助学生参与比例100%。通过大赛让所有受过资助的大学生感受到了国家政策的惠民，更让大家在心里形成了感恩的高尚情操，懂得感恩，才能更好地为社会，为国家作出更多的奉献。这些活动不仅拓宽了学生的眼界，也让受助学生用助学来铸梦，因铸梦而铸人，让阳光资助政策浸润学子的心灵。

四是搭好创新创业平台，积极构建校外勤工岗与多家校外机构建立勤工助学岗位合作，目前与必胜客、园艺工作室等多家机构建立勤工助学岗位合作，形成"实践体验—学习领悟—成功体验—反哺实践"的培养模式。

五是搭建多层次多方位的奖优模式，挖掘学生优秀典型，发挥榜样引领的作用。评选"励志典型个人"通过"学工在线"微信公众号，以生动活泼的图文立体地展现优秀学生风采，强化榜样引领作用。表彰优秀学生、树立先进榜样的同时，更激励学生向学、营造见贤思齐的氛围。优秀榜样还走进中职院校进行宣讲（如上海市行政管理学校、上海市大众工业学校、上海市机械工业学校），构筑中高职贯通的桥梁。

六是搭建好个性化资助平台，有效引导家庭经济困难学生受助理念由"因为我贫困，所以受资助"向"虽然我贫困，因为我努力，所以受资助"转变。在二级学生资助工作站站长走访学生寝室、开展讲座、参加学生活动、个别谈话等过程中，重点关注经济困难学生的日常需要，帮助他们解决基本问题，引导学生乐观向上。

三、经验与启示

（一）多方联动，加强引导，强化资助育人理念

上海工商职业技术学院充分调动资助工作者的积极性和主动性。加强对资助工作者的业务、政策培训，教育学、心理学等相关内容培训，让与资助相关的所有人员都参与到资助育人工作中。通过举行"资助育人研讨会"提高资助工作者的资助育人意识和综合素质。

对受助学生提出综合素质的发展要求。各二级学院设立二级学生资助工作站，每一位受助学生加入到工作站的日常运营中。将学生资助作为高校思想政治教育的重要平台和切入点，加强精神引导和人文关怀。通过学生资助

文化节，提升家庭经济困难学生能力和综合素质。资助文化节在受助学生中覆盖面达100%。它不仅仅是资助工作的又一个创新举措，更是丰富大学生活，让同学们充分了解党和国家制定并实施的高等学校学生资助的相关政策，激发同学们的学习积极性。

（二）深度挖掘、开发立体式实践育人导航

学校组织家庭经济困难学生开展学习参访、创新调研等实践活动，反哺家乡，服务社会，培育学生责任意识。同时，搭好学生视野拓展平台，鼓励学生校园参与，培养学生自信与"建构力"。

学校开展"成长助飞计划"。二级学院学生资助工作站学生自愿申报项目进行探索性实践。例如：开展讲座和个性化辅导，帮助学生提升学习能力；组织学生志愿服务队伍建设，锻炼人际沟通能力、搭好心理支持平台；开展调研、团训等活动，进行积极心理建设；专业能力提升项目针对各系受助生专业特点制定"深入式"的专业提升培训，使学生对自己有较全面而客观的了解。

学校根据家庭经济困难学生的职业规划提供针对性的职业咨询和培训。帮助家庭经济困难学生树立职业生涯规划意识、明晰就业定位。学校会举行多样化的职业能力培训项目提升学生的就业技能：创新创业讲座、模拟求职大赛、创业大赛等。

加强对受助学生感恩教育的重视，着重在"精神扶贫"。开展"学生资助宣传大使""校内外志愿服务"等项目，构建助人平台，增强学生的行动力、归属感、使命感，形成向心力、凝聚力，在实践中提升竞争力、发展力，使得他们从受助中感动到奉献中成长。

高校资助工作不仅仅是物质上的帮扶更是承担着精神激励、情感激励、心理疏导、能力培养等功能。民办高校在学生工作管理中更具有灵活性、机动性的特色，资助工作不应仅仅停留在物质层面，更应该建立起物质帮助、道德浸润、能力拓展、精神激励有效融合的长效机制。"育人"也是"资助"的初心和使命。

调查研究篇

上海高校学生荣誉体系构建路径探析

新时代大学生荣誉体系研究组

第一部分 学生荣誉体系的内涵

习近平总书记在中央人才工作会议上强调:"我国拥有世界上规模最大的高等教育体系,有各项事业发展的广阔舞台,完全能够源源不断培养造就大批优秀人才,完全能够培养出大师。"大学生是高等教育的主体,社会经济的优化与发展为高等教育带来了机遇与挑战[1]。大学生荣誉体系是高校人才培养中的重要环节之一,完善大学生荣誉体系建设,建立完善、合理、有效的荣誉体系评价体系,提升大学生荣誉体系的育人成效,对于落实立德树人根本任务,推进大学生综合素质教育全面发展,培养"五育并举"的时代新人具有重要的意义。课题研究中前期通过文献梳理对于荣誉体系的历史沿革与价值意蕴、荣誉体系的框架与分类、评审体系与管理机制进行了翔实的梳理研究,为后续课题的深入研究奠定了扎实的理论基础。

一、荣誉体系的历史沿革与价值意蕴

1. 荣誉体系的历史沿革

荣誉的内涵包括主客观两个方面。从客观方面来讲,荣誉是社会对一个人履行义务的道德价值和贡献的赞赏及肯定性评价,体现了个人德行的社会价值或尺度;从主观方面来讲,荣誉是人们的自尊心、自爱心和知耻心的一种表现,是一个人能自觉地按照社会客观要求履行义务[2]。大学生荣誉体

系，是指学校围绕人才培养的根本任务和教学、科研、社会服务等各项中心工作建立的各类关于大学生荣誉项目的总称[3]。荣誉体系在我国高校较早运用在军事院校[4]，随着我国高等教育事业的发展和学生综合素质能力提升的需要，荣誉体系在国内高校学生培养中的作用被不断重视和深入研究。

在国外的高校中，大学生荣誉体系建设的研究起步早，研究多集中在关于美国大学学生荣誉规则的发展动因、历程、内容与实施及成效等几方面。约瑟夫·罗伊·盖格（Joseph R G）指出威廉玛丽学院是第一个制定并采用荣誉规则作为学生管理方法的学校。1779年，受到民主思想启发的威廉玛丽学院的教师们，组建了一个委员会，并草拟了一份关于大学纪律的规则。该规则后被采纳，并一直被施行。荣誉规则从威廉玛丽或多或少的扩散到其他大学，直到今天，该规则在美国大学学生的生活与学习中依然根深蒂固[5]。弗吉尼亚大学的荣誉规则建立于1842年，其要求学生在生活和学习的所有阶段中独立行事，因此，说谎、欺骗和偷窃是不被允许的。鲍德文（Baldwin B T）对美国425所大学进行了调查，发现其中有167所大学直接或间接地施行了荣誉规则[6]。唐纳德·麦凯布（Donald L M）等指出，在1992—2002年，这十年间，一些大学修订了荣誉规则。在新的荣誉规则中，学生参与司法或听证会的审查。在这个过程中，学生对学术诚信的使命感得以加强，学校与学生之间沟通的距离得以拉近[7]。

2.荣誉体系的价值意蕴

荣誉可以分为集体荣誉和个人荣誉，个人荣誉是集体荣誉的凸显和重要组成部分，集体荣誉是个人荣誉的最终整合和归属。对于大学生来讲荣誉具有强烈的激励作用，是促进大学生成长成才的重要手段。大学生荣誉体系的建立与完善应着眼于高等教育的育人目标、高校的育人理念、学生全面发展的需求、社会的发展趋势与人才评价考核要点等，应具有设计合理、易于操作、易于反馈等特征，可充分发挥大学生的学习热情与潜能，促进大学生全面发展。

二、荣誉体系的框架与分类

大学生荣誉体系的类别覆盖面广，涉及大学生学业水平、荣誉称号、技术技能和其他荣誉等多层面。目前，高校学生荣誉体系主要包括奖励和奖学金两大类。多位研究者曾采取实地调研、归纳总结等形式对于国内多所高校的荣誉体系的基本框架进行了详细的梳理[8]。

高校学生荣誉体系的基本框架涵盖：学习荣誉体系、诚信荣誉体系、责任荣誉体系、创新荣誉体系、社会实践荣誉体系、学生干部荣誉体系、美德荣誉体系等七个方面。学习荣誉体系旨在从学习过程的不同角度设立激励学生学习的各种奖项，让学习状态各异的大学生都可能获得有针对性的奖励。如为学习成绩差的学生设立"学习进步奖"针对重点课程设立"重点课程专项学习奖"等。高校大学生诚信荣誉体系应包括"拾金不昧奖""助人为乐奖""见义勇为奖""感动大学生奖"等。高校学生责任荣誉体系应主要包括"爱护环境奖""社会公益奖""建言献策奖"（大学生对学校、政府等建言献策并被采纳）等。创新荣誉体系主要应包括"发明奖""专利奖""创作奖"（对学生发表学术论文、创作各种实物作品等给予奖励）等。社会实践荣誉体系可设立综合的"社会调查奖"及各种针对性的单项"实践奖（如生产实习、假期自我实践等）。高校学生干部荣誉体系在现有荣誉称号基础上还应增设"思维创新奖""工作奉献奖""团队合作奖"等。美德荣誉体系包括"体育精神奖""歌唱奖""舞蹈奖""互助奖"等相关荣誉称号[9-14]。

三、荣誉体系的评审体系与管理机制

1. 荣誉体系的评审体系

要建立相应的支撑辅助体系。学生荣誉体系的顺利执行并产生积极的作用，需要学校建立相应的辅助体系，支持学生荣誉体系的落实，如明确各项荣誉评价标准、营造荣誉体系评价的公平环境、严格执行荣誉评价标准的监督考核等方面。

要建立科学的大学生荣誉评审机构。在开展高校学生荣誉体系育人工作时，高校应建立科学合理的高校学生荣誉体系评定工作队伍，建立专业的评定组织机构，积极发挥高校学生荣誉体系育人工作队伍的主观能动性，选取专门教师负责该项工作，辅导员老师从旁协助，发挥学生干部的参与作用，提升该项工作开展的进展和育人效果[15]。学校应成立专门的荣誉评审组，进行荣誉称号授予的最终裁定。同时还要成立由学生组成的资格审查组，该机构负责对参评人申报材料的真实性、基层评比程序的合理性、评比结果的公开性和透明性等进行审查。专业化的评定组织机构，要做到权责明确，才能为高校学生荣誉体系评审的专业化、制度化提供保障。

2. 荣誉体系的管理机制

对荣誉称号要实施动态管理。建立大学生荣誉体系是一个渐进的过程，而且要适应环境变化不断进行调整。在动态管理过程中要注重调查研究，准确掌握学生的思想状况、行为变化等情况，为正确设立荣誉称号提供决策依据。

荣誉体系在高校中的广泛建立与应用是我国高校提升学生自我发展和促进学生素质教育、深化核心内涵的急迫需求。高校是培养社会精英人才的摇篮，高校的发展质量决定着人才培养质量，一个高校的全面发展，最终要体现在大学生的全面发展上。大学生荣誉体系是高校学生管理工作内容的重要组成部分，对于激励大学生以更饱满的热情更好开展学业、就业和生活等方面的工作，从而促进大学生成长成才和全面发展具有重要的推动作用。

第二部分 上海高校学生荣誉体系基本现状

课题研究中针对上海高校学生荣誉体系的基本现状，采取问卷调研和深度访谈相结合的形式展开调研。调研中选取了复旦大学、上海交通大学、华东师范大学、上海大学、华东政法大学、上海音乐学院、上海中医药大学、上海电机学院、上海建桥学院等多所不同类型的高校进行调研与访谈，选取教师、学生两个与荣誉体系密切相关的群体开展深入研究，对于上海高校荣誉体系基本现状进行进一步探究。

一、教师群体调研样本基本情况

为充分了解我国高校大学生荣誉体系建设现状，进一步提出改善提高大学生荣誉体系建设的政策建议，研究组以上海市高校教师为调查对象进行了问卷调查，问卷采用线上作答形式，共收集了85个样本。样本中44.71%的教师在 30 岁以下，42.35% 的教师处于 30～40 岁之间，11.76% 的教师处于 40～50 岁之间，其中辅导员占比 75.29%，行政管理人员占比 22.35%，专任教师占比 1.18%，60% 的教师有 1～5 年的工作经验，18.82% 的教师有 5～10 年的工作经验，14.12% 的教师有 10～15 年的工作经验，7.06% 的教师有 15～20 年的工作经验，样本覆盖理科、工科、人文学科、社会学科、医科等多个专业，样本队伍多集中在辅导员与行政管理人员行列，代表性强。

二、教师群体对高校荣誉体系的了解程度

1. 荣誉体系对学生的影响

88.24% 的教师认为完善的学生荣誉体系对学生的引领作用非常有帮助，11.76% 的教师认为比较有帮助。教师们认为校级学生荣誉应该给予学习成绩、思想品德、学术科研成果、公益志愿、创新创业、社会工作、专业领域获奖等方面表现优异的学生，按照重要性排序，其中学习成绩得分最高（满分为 10 分），平均综合得分 6.78 分，思想品德平均综合得分 6.54 分，学术科研成果得分 5.73 分。由此可得，大多数教师认为校级学生荣誉优先考虑的还是学习成绩和思想品德，这表明在高校荣誉体系建设中，高校教师仍然对于学生的学习成绩和思想品德更为重视，同时学术科研成果、公益志愿、创新创业、社会工作等也是重要的考量因素，体现了高校荣誉体系向德智体美劳全面发展方向的趋势。

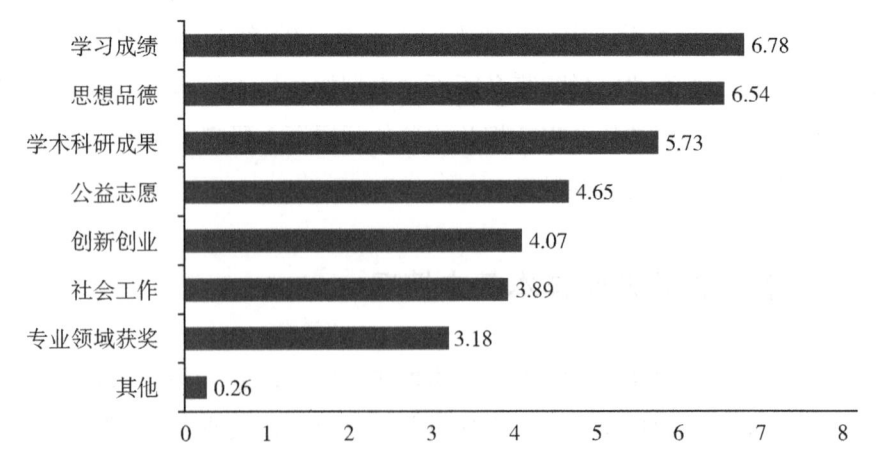

项目	得分
学习成绩	6.78
思想品德	6.54
学术科研成果	5.73
公益志愿	4.65
创新创业	4.07
社会工作	3.89
专业领域获奖	3.18
其他	0.26

图 1　校级学生荣誉给予哪些方面表现优秀的学生（重要性排序，单位：分）

样本认为校级学生荣誉的意义是在于对优秀学生的正向激励、对其他学生的积极引领、鼓励学生多元发展，成为综合性人才、对就业的帮助、培养，发掘科研型人才以及专业型人才。按照重要性排序，其中得分最高的是对优秀学生的正向激励，平均综合得分6.53分，其次是对其他学生的积极引领，平均综合得分5.56分，由此可得，高校教师认为校级学生荣誉的意义多在与对学生的激励和引领，同时校级学生荣誉也能够鼓励学生多元发展，成为综合型人才。

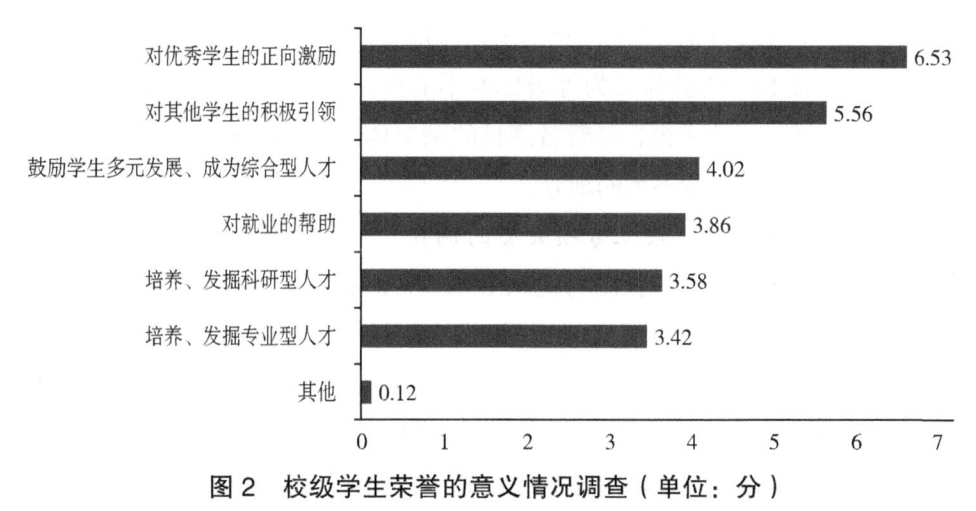

图2　校级学生荣誉的意义情况调查（单位：分）

对于何种奖励更能激励学生、促进校风建设这一问题中，75.29%的教师认为，以综合素质为主要衡量因素的优秀学生、优秀学生干部更能激励学生；14.12%的教师认为，以成绩为主要衡量因素的奖学金的激励程度更能激励学生；样本中70.59%的教师了解到自己学校的校级荣誉中有侧重德育方面的表彰；样本中91.76%的教师了解到学校在表彰奖励中加入了过程性评价，且主要运用了分数评估与综合表现评价相结合、课堂表现与学科测试相结合、日常成绩与关键考试相结合等方法。由此可见，大多数教师是认为学生的综合素质是很重要的，对学生的评价也不应仅仅局限于学习成绩或某一单个的方面，并对各高校都注重通过对学生的德智体美劳各个方面进行评估来制定合理的荣誉表彰体系给予肯定。

2. 对学校荣誉表彰体系了解情况

对于学校学生表彰奖励工作的管理方式，48.24%的教师反映是集中管理的形式，还有36.47%的教师不太了解自己学校的学生表彰奖励工作形式。

说明教师对于表彰奖励工作的管理方式的了解有待进一步加深。

对于目前学校表彰奖励评选流程设置的合理性，97.65%的教师认为合理，其中有37.65%的教师认为非常合理；41.18%的教师认为校级学生荣誉（不含奖学金）获得者在全校学生中的比例在5%~10%是合理的，23.53%的教师则认为比例在10%~15%是合理的。说明教师希望校级学生荣誉更加具有普遍性，以便让更多学生受到激励。

90.59%的教师认为学校出台关于学生表彰奖励管理办法的制度是必要的，但认为学校现有荣誉表彰仍有缺陷，65.88%的教师认为表彰奖励内容条目不全面，41.18%的教师认为等级标准不清晰，还有28.21%的教师认为计算比例不合理。由此可得，尽管各高校的荣誉体系建设都做出了一定努力并取得效果，但还有不少不足的地方。

3. 对经济困难学生设立专项荣誉的调查

96.47%的教师反映学校有为经济困难学生设立的专项荣誉，其中69.41%的教师认为学校目前为经济困难学生设立的专项荣誉覆盖面合适。56.47%的教师反映了自己所在学校目前为经济困难学生设立了1~2项专项荣誉，31.76%的教师反映自己所在学校已经为经济困难学生设立了3项以上专项荣誉；超过80%教师都明确自己所在的学校对于经济困难学生目前所有奖励均有平等的获奖机会。总体而言，高校十分注重经济困难学生的发展，对于经济困难学生的荣誉与资助是重视的，奖励形式多样，较为公正，这对于促进学校的教育公平，完善高校荣誉体系具有重要的意义。

三、问题总结与政策建议（教师群体）

从教师角度，认为学生荣誉体系对于学生的帮助和激励作用显著，并认为应将荣誉体系主要作用于鼓励学生学习成绩、思想道德水平和科研成果的促进和提高，帮助学生自身并带动身边学生全面发展，大多数高校都有针对经济困难学生设置的专项荣誉，但也认为目前高校所施行的多方面综合评价体系存在改进空间。

教师作为学生学习和生活道路上的引路人，应对于学生的需求有更多的关注，对与学生发展密切相关的荣誉体系有更多的了解，以更好地帮助学生全面发展和更快进步。从学校角度来说，不论是学生还是教师的建议对于学校荣誉体系的完善都有很好的促进作用，因此，高校一方面应广泛收集各级各类的意见和建议，推动高校的荣誉表彰奖励体系健全发展，另一方面也要促进多主体对荣誉评价体系的普及和深入了解，才能更好地实现"三全育人"目标的实现。

四、学生群体调研样本基本情况

为充分了解上海市高校大学生荣誉体系建设现状，进一步提出大学生荣誉体系建设的政策建议，以上海市高校学生为调查对象进行了问卷调查，问卷采用线上作答形式，共收集了 3644 个样本。样本纵跨专科/高职生、本科生、硕士研究生到博士研究生阶段，其中本科生占比 77.85%，居多数。样本覆盖来自理学、人文社科、工学、经济管理、医学、艺术类等多个专业。其中有 52.17% 的同学学习成绩在专业前 30%，34.39% 的同学学习成绩在专业前 31%~50%，在专业 51% 以后的同学占比 13.45%。

经调查，35.84% 的同学现在仍担任学生干部职务，29.06% 的同学曾经担任过学生干部。通过图 3 可以看到，参加过校级及以上级别竞赛的同学占比超过半数。26.48% 的同学参加过校级竞赛，13.83% 的同学参加过省市级竞赛，以及 10.87% 的同学参加过国家级竞赛，但仍有 48.82% 的学生没有参加过校级以上级别的竞赛。

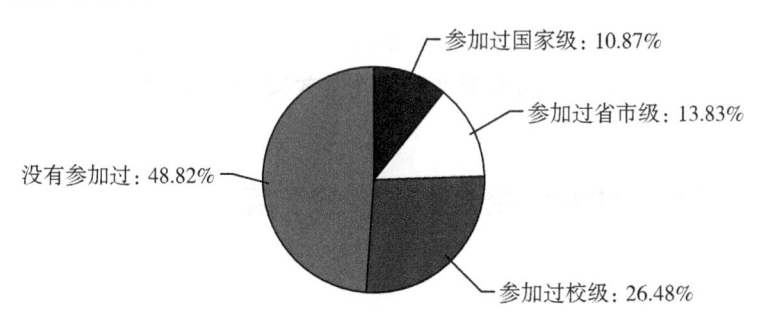

图 3 学生参加各类校级及以上级别竞赛情况

对于在校期间获得过奖励的次数情况，共计 64.38% 的同学至少获得过一次奖励（包括奖学金、荣誉称号等，下同），24.84% 的同学在校期间获得过 3 次以上奖励。

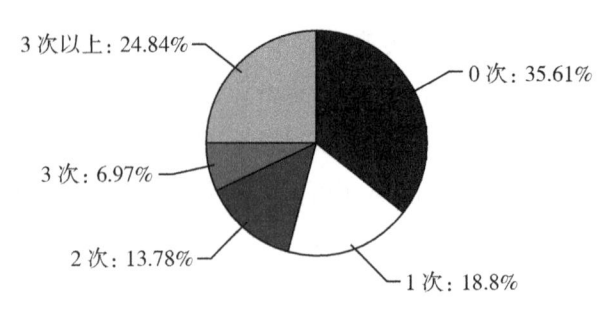

图 4　在校期间学生获得过的奖励次数情况

在过往的奖励形式中，最多人（45.77%）认为发放奖学金是最具有荣誉效果的形式，有35.61%的同学认为颁发荣誉证书、奖章或者奖牌是最具荣誉效果的，还有12.24%的同学认为开办公开表彰大会是最具荣誉效果的，6.37%的同学认为授予荣誉称号是最具荣誉效果的奖励形式，由此可得，同学们对于奖励的物质形式以及证书、奖章等物品较为看重，奖学金与证书对于高校学生来说是很重要的激励方式。

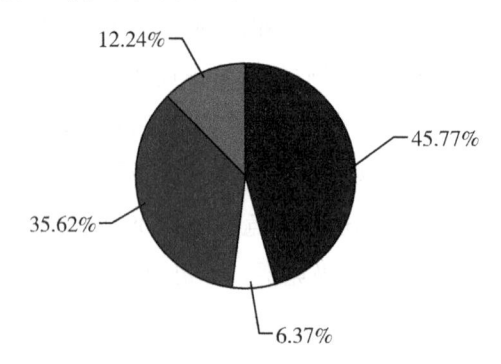

■ 颁发奖学金　□ 授予荣誉称号　■ 颁发荣誉证书、奖章或者奖牌　■ 开办公开表彰大会

图 5　同学们认为最具荣誉效果的奖励形式

五、学生群体对学校荣誉体系的了解

1. 渠道及设立标准

对于学校荣誉体系的了解程度，75.85%的同学表示了解学校的荣誉体系（如：奖学金、荣誉称号评定标准要求等，下同），其中有16.68%的同学表示其十分了解学校的荣誉体系，24.15%的同学不太了解。了解渠道是多样的，占比最多（80.54%）的同学是通过辅导员老师通知了解，还有同学是通过班干

部通知(67.59%)、周围同学交流(52.99%)或学生手册(58.04%)以及学校网站(45.12%)等途径了解的。因此,辅导员与班干部通知是学生了解各类信息最重要的渠道,学校荣誉体系建设需要多发挥辅导员与班干部的宣传作用。

渠道	比例
辅导员老师通知	80.54%
班干部通知	67.59%
学生手册	58.04%
周围同学交流	52.99%
学校网站	45.12%
其他	0.77%

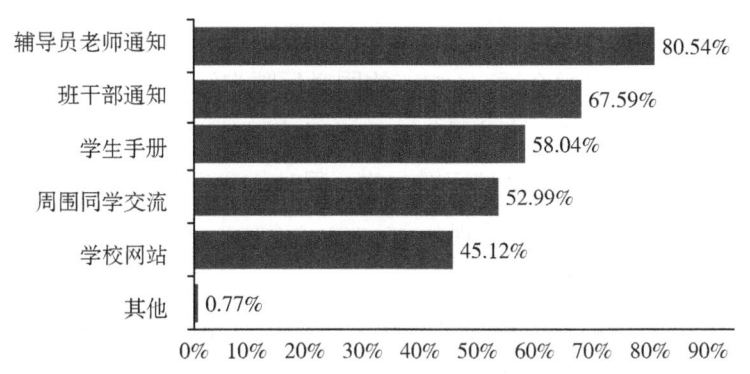

图6 了解学校荣誉体系渠道情况

学校在划定表彰奖励标准时应该考虑多方面的因素,87.84%的同学认为道德品质是学校表彰奖励应该更多考虑的方面,83.34%的同学认为是学习成绩,65.04%的同学认为社团活动或社会实践也很重要,还有的同学认为参加比赛的成果、班级、学院评议小组的评分以及辅导员等老师的认可程度是应该被更多的考虑的因素,由此可得,高校学生希望学校的表彰奖励更注重道德品质、智力成绩、社会实践等方面的考察。除此之外,94.92%的同学认为学校的表彰奖励评定过程需要加入劳育、体育、美育课程的学习及实践情况,其中认为非常需要的同学占比31.94%,由此可见,同学们也十分注重在高校荣誉体系建设中融入更多的评价因素,对于自身以及榜样同学的要求不再局限于学习成绩,而是注重德智体美劳的全面发展。

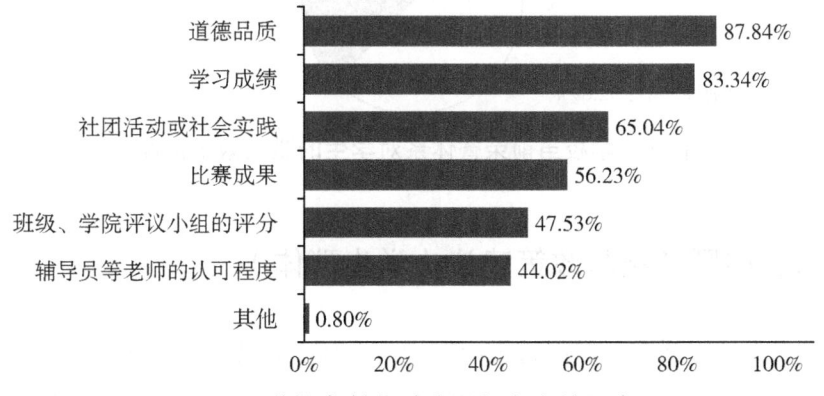

因素	比例
道德品质	87.84%
学习成绩	83.34%
社团活动或社会实践	65.04%
比赛成果	56.23%
班级、学院评议小组的评分	47.53%
辅导员等老师的认可程度	44.02%
其他	0.80%

图7 学校表彰奖励应更加考虑的因素

2. 对经济困难学生设立专项荣誉的调查

对于是否需要增加对于经济困难学生设立的专项荣誉，45.14%的同学认为比较需要，38.47%的同学认为十分需要，而16.38%的同学认为不太需要；另外，样本中62.43%的同学反映自己所在高校目前是有为经济困难学生设立的专项荣誉且覆盖面合适，6.83%的同学反映自己所在高校没有为经济困难学生设立的专项荣誉，由此可知，增设经济困难学生专项荣誉得到了大多数同学的支持，并且许多高校正在实施，同时，这也证明了多数同学对于经济困难同学的尊重、关心和重视。

3. 表彰是否起作用调查

关于受表彰同学是否起到了榜样示范作用，40.15%的同学认为作用一般，33.01%的同学认为作用较大，还有21.68%的同学认为部分奖励起到了榜样示范作用，有的奖励却没有。对于学校当前荣誉体系对学生的激励效果，52.69%的同学认为效果一般，37.90%的同学认为激励性很强，还有4.12%的同学认为没有激励性，总体来说，大部分同学认为目前学校的荣誉体系对自身还是有一定激励效果的，因此学校方面要继续保持其在荣誉体系建设方面的有益方面，同时收集同学们关于高校荣誉体系建设的意见，更好地使荣誉体系发挥激励作用，并鼓励学生在受表彰之后以身作则，起到更好的示范作用，带动身边群体积极参与到荣誉体系中来。

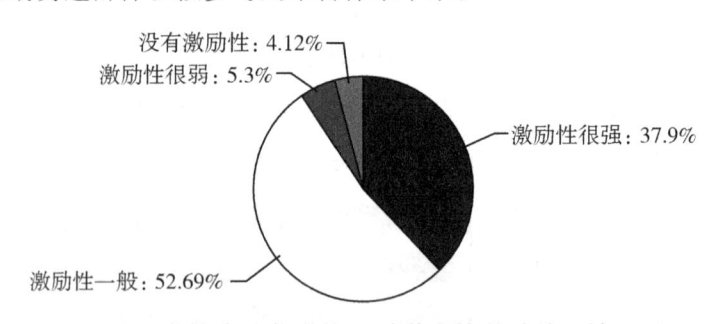

图8 学校当前荣誉体系对学生的激励效果情况

六、问题总结与政策建议（学生群体）

从参与荣誉体系调研的样本中可知，参与比赛或担任学生干部的学生比例高，参与调研比较积极，说明现代大学生注重自身的合作、组织能力与奉献精神，促进自身的全面发展。学校的荣誉体系对于学生的发展有较大的激励作用，受表彰群体不但自己会感到荣誉，也在一定程度上起到榜样示范作用，带动其他同学。但我们仍要认识到，仍有一定数量的学生没有参与到学生活动或比赛等荣誉评价体系中来。因此，从学校角度，首先，应保证学生可以从多渠道了解学校荣誉体系，大力发挥辅导员和班干部上传下达的作用，并鼓励学生之间多交流沟通，并形成合作；其次，应加大对学生参与各项活动的激励措施，荣誉措施可以多种多样，但根据数据，发放奖学金与颁发荣誉证书、奖杯奖牌的形式可能效果更好，学生会更加认可。最后，学校在进行荣誉体系制定时应秉持公平公正的原则，多方面考虑道德品质、学习成绩、智力成绩、社会实践，促进学生德智体美劳全面发展，并适当关照经济困难学生群体。

第三部分　上海高校学生荣誉体系典型案例

上海音乐学院是中国现代专业音乐教育的奠基者和孵化器，国家首批"双一流"建设高校，作为中国音乐教育的杰出代表在海内外享有盛誉，被誉为"音乐家的摇篮"。办学九十四年来，上海音乐学院秉承"养成音乐专门人才，一方输入世界音乐，一方从事整理民乐，期趋向于大同，而培植国民美与和的神志及其艺术"的办学使命，恪守"和毅庄诚"的校训规范，始终与国家民族命运休戚与共，始终站在音乐艺术发展的前沿，创立并不断完善中国专业音乐艺术的教育体制与办学模式，担负起引领中国专业音乐发展方向的责任，积淀了宏阔深厚的历史底蕴，形成了特色鲜明的文化传统，名师辈出，名作纷呈，培养了几代杰出的中国音乐领军人才，为中国音乐教育事业和文化建设作出了重要贡献。在大学生荣誉体系的建设中，上海音乐学院形成了结构合理、独具特色的荣誉体系，为培养德艺双馨、红专兼备、国际视野、全面发展的高等音乐人才提供了重要的支撑。

一、上海音乐学院荣誉体系工作思路与框架

上海音乐学院党委为落实推进"1+6"现代大学治理体系核心架构逐项

落地，提升校园文化力建设，于 2020 年以宣传部作为牵头部门，对各系部及上级部门表彰奖项及校级荣誉进行梳理汇总，开展学校荣誉一体化建设工作，形成了学校荣誉一体化建设工作推进的基本思路和框架原则。一个目标：规范化实施荣誉奖项的设立与核准，明确评选机制和内容，突出价值引领，强化育人导向，严格把关，宁缺毋滥，确保评选经得起检验。两个划分：将所有获奖进行梳理并分层分类。分层，国家级、省部级、系统级、校级。分类，本科生、研究生、港澳台留学生，实现全校学生在校学习期间全覆盖。三个导向：一是强化政治引领，紧紧围绕落实立德树人根本任务，为党育人，为国育才，突出"围绕中心"，强调育人成效。二是关注"社会服务""思政德育"，向积极参与实践类、党建思政类比赛项目的学生倾斜，充分调动学生了解人民群众真正的需求，将所学专业服务于社会，增强干事创业的积极性。三是树立标杆示范，获得荣誉要起到示范引领的作用。上海音乐学院学生荣誉体系在校荣誉体系背景下以政府与校内荣誉奖励为主，校外社会资助为补充，通过奖学金荣誉激励，勤工助学、艺术实践能力拓展，助推专业学科发展、助力学生成长成才。

二、上海音乐学院荣誉体系评审主体与机制

上海音乐学院学生荣誉体系主管部门以学工部（处）为主体，其他牵头部门包括宣传部、团委、武装部、研究生部、国际教育学院、相关二级系部等。根据学生荣誉的等级与覆盖面，校级及以上的荣誉由牵头部门制定各项荣誉的评选办法、实施细则，经学校党委常委会或校长办公会审议通过后公布，由牵头部门组织实施；系级、部分校级荣誉由牵头部门制定各项荣誉的评选方案，由牵头部门直接组织实施。

上海音乐学院遵循音乐人才成长规律，以培养德艺双馨、红专兼备、国际视野、全面发展的拔尖创新艺术人才为目标，学生获得荣誉的核心因素以"思想品德评价""艺术专业素养""综合学业成绩"三者并重为原则落实学生评价与激励。以综合测评分作为衡量学生综合表现的指标。综合测评分是学生奖学金评定、选优推优环节重要依据。根据《上海音乐学院本科生综合测评考核条例》，一名学生的综合测评包括思想道德与理论素养、学风建设

与专业素养、养成教育与公德素养、园区生活与琴房使用、社会实践与志愿服务等五方面。

上海音乐学院更侧重"艺术＋实践""艺术＋创新""艺术＋服务"等实践领域的获奖和展现学生音乐专业能力与综合素质的获奖。例如：①奖学金：宝钢教育奖；②荣誉称号：上海市大学生年度人物；③竞赛及项目：中国"互联网＋"大学生创新创业大赛、"挑战杯"全国大学生课外学术科技作品竞赛、全国高校大学生讲思政课公开课展示活动、上海市"知行杯"社会实践大赛等。以艺术本领为起点、以立德树人为引领，将能够同时体现立德树人成效与艺术教育实绩成果的项目作为我校学生荣誉体系中较为重点的冲击目标。

评选机制上，以学业综合成绩为参评依据的荣誉由学生工作委员会议参与学生荣誉评选、讨论、决议；以艺术成绩、科研成果为参评依据的荣誉，由学科专家组成评审小组，参与学生荣誉评选、讨论、决议，兼具公正性与权威性。我校精准识别、精准帮扶，关注困难生的成长成才问题，对学生的经济层面资助以外，更重要的是心理层面与能力技能层面的帮扶、消除学生的身份羞耻感、帮助其更好地融入和适应大环境。从荣誉授予来源来分，以政府资助荣誉（如国家励志奖学金）与社会捐助类荣誉（如福美助学金）为主，配合校内外各类公益艺术实践项目平台的展示与输出，打造困难生荣誉体系；在整个体系中将"助人"作为培养出口，将励志感恩、榜样精神作为育人目标，实现立德树人宗旨。在现有的各类学生奖励、荣誉称号的基础上分类分级、系统梳理，按照荣誉评价导向、荣誉评价指标、荣誉归口部门等对荣誉进行定级。同时，借助校内学生综合评价指标的修正机制与荣誉体系的激励机制"双机制"，树立学生科学成才观念、回应学生身心成长需求、激发学生发展潜能，形成育人的合力作用。

三、上海音乐学院荣誉体系建设愿景

为深入贯彻落实习近平总书记关于教育的重要论述和全国教育大会精神，完善立德树人体制机制，一套契合教育评价改革的新时代学生荣誉亟待建立。

对标学校顶级荣誉一体化内涵与体系，树立学生典型，展示上音学子

"正能量",逐步构建服务上音人才培养目标的学生荣誉体系:将荣誉体系的架构由按"荣誉规格"导向转变为"全面发展、个性化发展"导向;将荣誉的价值引导由"专业顶尖"延伸到"德育为先",由"逐个冲击奖项"的选拔过渡为按"学生发展周期"的培育思路。

第四部分　上海高校学生荣誉体系建设的思考

大学生荣誉体系应遵循思政育人规律,高校思想政治教育工作关系到高校培养什么样的人、如何培养人、为谁培养人的根本问题,是新时代建设中国特色社会主义的灵魂工程。针对当前高校荣誉体系的工作要求及量化考核丰富性欠缺与质量评价设计的前瞻性不足等问题,在后续的大学生荣誉体系建设中应着力加以改进。

一、新时代人才培养的工作要求

高校学生荣誉体系并非"新瓶旧酒",也非孤立存在,构建符合新时代人才培养要求的学生荣誉体系是一种育人模式的创新与升级。一方面,学生荣誉体系系统性地整合了高校各类学生资助荣誉、称号评选荣誉、竞赛活动项目荣誉等荣誉成果,将校内外涉及学生荣誉的主管单位、部门、团体等一并纳入高校立德树人的资源和平台,以"荣誉"为抓手,以体系化模式形成育人合力。另一方面,学生荣誉体系构建切实呼应了"高校思想政治工作关系高校培养什么样的人、如何培养人以及为谁培养人"这个根本问题。有什么样的人才培养目标导向,就制定什么样的学生综合评价要求,就会产生什么样的荣誉体系激励。学生荣誉体系反映出当下高校学生综合评价体系情况,折射出高校人才培养体系建设、学生管理与服务的成效。

1. 荣誉体系对标新时代学生评价改革要求

依照《深化新时代教育评价改革总体方案》中对学生评价改革的要求,学生荣誉体系建构应以能够评价"以德为先、能力为重、全面发展""促进德智体美劳全面发展"的要求进行,增强德智体美劳过程性评价办法,完善综合素质评价体系,引导学生坚定理想信念、厚植爱国主义情怀、加强品德修养、增长知识见识、培养奋斗精神、增强综合素质。

2.荣誉体系助推新时代人才培养工作要求

依照《关于深化本科教育教学改革全面提高人才培养质量的意见》《关于加快建设高水平本科教育全面提高人才培养能力的意见》等文件精神，学生荣誉体系建构应聚焦人才培养，突显立德树人成效。以德育为首要目标，将思想政治教育贯穿人才培养全过程，彰显高校人才培养的优势、特色的同时，兼顾培养学生往更全面、更具适应性和竞争力的方向发展。

二、荣誉体系改进的几点建议

高校学生荣誉体系建立有利于校园文化建设，促进校风学风建设，提高学生的荣誉感和道德水平，对于学生全面发展有重要意义。当学生荣誉体系不再是简单地罗列和归纳现有的荣誉类型，而是上升到育人方式、管理模式的视角，对学生荣誉体系构建和迭代也会有新的要求。

1.加强学生荣誉体系制度化建设与评优机制

高校应高度重视学生荣誉体系建构，从顶层设计着手，各高校可根据自身情况建立学生荣誉表彰奖励办法，切实将育人导向从"学习优秀、专业拔尖"转变延伸到"德育为先、全面发展"，以发展性的眼光考察和激励学生。

2.按人才培养类型，将"标准化荣誉规格"延伸到"定制化荣誉规格"

对于创新型人才的培养，高校应加强"科学人文""发明创造""心理素质"的荣誉设置，向积极参与创新类课题、项目，具备科研能力、创新思维、良好心理素质与道德品质的学生倾斜。

对于复合型人才的培养，高校应加强表彰学生综合素质的荣誉设置，表彰同时在政治素质和公民素养、学业成绩及专业技能、身心健康与人文素养和创新精神与实践能力等多方面有突出表现的同学。

对于应用型人才的培养，高校应加强"社会服务""思政德育""劳动模范"的荣誉设置，向积极参与综合类、实践类、党建思政类比赛项目的学生倾斜，充分调动学生了解人民群众真正的需求，将所学专业服务于社会，增强干事创业的积极性。

参考文献：

[1] 李程云.基于大学生就业的高等教育人才培养模式改革[J].创新创业理论研究与实践,2021,4(10):115-117.

[2] 宇文利.社会主义荣辱观理论教程[M].北京:北京世图出版社,2006.

[3] 陈国民,李会芹.学校荣誉体系的价值意蕴与设计思路[J].教学与管理,2012(22):14-16.

[4] 李南.新时代高校大学生荣誉体系构建路径探析[J].桂林师范高等专科学校学报,2019,33(02):24-26.

[5] Tang S M. Profile of college examination cheaters[EB/OL].http://web.b.ebscohost.com/ehost/detail/detail?vid=2&sid=9634036b-1ef2-47ac-936e-e68650d3ba3f%40pdc-v-sessmgr01&bdata=JnNpd=GU9ZWhvc3QtBGl2ZQ%3d%3d#AN=507588154&db=eue, 2017-05-10.

[6] Roanld L D. An Action Learning Perspective on Effective Implementation of Academic Honor Codes[EB/OL].http://journals.sagepub.com/doi/pdf/10.1177/1059601103261472?frame=sidebar&, 2016-05-10.

[7] Deborah F C, Shane. M. S. Learning from the Literature on Collegiate Cheating: A Review Debo-rah F. Crown of Empirical Research[EB/OL].http://link.springer.com.ezproxy.shsu.edu/article/10.1023/A%3A1017903001888, 2016-05-10.

[8] 王丽萍.论基于校训的高校学生荣誉体系之构建[J].黑龙江高教研究,2008(08):107-109.

[9] 陈淑玲.构建教师校本荣誉体系,促进教师专业高位发展[J].广东教育(高中版),2021(01):71-72.

[10] 激励创新构建荣誉体系[J].校园足球,2020(09):18-27.

[11] 王洁.构建高校学生荣誉体系育人实效性的路径探析[J].济南职业学院学报,2019(05):60-61.

[12] 杨宇.基于大数据的高校学生荣誉体系构建路径思考[J].文化创新比较研究,2018,2(34):27-28.

[13] 陈国民,李会芹.学校荣誉体系：一个不容忽视的教育触点——学校荣誉体系构建的价值意蕴与设计思路[J].中小学校长,2012(02):8-10.

[14] 王丽萍.论基于校训的高校学生荣誉体系之构建[J].黑龙江高教研究,2008(08):

107-109.

[15]宋金海.构建荣誉体系：创新激励教师发展路径应用研究[J].职业教育研究,2010(01):81-82.

（执笔：上海大学、上海音乐学院、上海中医药大学）

新时代本科生奖助体系研究项目成果报告

新时代本科生奖助体系研究组

一、研究目的

高校奖助工作是学生日常管理的重要内容，直接关系到学生的切身利益，因而受到社会和学生关注，同时这也是问题的多发地带，是学生日常管理工作的难点。开展好学生奖助工作，同时完善奖助育人体系对于家庭经济困难学生的成长成才具有重要意义，高校对广大学生的奖助工作满意度有很好的了解，以便随时作出调整，为学生提供更全面的资助服务，为学生更规范开展的奖助工作，深化奖助工作内涵，同时也为推进精准资助工作提供方向。

二、研究文献梳理概况

在中国知网上，以"资助"为主题搜索到文献 61 224 条；以"奖助学金"为主题搜索到文献 2213 条；以"奖学金"为主题检索到文献 76 883 条；以"助学金"为主题检索到文献 912 条；以"大学生、奖助"为主题搜索到文献 744 条。

（一）关于奖助学金育人功能的研究

主要研究奖助学金对学生具有育人和资助的两大功能，较多文章将研究焦点放在了如何更有效地发挥奖助学金的育人功能之上。谢丽辉认为本科生奖学金制度是本科生培养机制的重要组成部分，对其反思和改革只有明确了大学本科生的培养目标这个核心问题才可能是有意义的。刘和忠、赵贵臣认为，资助体系的德育功能作为最重要、最根本的功能，可以很好地促进其他功能的有效实现。把握好这个功能，也能够促进资助体系有效性的提高。张爱萍认为，资助体系中的各项制度能够起到培养学生诚信意识、引导诚信行为的作用，同时强调资助体系与社会信用体系的关联与融通。

胡芳提出贫困生资助体系要彰显育人功能，提升学生软实力。王永林、王哲认为，资助体系具有促进学生感恩意识、诚信意识、自立自强意识以及社会责任感形成的重要功能，可以很好地利用资助体系对学生进行思想政治教育。刘和忠、赵贵臣认为，资助体系在鼓励学生努力学习、排解学生心理问题等方面具有重要作用，是促进学生成才的有效路径。同时，资助体系在帮扶学生解决实际问题的同时，能够利用这个契机，激发学生的情感，渗透对学生的教育。戴诗雨认为，资助体系能够有效促进学生正确三观的养成，使他们正视家庭经济贫困这个客观事实，提高自我解决问题的能力，不断树立自立自强的意识。刘卫锋指出，高校资助工作根本目的在于育人，要在物质帮扶这个基础上进行思想政治教育。综合来看，资助可以在学生思想、学业、自立自强意识、心理、诚信教育、感恩教育等多方面发挥作用。

（二）关于奖学金制度中现存问题及解决途径的研究

通过对文献资料的梳理，学者对我国高校奖助学金制度中存在的问题的分析主要围绕资助范围、评定标准、宣传执行、发放程序和跟踪反馈等方面。其中，廖愉平（2014）对于本科生奖学金制度进行了详细的阐述。

1. 奖学金设立中存在的问题

奖学金种类单一。奖学金的设立主要分为一等奖学金、二等奖学金、三等奖学金，主要看成绩。对于其他种类的单项奖学金的设立缺乏重视，导致很多学生为了争取奖学金可能更注重的是应试技巧的培养，而在实践能力和综合素质的培养上减少精力。

奖学金覆盖面窄。在普通高校设定奖学金比例的过程中每个班只有15%的名额，竞争相当激烈，而由于奖项的单一，每年奖学金的获得者也基本上都是原班人马，而同时一些有着其他特长的学生也未必能够获得奖学金。

2. 奖学金评定中存在的问题

综合测评后的加分问题。在许多普通高校中奖学金的评定是通过综合测评考量，综合测评包括了德、智、体、社会实践四个方面，其中以智育成绩为主，综合测评将体育、道德水平量化本来就不尽合理，但在综合测评之后很有可能努力学习的学生因为其他学生的一些任职加分而在奖学金评定时被刷下来，加分无上限，加分标准不规范存在人为因素的干扰。

名额确定方式问题。名额确定方式有以下几种："专业排名""班级分配""学院领导综合确定"。三种方法依次可以使专业的学习氛围得到促进、班级之间的差距减小、奖学金的分配更加均匀。但是专业、班级、学院之间的差距还是让学生觉得奖学金评定的过程缺乏系统和全面科学的考量，学生的评定奖学金积极性锐减。

综合测评中对德育考核量化不合理。将德育水平量化打分失去了基本道德要求最初的意义，平时对集体活动的参加或者某次志愿活动就是为了期末的考评，使高校对学生道德的要求变得功利化。

综合测评中对体育的考评忽略了体质差异。在奖学金综合测评的过程中与上课的体育成绩直接挂钩，绕了一个大圈子最终还是成绩的考评，有些学生体质本来不好最终成绩也会降低，完全不考虑学生的体质差异，这反而给很多学生带来了极大的心理和生理压力。

评定制度和监督机制问题。在奖学金评定的过程中由于评定的标准不具体、不明确，评定的整个体系不尽科学，产生了很多问题。但在实际操作中主要存在评价标准模糊难以量化、评价体系科学性有待提高、助学和助贫界定不明确、奖学金评定监督机制不完善。

3. 对策建议

廖愉平（2014）也针对产生的问题提出了完善建议：合理扩大奖学金的覆盖面；适当增加奖学金的种类；设立加分上限，严格明确加分名目；完善德育、体育的测评方式；评选制度的规范化，建立有效的监督机制；加大奖学金政策的宣传力度。刘晶、范晓婷（2017）认为应该适当增加奖学金获奖比例和奖学金种类；帮助学生树立正确看待奖学金的态度；运用公平理论指导奖学金的设计和分配；跟踪奖学金的激励效果；缩短奖学金的发放周期；确保国家励志奖学金奖优助困双重功能的实现。

（三）关于助学金制度中现存问题及解决途径的研究

曙光、崔巍、斯日古楞（2020）认为国家助学金制度不断推进的过程中，还存在（1）效率与公平难以权衡；（2）育人与助困难以兼顾；（3）贫困生认定标准缺乏科学性；（4）评定过程和办法欠完善；（5）部分学生诚信缺失，高校在校生如何使用国家助学金问题上缺乏监管的困境。并基于发现的众多问题，引进了两种改进方案，分别是基于基础资助名额与竞争资助名额的分配方案和对边界点进行重新认定的方案。刘军（2020）认为高校奖助学金评定中存在的问题有（1）贫困生和特困生界线难以划分；（2）高校奖助学金评定依据和方式不合理；（3）资助学生的表现行为与资助初衷相违背。并提出解决高校奖助学金评定存在问题的对策：（1）做好思想政治工作，发挥领导作用；（2）丰富审核方式，提高审核能力；（3）建立完善的奖助学金制度，完善评定制度。田全喜、付博雅、方旎、黄亚舒（2020）建议要健全国家助学金评定体系，构建国家助学金使用监督机制，加强跟踪反馈，积极开展育人活动，加强受助学生的感恩励志教育。

其他学者也有类似的观点，从不同角度分析了助学金现存问题。付剑茹等（2014）的研究结果表明非农村户口学生更易获得国家助学金资助，这显然与国家助学金的资助目标相违背。陈绵水等（2013）也提出了包括暗箱操作等造成不公的国家助学金分配过程中的问题。郭昕等（2011）认为全班投票这一方案影响了贫困学生的身心健康，也可能导致不公。姚飞等（2016）对贫困证明及投票选定等方式存在的缺陷展开了相关研究。马彬等（2016）认为国家助学金评定标准的不统一性造成了国家助学金资助的不公。郑永红（2016）提出了学生诚信的缺失导致了国家助学金资助的不公。吴国军等（2016）提出了贫困生家庭的认定存在一定问题等观点。裴蕾（2016）提出了由于对国家助学金资助政策的理解误差导致了一定的资助偏差。

（四）关于奖助学金机制和实践的创新研究

此类文献的研究角度主要集中在奖助学金评选及评定过程中，针对如何做到公平和效率、如何做好学生管理工作进行了创新实践的探索。学者主要通过评选方式、评选人员、跟踪反馈、评选体系改善等方式完善现有的制度。北京科技大学土木与资源工程学院依据奖学金获得比例、学生申请习惯及成绩分布特点等实际情况,制定实施奖学金评审"阶梯制",面向拔尖学生实行差额答辩制,面向中游学生实行书面申请制,面向末尾学生实行申请答辩制,取得了良好成效。实施"阶梯制"评审模式,能够做到评审办法分层次,提升评审精细化;扩大参评范围,提升评审规范;搭建答辩展示平台,持续宣传表彰先进,取得了良好效果(邓波等,2020)。梁红军从德育角度出发,提出构建德育为先的资助政策体系路径。卢希芬和黄琴对资助体系进行创新,提"8+1"资助模式,该模式的根本目标是促进学生成长成才,突出对学生的感恩意识、自立自强教育,同时通过班级、学生组织和社团与学校的联动,实现对家庭经济困难学生的素质提高的帮扶作用。黄楚刁从资助育人入手,认为学校需要打造"三全育人"格局,调动所有老师参与进来,在教学、实践等各环节展开教育,实现学生从入学到毕业后的整个过程都渗透着育人的元素。姜立国认为高校应建立长期有效的家庭经济困难学生资助体制,并提出增强助学金激励作用的三条有效途径,即及时关注家庭经济困难学生这个特殊群体可能出现的一些问题;通过外界帮助激发学生的自强意识来实现自我帮扶与成长;促进受助学生帮助他人的意识养成,实现资助体系长效发展。李玉荣认为,促进资助体系思想政治教育长效机制形成的一条重要途径,是通过对家庭经济困难学生的家庭走访,深入了解学生真实情况,以实现对学生经济和精神发展需求的针对性的有效帮助。向辉提出,资助体系育人效果的有效发挥有赖于资助体系运行中各项举措的实行,比如增加勤工助学岗位、深入学生个体了解其对于经济帮助和发展帮扶的真实诉求。同时,还应明确高校在资助中的主体地位,利用好社会的协同作用,充分发挥高校和社会的共同育人责任。

(五)关于奖助学金中外制度的对比研究

有少量的中外制度对比研究文献资料,比较有代表性的是对中美相关奖助学金制度的个案研究。桂勇、柳洋(2016)从本科生奖学金评定制度的评定资格、评定对象、评定主体、评定内容、评定方法五个维度分析中国与美国的本科生奖学金评定制度,总结借鉴美国的成功经验,厘清目前中国存在的问题,提出完善中国本科生奖学金评定制度的相关对策:发挥奖学金的多重功能,评定资格平民化;减少奖学金的评定限制,评定对象多元化;确保奖学金的评定公平，评定主体民主化；重视学生综合能力发展，评定内容规范化；建立动态学生评价机制，评定方法科学化。

三、研究内容及方法

（一）高校奖助体系满意度调查及分析

通过对上海建桥学院、上海电机学院、上海中医药大学学生开展学生对高校奖助体系满意度问卷调查，并对调查结果进行分析，得出高校学生奖助工作满意度的主要影响因素，有针对性地提出改善学生奖助工作满意度的方法，以期进一步提高高校奖助管理水平。

本次调查采用的是学生满意度调查问卷的方式，问卷主要分成三部分，第一部分是学生个人基本信息方面的问题，第二部分是学生获得奖助信息的了解渠道及了解程度，第三部分是部分满意度评价及个人建议等方面的问题。

根据问卷调查的目的，于2021年11月11日—26日，采取类型抽样的方法向上海建桥学院、上海电机学院、上海中医药大学学生发放问卷星调查问卷，调查对象覆盖了2019—2021级三个学校各个学院的困难生，调查总人数达2065人，做到了代表性、科学性和真实性的统一。

从调查分析中我们可以得出影响高校奖助工作满意度的因素主要包括：政策宣传力度、困难生认定程序、资助育人活动的组织与开展等，据此提出了奖助满意度改善方法：

1. 进一步加大资助宣传力度，拓宽资助宣传方式

进一步加大资助宣传力度，拓宽资助宣传方式，首先学校应该重视学生各种奖助的宣传工作。在日常宣传基础上，对"招生时、报到时、毕业时"三个关键点进行重点宣传，同时结合学校层面、家庭层面、社会层面的不同特征，拓宽宣传方式，设计组织开展有针对性的、全媒体的、全方位的、常态化的宣传，其次，学生可通过举办正式隆重的颁奖仪式，以增强获奖学生的成就感和荣誉感，另一方面，这也是最好的宣传和榜样激励的机会。

2. 加强资助系统数据应用

进一步规范家庭经济困难学生认定工作，充分利用系统数据，通过学生

资助管理系统，采集建档立卡、低保、特困救助供养、孤儿、残疾等五类特殊群体困难学生信息，建立学校自己的数据库，加强对困难学生的系统管理和关注度，切实做到"应助尽助"。

3. 不断完善评奖评优办法

通过对于评奖评优的宣传，让高校学生都能了解到学生评奖评优的全过程，并且能够引导学生积极地参与其中，在严格执行学校制定的相关政策的同时，也需要在工作中不断地思考和完善学生评奖评优的制度，适合学校的发展需要与价值导向，同时根据各院系学生的特点，有针对性地细化评奖评优条件，将评奖评优工作落实到学生的成长成才中。

4. 不断创新资助育人的方式方法

把"扶贫""扶智"与"扶志"紧密结合起来，"物质扶贫"与"精神扶贫"相结合，并向"精神扶贫"深入，由原来的"国家资助、社会资助、学校资助"向"国家资助、社会资助、学校资助、学生自主"方向发展，构建物质帮助、道德浸润、能力拓展、精神激励有效融合的资助育人长效机制，引导学生在接受来自各方帮助时，怀有感恩之心，自立自强，同时也有责任反过来对社会、对他人提供帮助。

（二）资助工作者调研访谈及分析

通过对复旦大学、东华大学、上海电力大学、上海立信会计金融学院、上海电机学院、上海建桥学院、上海中医药大学7所高校17位资助工作者进行面谈走访交流，调研内容包括工作年限、负责资助工作内容、奖助学金项目宣传方式、奖助学金发放相关管理规定、工作实施困难等，结果如下：

1. 基本情况

这7所高校均设立专门的大学生资助机构，但大部分资助工作者工作年限较短，普遍在3年以下，表明资助工作岗位的流动性相对较大。大部分的受访学校所设立的大学生资助中心的专职工作人员人数较少，只有3名或3名以下的资助工作人员，仅有2所受访学校的大学生资助中心有超过5名专职资助工作者。可能是由于复旦大学及东华大学是教育部直属院校，学校资助中心直接对接教育部全国资助中心，直接受全国资助中心监管，因此学校资助工作的队伍建设比较完善。

2. 本科生奖助学金政策实施方面

能够依托线上线下相结合的方式进行宣传，通过线上的校园网、微信、QQ 以及易班等多种渠道，结合线下的学生工作例会以及培训会议等将工作通知及各类资助政策宣传到位。制定学校的奖助学金政策，奖助学金在评选标准和评选程序上公开透明且反馈渠道畅通。

但有部分学校提出不少困惑：（1）对于助学金的评选标准是否应该将学生的家庭困难情况作为最主要的评选依据，在评选助学金时是否需要多方面综合考量，将学生参加社会公益或者学习情况参考在内。（2）家庭经济困难学生不愿意申请困难认定及资助。（3）存在受助学生学业困难的情况。（4）奖助学金政策能够起到激励和帮助学生的作用，但激励作用如何能更大发挥仍需学校的进一步引导。（5）本科生奖助学金评选实施过程中存在的困难和问题有：个别校内奖学金的评定标准不细化；信息化办公系统需要进一步完善；国家助学金的按月发放要求在实施过程中比较难达成；精准识别家庭经济困难学生，评选标准科学合理性有待进一步细化；综合测评方案及操作需进一步优化。

3. 资助育人方面

学校开展资助育人活动，主要活动有资助诚信主题教育、资助宣传大使、演讲比赛、征文活动、优秀典型的宣传和宣讲，以及与学校特色活动相结合的特色育人活动，如复旦大学"助力成长计划"，搭建学业促进、心理支持、社会实践、视野拓展、创新创业五大平台、立信会计学院学生发展银行"成长币"业务偿还活动等。

资助育人活动都取得了一定成效，但活动反馈机制建立、活动的宣传力度、活动覆盖面、趣味性及吸引力方面需要进一步增强，资助育人活动的难以用客观指标评估。建议在以下方面可以进一步提高：（1）关注学生需求，定位学生真实需求，拓展活动形式和内容，加大资助宣传力度；（2）加强资助后的感恩教育以及朋辈力量宣传，让受助学生能够进一步反哺学校和社会，积极联系校友企业，成立校友奖助学金体系，扩大对贫困学子助学力度，在学业帮扶、就业辅导、考研升学上下功夫；（3）结合学校特色活动开展资助育人活动，任课老师、职能部门工作人员等全员参与资助育人活动；（4）建立更加完善的资助工作领导体制和运行机制，高校学生资助工作人员应该积极与辅导员、班主任、思想政治理论课教师、各类课程教师、党政党部等保持联系，在育人方面寻求必要的协助，同时也要将学生资助领域的育人题材分享给他们，丰富他们的教育教学案例，提升教育教学实效，增加学校、学院资助育人活动举办的时间和精力投入，精心策划、贴合实际需求，扩大宣传面等；（5）出台相关政策与制度，从顶层设计层面引起学校共识，为家庭经济困难学生提供更多的机会和平台参与科创、社会实践等各类活动；（6）形成一定的指标体系。

4. 奖助学金评选指标的建议

本科生奖助学金评选标准基本合理，但在某些需要讨论的边界条件建议统一标准或集中讨论，形成本硕博一体化的评价体系。在助学金评选方面，建议进一步增强民主评议的作用实现精准资助，让真正需要帮助的同学得到资助；建议在申请条件中增加一些需要受助学生付出自身努力后才能获得相应资助的内容；建议助学金标准设立关注到两极的困难学生，建立以通过社会实践、劳动教育、志愿服务、职业发展教育为标准的助学金评选标准等。

（三）本科生奖助体系工作的好做法和好经验

在调研和走访的同时，向复旦大学、东华大学、上海电力大学、上海立信会计金融学院、上海电机学院、上海中医药大学六所高校征集特色案例，汇编成册。

1. 经济资助，成才辅助，助力学生终身发展

复旦大学围绕"经济资助、成才辅助，助力学生终身发展"的工作目标，培养学生资助工作团队和学生朋辈组织即本科生助学成才家园两支队伍，设计"助力成长计划"，主动深入研究家庭经济困难学生的成长特点和发展需求，为学生搭建学业促进、心理支持、社会实践、视野拓展和创新创业五大平台。

2. 多措并举培育卓越人才，探索"五育并举"育人模式

长期以来，东华大学积极探索面向未来的高水平人才培养体系和人才培养模式，在学校的指导下，东华大学环境学院深学笃用习近平新时代中国特色社会主义思想，认真贯彻落实全国教育大会精神，坚持德育为先，德、智、体、美、劳五育并举，不断完善人才培养体系，形成点、线、面三位一

体育人模式，丰富资助育人内涵，促进学生全面发展、健康成长，探索人才培养新途径。

3. 修己立德、志智双扶

以习近平新时代中国特色社会主义思想和党的十九大精神为指导，上海中医药大学学生资助工作在市教委和校党委的领导下，严格依据相关资助文件要求，坚持"育人为本、德育为先、能力为重、全面发展"的原则，不断完善资助规章制度，拓宽资助渠道，加大资助力度，健全以"奖、贷、助、勤、补、免、偿"为主要方式的资助体系，不断提高资助育人水平，在资助育人实际工作中转变传统观念，创新工作方式，把资助和育人有机融合起来，立足中医药院校特色，扎根传统文化基因，形成以"诚信为先、自强自立、学会感恩、文化传承"为价值取向，以"诚信教育、挫折教育、感恩教育、人文教育"为一体的资助育人新模式，将系统化管理服务和思想性价值引领充分融合，形成资助育人和文化育人的协同效应，进一步丰富和深化新时代资助育人的内涵，全力打造具有中医药特色的育人成才的发展型资助新模式。

4. 立德树人视域下"齐心、精准、励志"三全育人资助模式研究

高校资助工作是高校学生工作的重要组成部分，研究如何借助资助这一平台更好地推进高校德育工作，优化困难学生资助机制，帮助更多困难学生健康成长，具有深厚的德育价值与重要的社会价值。"三全育人"理念为高校育人工作发展提供了新的路径支撑，以上海电力大学计算机科学与技术学院为例，通过四级联动，积极打造全员化、个性化资助工作运行模式，即全员、全过程以及全方位育人，将"三全育人"理念与资助育人工作紧密结合，从而解析出谁来育人、怎样育人、育人成效如何资助教育基本问题。

5. 资助与实践碰撞，感恩与青春绽放

上海电力大学资助育人工作充分与社会实践队融合，形成了"资助育人+社会实践"的模式，互相促进，相得益彰，创新资助育人工作的同时，在潜移默化中提升受助学生的社会责任意识，培养了受助学生们"自立自强、爱国奉献、感恩社会"的品德，社会实践队成员在砥砺奋进、踏实前进中不断实现自身的社会价值、展现青年担当。

6. 以诚信为导向的"学生发展银行"创新育人平台探索及其实践

中共中央、国务院印发的《深化新时代教育评价改革总体方案》中提出要

完善立德树人体制机制，扭转不科学的教育评价导向。上海立信会计金融学院始终坚持将立德树人与专业教育有机融合，在人才培养中矢志坚持改进结果评价，强化过程评价，探索增值评价，健全综合评价，创新搭建出实践育人新平台——学生发展银行。首创以"成长"还"资助"的帮扶理念，帮助贫困学生有尊严地接受资助，激发学生成长成才的内生动力，在服务国家乡村振兴战略中展现高校担当，为高校推进教育评价体系改革提供创新工作方法。

7. 量化指标，分类考核

根据《高校思想政治工作质量提升工程实施纲要》中提出的"通过构建资助育人质量提升体系提升高校思想政治工作质量"的具体要求，上海电机学院建立学生工作绩效考核指标体系，全方位以量化指标考核学生工作育人成效，在资助育人模块，通过资助育人量化指标考核进一步提升资助工作质量，建立负面清单制度，确保精准规范开展资助工作，完善资助政策，强化资助育人成效，激励学院在精准资助的基础上做好资助育人工作。

8. 育人育心，规划成长

上海电机学院商学院以"为党育人，为国育才"为根本任务，把立德树人融入资助工作，积极开拓校内外资源，为商学院家庭经济困难学生构建物质帮助、素质提升、生涯规划三级资助体系，使每位同学在大学期间收获成长、实现梦想。

四、研究思考与展望

资助育人是"三圈十育人"背景下实现"立德树人"的重要手段，要注重突出其育人作用。在奖助学金评选全过程中强化资助育人理念，加强资助队伍建设，优化资助育人环境，从而发挥奖助学金的育人功能，培养具有远大理想的社会主义接班人和建设者。

（一）强化资助育人理念

办好人民满意的教育，是深入贯彻以人民为中心的发展思想的具体体现，只有办好人民满意的教育，才能为实现中华民族伟大复兴的中国梦提供源源不断的智慧支持。高校工作人员应当意识到奖助学金的育人功能，在工作中注重发挥奖助学金的育人功能，把育人理念体现在奖助学金评选的全过程。在制定规则时要重点突出奖助学金的导向功能，确保评选对象信息的真实可靠；在评选环节，要突出奖助学金的人文关怀和情感激励作用，注重推动学生全面发展；评选结束后要建立完整的跟踪制度，关注学生获得奖学金之后的发展情况，探索发展型的工作理念。真正坚持以学生为本，注重发挥奖学金的育人功能。

同时，也要注意发挥奖助学金的情感激励和心理疏导作用。要注重引导学生反思奖助学金的本质，让学生认识到奖助学金是党和国家、社会人士对学生的关怀和照顾，激发学生爱党爱国、回报社会的热情，真正传承奖助学金中蕴含的精神财富。同时也要注重经济帮扶与心理帮助相结合，强化情感关怀工作理念。要注重把握育人这个工作核心，强化素质教育、道德教育、诚信教育，引导学生健康成长，强化学生的担当和使命。

（二）深化资助机制完善

加强资助育人队伍的专业化建设。根据教育部规定，各高校应当按照1∶2500的比例确定专职的资助管理中心人员，然而实际中部分高校并未严格按照比例配置，甚至多数工作由辅导员完成。然而辅导员身兼数职且无法在规则评定时具有较大话语权，辅导员缺少反思奖助学金育人功能实现的积极性和创造力。因此必须打造具有良好沟通能力、专业执行能力、从事学生德育工作基本素养的专门队伍。

依托专门队伍，建立家校联动的思想政治教育长效服务联动机制。家校在培养学生方面，目标是一致的。但是在具体培养方面，家庭、学校扮演着不同角色也发挥着不同作用。此外，奖助学金的后续追踪也需要家庭的配合。因此，在发挥奖助学金的育人功能上，应当注重发挥家庭的作用，重视社会、家庭、学校之间的横向联系，充分整合家庭、学校和社会资源，利用好各方面的教育优势，促进资源整合形成优势互补，实现"立德树人"目标。完善奖助学金评选体系，细化规则设置、规则执行和监督管理，把育人理念、诚信教育和道德教育融入奖助学金评选的全过程、各环节。专门队伍可以调研校内各学院的执行情况，针对不同学院的情况制定具有可执行性的评选规则，避免出现一刀切的按照比例划分名额的情况。同时健全监督管理制度，建立完整的追责机制，对于弄虚作假、学术不端的学生，采用限制申报奖助学金、校园服务等方式，要求学生为自己失信行为担责。

（三）优化资助育人环境

优化奖助学金的育人环境，对于推动奖助学金评选的科学化、民主化有一定价值，还会产生"润物细无声"的隐性作用。要加强诚信教育、法治教育、道德教育和感恩教育，从观念上引导学生学会感恩、遵守规矩、做事诚信，让诚信教育、法治教育、道德教育和感恩教育真正入脑入心。要加强榜样宣传，注重发挥榜样的力量。奖助学金评选规则是抽象的，其中内藏的价值是隐性的。而推出的榜样是有形的，榜样的存在可以把价值引导变成可触摸、可感知、可学习的鲜活样本。将榜样力量与传统宣传相结合，在潜移默化中改变学生观念，发挥奖助学金的育人作用。

五、研究总结

资助体系的育人功能作为最重要、最根本的功能，可以很好地促进其他功能的有效实现。把握好这个功能，也能够促进资助体系有效性的提高。新时代背景下，我们更加应该不断探索资助育人功能提升的新路径，将育人理念融入奖助学金评选的全过程、各环节，真正做到全员育人、全程育人、全方位育人，为党和国家培养拥护中国共产党领导和我国社会主义制度、立志为中国特色社会主义事业奋斗终身的有用人才。

本专科生奖助学金育人作用的困境及提升路径研究

新时代本科生奖助体系研究组

随着我国高等教育体系的发展，高等院校奖助学金体系也日臻完善，目前已经建立了国家奖学金、国家励志奖学金、国家助学金、国家助学贷款、师范生免费教育、勤工助学等的多元混合体系。此外各高校还有基于高校自身经济实力及社会捐助而设立的各类奖助学金，如：清华大学特等奖学金、北京大学校长奖学金，上海中医药大学基于学校特色优势及社会捐赠也建立了完整的奖助学金体系，如学习进步奖和社会工作奖等单项奖学金。对于大多数学生而言，高校提供的各类奖助学金都是不小的收入，因此也就具有较大的激励作用。然而有数据显示，奖助学金的思想政治引领作用发挥在实际学生工作中仍存在一定问题，41.77%的被调查者对奖助学金育人效果表示一般，8.1%表示不满意。因此，如何切实发挥奖助学金的思想政治引领作用具有重要意义。

一、本专科生奖助学金的内容和分类

高校学生资助体系指国家建立的包含奖贷助勤补免等多种制度，以帮助学生解决上学难问题，促进学生勤奋学习、努力进取、成长成才的政策体系。其中奖助学金可以按照提供主体、受奖受助对象的标准、奖助学金等级进行不同的分类。

（一）按照提供主体划分

可以分为国家奖助学金和社会奖助学金。国家奖助学金是由国家出资设立，资金来源于政府的公共财政或称为国有资金。社会奖助学金的提供主体则一般为个人慈善家、社会公益团体及企业，其资金来源一般为个人或企业盈利收入、社会募集资金等。

（二）按照受奖受助对象的标准划分

高校奖助学金可分为研究生奖助学金、本科生奖助学金及专科生奖助学金（部分高校对于新入学学生还会设置新生奖学金）。受奖受助对象的不同，奖学金与助学金提供的金额与比例也不同。其中，本、专科学生奖助学金中的奖学金，又可分为优秀学生奖学金、专业学生奖学金、定向学生奖学金，这些奖学金从设置之初一直保持到现在。[1]

（三）按照奖助学金级别划分

高校奖助学金又可分为国家级奖助学金、校级奖助学金、院级奖助学金。国家级奖助学金一般是由国家制度统一规定，其奖励及资助金额、比例、对象等遵循相关文件的一致规定；校级奖助学金一般是由学校根据本校经费情况自行设立，其奖励及资助金额、比例等具有一定的自主性；院级奖助学金一般是由学院根据本学院的资费情况进行设立，一般奖励或资助额度较少，部分高校并不设立这一层级。

二、本专科生奖助学金育人作用的内涵

高校奖助学金不仅仅是帮助学生克服经济困难，更重要的是在立德树人这个中心环节中对学生全面成长有着重要作用，有强大的思想政治教育功能，主要表现在物质关怀与人文关怀、思想引导与行为规范、制度认同与情感激励以及心理疏导与人格塑造等方面。

（一）物质关怀与人文关怀功能

物质关怀与精神激励是奖助学金最基础的功能。"努力让每个孩子都能享有公平而有质量的教育"，是党的十九大报告作出的庄严承诺。"公与平者，即国之基址也。"教育公平理念自古有之，习近平总书记也提出："要全面贯彻党的教育方针，落实立德树人的根本任务，发展素质教育，推进教育公平，培养德智体美全面发展的社会主义建设者和接班人。"[2] 党和国家历来重视教育公平问题，并且通过完善各项奖助学金体系保障"不让一个孩子因家庭经济困难而失学"。这正是奖助学金物质关怀和人文关怀功能的体现。一方面，奖助学金是对学生物质层面的关怀。物质资助历史悠久，初衷是为了帮助困难家庭学生完成学业同时也激励学生发展。[3] 奖助学金的建立就是人文关怀的体现，实现物质帮助的同时内涵育人价值。另一方面，人文关怀还包括精神层面的关心。奖助学金不仅是物质层面的帮助，也是精神层面的关怀。把"人"视为核心，从"以人为本"的理念出发，挖掘学生内在亮点，引导学生全面发展。

（二）思想引导与行为规范功能

高校奖助学金评选规则内含了对学生的评价价值取向，即高校认为什么样的学生是优秀的。这就是高校奖助学金的核心作用——导向性和引领性，也就是通过奖助学金的评选引导学生成为国家和高校所希望培养的人。具体来说体现在两个方面：第一，依托奖助学金加强学思想引导。奖学金的发放对象主要是成绩优秀、思想过硬、表现良好的优秀学生，助学金的发放对象主要是家庭困难或家庭相对困难且优秀的学生。在具体发放规则上，不同奖学金具体不同，如国家奖学金的申报要求学生在德智体美劳各方面皆表现突出，国家励志奖学金的申报要求学生家庭困难且在德智体美劳各方面皆表现优秀。在奖助学金政策宣传过程中，可以引导学生加强爱国爱党情感，树立正确的世界观、价值观和人生观，坚定理想信念。第二，依托奖助学金引导学生加强行为规范。对于学生而言，奖助学金评选规则的导向性无疑为学生提供了行为规范的要求，促进学生在学习生活方面以更高的标准和要求不断提升自我。

（三）制度认同与情感激励功能

奖助学金的制度认同与情感激励是指在发放对象获得奖助学金后，其内在情感会被激发。青年是国家和民族的希望，青年学生是社会主义建设者和接班人。习近平总书记2018年在全国教育大会上指出："要在坚定理想信念上下功夫，教育引导学生树立共产主义远大理想和中国特色社会主义共同理想，增强学生的中国特色社会主义道路自信、理论自信、制度自信、文化自信，立志肩负起民族复兴的时代重任。要在厚植爱国主义情怀上下功夫，让爱国主义精神在学生心中牢牢扎根，教育引导学生热爱和拥护中国共产党，立志听党话、跟党走，立志扎根人民、奉献国家。"奖助学金是激发学生爱党爱国情怀的方式之一。在学生入学前，通过录取通知书内容、生源地等多渠道宣传；在学生入学后提供勤助岗位、大病救助等具体助学措施。让学生在学校学习的全过程中感受到党和国家的关怀，激发学生的爱党爱国情怀。

（四）心理疏导与人格塑造功能

除了物质层面的资助，奖助学金也发挥着心理疏导与人格塑造功能。高校学生基本都处于人生探索、成长的过程，奖助学金可以帮助培养和增强学生的心理品质抗挫折能力和交流沟通能力。一方面，各类奖助学金的申请、申报都需要填写材料与老师交流沟通，甚至还需要经过同学民主评议和院校组织的答辩会议。在申请、申报奖助学金的过程中，申请学生的交流沟通能力、总结能力和文字写作能力势必可以得到提高，同时也会加强师生交流、同学相互了解，从而隐形地让师生关系、同学关系更为密切，做到相互情感沟通。另一方面，奖助学金的存在可以让学生正确认识挫折、了解挫折、应对挫折。挫折并不可怕，可怕的是不知道如何解决。通过奖助学金，让申报学生在交流中客观、理性认识困难，树立战胜困难的勇气，培养正确应对困难的措施。

三、本专科生奖助学金育人作用的困境

目前来说，本专科生奖助学金的育人作用发挥存在诸多困境，学生对奖助学金政策存在认知误区，试图通过各种手段获得奖助学金；品格塑造作用和情感激发作用体现不明显；缺少对获奖学生的心理层面关注。[4]具体而言，奖助学金的功利化、评选规则的不完善、育人过程的简单化是阻碍奖助学金的思想政治引领作用发挥的主要因素。

（一）学生对奖助学金看法的功利化

意识指导实践改造世界，人的行为体现了人的意识。也就是说，学生对

奖助学金的看法是学生如何利用奖助学金的向导。然而在实践过程中，高等院校长期将奖助学金评选工作与育人工作相分离，负责评选的工作人员注重评选是规则的公平化，是否严格按照规则完成评选工作，无暇顾及育人功能的实现，缺乏挖掘奖助学金背后育人价值的积极性。而负责德育的工作人员无视具体事务对学生的潜移默化的影响，让思想政治教育工作悬浮空中，注重形式罔顾内容，无法真正让思想政治教育工作入脑入心，真正做到内化于心、外化于行。[5]学界也提出，市场经济背景下人心浮躁，缺乏物质利益的思想政治教育工作没有说服力，要加大物质奖励从而帮助完成思想政治教育工作目标。[6]然而，上述情况忽视了奖助学金中内涵的育人价值，过度功利。奖助学金的发放不是单纯的完成评选、安全发放奖金即可，在奖助学金的评选规则中内涵了育人的价值取向。单纯仅仅完全按照规则选拔奖助学金资助人员，为了避免被投诉而采用看似公平的方式完成选拔，实际上就是过度功利化而忽视了奖助学金的育人功能。长此以往，会导致学生对奖助学金的认识偏向功利化、庸俗化，从而培养出"精致的利己主义者"，而非具有远大理想的社会主义接班人和建设者。

（二）奖助学金评选机制的不完善

第一，管理机制的不完善。管理机制主要包括各类奖学金评选规则、各类助学金困难人员的认定规则等。这些看似公平的评选规则实际上存在较大的操作空间。以经济困难学生认定为例，多数学校要求经过个人申报—学院评议—学校审核公示的环节，这一过程看似十分规范，但是学生可以在申报材料及评议过程中弄虚作假，以获得贫困生身份。再以国家奖学金评选为例，国家奖学金是当前高等学校学生能够获得的荣誉等级最高的国家级奖学金，评审过程最为严格规范，但是在申报过程中，学生会采用不良手段获取国家奖学金。这些暴露奖助学金在管理规则上存在的诸多问题，没有将诚信教育融入奖助学金的评选过程，真正发挥奖助学金的育人价值。

第二，监督机制的不完善。奖助学金的评选规则中缺少对于获奖学生的后续监管和长久发展追踪措施。具体来说，第一，缺少对于贫困生身份的监管和退出管理制度。贫困生的认定不是长久的，目前高校基本是在每学年开始时集中认定一次，年度认定的方式使得被认定学生只需要在公示期内"表现良好"即可。第二，缺少对育人工作的长期追踪。奖助学金不仅是为了物质资助，更多是育人。然而，目前多数奖助学金的发放多是"一次性交易"，只要完成评选和发放工作即可，缺少对于获奖学生的长期追踪。

（三）奖助学金育人过程的简单化

奖助学金是设立单位与获奖学生间物质资金与精神财富的重要沟通通道。然而，目前的奖助学金发放只注重物质资金的发放而忽视了精神财富的传承。高校负责评定各类奖助学金的一线工作人员是辅导员，他们的资助行为决定了奖助学金的育人效果。目前来说，奖助学金的评选一般是学校根据比例确定名额下发到各学院，各学院在学校规则上制定学院规则选拔人员，学校公示学院选拔人员后上报省级部门并将奖助学金发放至学生校园卡。看似规范、公平的流程却将奖助学金变成了单纯的"利益交换"，无法体现奖助学金的育人功能和思想政治引领作用。学生在获得奖助学金的过程中无法体会党和国家及奖助学金设立单位（人）对他们的关心，也没有办法提高诚信意识、自立自强意识。

四、本专科生奖助学金育人作用的提升路径

资助育人是"三圈十育人"背景下实现"立德树人"的重要手段，要注重突出其育人作用。要在奖助学金评选全过程中强化资助育人理念，加强资助队伍建设，优化资助育人环境，从而发挥奖助学金的育人功能，培养具有远大理想的社会主义接班人和建设者。

（一）强化资助育人理念

办好人民满意的教育，是深入贯彻以"人民为中心"发展思想的具体体现，只有办好人民满意的教育，才能为实现中华民族伟大复兴的中国梦提供源源不断的智慧支持。高校工作人员应当意识到奖助学金的育人功能，在工作中注重发挥奖助学金的育人功能，把育人理念体现在奖助学金评选的全过程。在制定规则时要重点突出奖助学金的导向功能，确保评选对象信息的真实可靠；在评选环节，要突出奖助学金的人文关怀和情感激励作用，注重推动学生全面发展；评选结束后要建立完整的跟踪制度，关注学生获得奖学金

之后的发展情况，探索发展型的工作理念。真正坚持以学生为本，注重发挥奖学金的育人功能。

高校工作人员也要注意发挥奖助学金的情感激励和心理疏导作用。要注重引导学生反思奖助学金的本质，让学生认识到奖助学金是党和国家、社会人士对学生的关怀和照顾，激发学生爱党爱国、回报社会的热情，真正传承奖助学金中蕴含的精神财富。同时也要注重经济帮扶与心理帮助相结合，强化情感关怀工作理念。要注重把握育人这个工作核心，强化素质教育、道德教育、诚信教育，引导学生健康成长，强化学生的担当和使命。

（二）深化资助机制完善

首先，加强资助育人队伍的专业化建设。根据教育部规定，各高校应当按照1：2500的比例确定专职的资助管理中心人员[7]，然而实际中部分高校并未严格按照比例配置，甚至多数工作由辅导员完成。然而辅导员身兼数职且无法在规则评定时具有较大话语权，辅导员缺少反思奖助学金育人功能实现的积极性和创造力。因此必须打造具有良好沟通能力、专业执行能力、从事学生德育工作基本素养的专门队伍。

其次，依托专门队伍，建立家校联动的思想政治教育长效服务联动机制。家校在培养学生方面，目标是一致的。但是在具体培养方面，家庭、学校扮演着不同角色也发挥着不同作用。此外，奖助学金的后续追踪也需要家庭的配合。因此，在发挥奖助学金的育人功能上，应当注重发挥家庭的作用，重视社会、家庭、学校之间的横向联系，充分整合家庭、学校和社会资源，利用好各方面的教育优势，促进资源整合形成优势互补，实现"立德树人"目标。

最后，完善奖助学金评选体系，细化规则设置、规则执行和监督管理，把育人理念、诚信教育和道德教育奖助学金评选的全过程、各环节。专门队伍可以调研校内各学院的执行情况，针对不同学院的情况制定具有可执行性的评选规则，避免出现一刀切的按照比例划分名额的情况。同时健全监督管理制度，建立完整的追责机制，对于弄虚作假、学术不端的学生，采用限制申报奖助学金、校园服务等方式，要求学生为自己的失信行为担责。

（三）优化资助育人环境

优化奖助学金的育人环境，对于推动奖助学金评选的科学化、民主化有一定价值，还会产生"润物细无声"的隐性作用。要加强诚信教育、法治教育、道德教育和感恩教育，从观念上引导学生学会感恩、遵守规矩、做事诚信，让诚信教育、法治教育、道德教育和感恩教育真正入脑入心。要加强榜样宣传，注重发挥榜样的力量。奖助学金评选规则是抽象的，其中内藏的价值是隐性的。而推出的榜样是有形的，榜样的存在可以把价值引导变成可触摸、可感知、可学习的鲜活样本。将榜样力量与传统宣传相结合，在潜移默化中改变学生观念，发挥奖助学金的育人作用。

五、结语

资助体系的育人功能作为最重要、最根本的功能，可以很好地促进其他功能的有效实现。把握好这个功能，也能够促进资助体系有效性的提高。新时代背景下，我们更加应该不断探索资助育人功能提升的新路径，将育人理念融入奖助学金评选的全过程、各环节，真正做到全员育人、全程育人、全方位育人，为党和国家培养拥护中国共产党领导和我国社会主义制度、立志为中国特色社会主义事业奋斗终身的有用人才。

参考文献：

[1] 史澳,张倩,马晓琴.高校奖助学金育人效果现状及影响因素调查实证分析[J].新经济,2021(08).

[2] 杨克瑞.战后美国联邦政府大学生资助政策研究[M].北京：北京师范大学出版社,2008.

[3] 习近平.决胜全面建成小康，夺取新时代中国特色社会主义伟大胜利[N].人民日报,2017-10-28(1).

[4] 刘婷婷.高校思想政治教育人文关怀研究[D].太原：太原理工大学,2017.

[5] 焦莹莹.高校大学生资助工作的育人功能研究[D].西安：西安科技大学,2020.

[6] 赵贵臣.中国大学生资助体系德育功能研究[M].北京：人民出版社,2015.

[7] 教育部.关于进一步加强高等学校学生资助工作机构建设的通知[N].中华人民共和国教育部.2006-05-10.

新时代研究生奖助体系研究报告

新时代研究生奖助体系研究组

2017年10月18日,习近平总书记在党的十九大报告中庄严宣告:"经过长期努力,中国特色社会主义进入了新时代,这是我国发展新的历史方位。"2021年我国取得了全面建成小康社会和脱贫攻坚的伟大胜利,开启了全面建设社会主义现代化国家新征程。纵观历史发展,一个新时代的到来必定会引发一场广泛而又深刻的社会变革。在教育领域,研究生教育不仅是我国高等教育的重要组成部分,更是位于整个国民教育体系的最顶端。研究生教育不仅是高层次创新人才培养的重要途径,更是基础研究和高技术领域创新成果的重要源泉。研究生奖助政策体系的制定和实施与研究生教育的培养质量密切相关,研究生奖助体系包括研究生国家奖学金制度、研究生学业奖学金制度、研究生国家助学金制度、研究生"三助一辅"制度、国家助学贷款制度、减免学费、发放临时困难补助、绿色通道等配套政策措施。构建新时代的研究生奖助体系,不仅对研究生教育有着重要意义,更关乎我国教育和科技发展的未来。

一、研究生奖助体系研究的理论基础

1. 高等教育成本分担理论

20世纪70年代,美国著名教育经济学专家约翰·斯通提出了高等教育成本分担理论。他在研究大学生资助政策的过程中,将"成本分担"作为一个基本概念使用,将高等教育的成本分为三大类,分别是教学成本、学生生活成本、学生接受高等教育而放弃其他收入的机会成本。他认为高等教育是同时兼具投资性和收益性这两种特性的活动,高等教育表现出来的外部收益性很明显，国家、个人、家庭、学校、企业及纳税人等都可以作为高等教育的受益对象，可以同时满足多个对象的需要。从市场经济的运行规律来看，这些可以从高等教育之中获得收益的主体都应当去分担高等教育所要付出的成本。

因此，约翰·斯通认为无论在什么社会、体制和国家，高等教育的成本都必须由政府、家长、学生、纳税人和高等院校等来分担。单纯依靠政府并不能完全提供发展高等教育所需的资金，按照"谁受益谁付费"的价值常识，这就要求高等教育的受益者，主要是学生和学生家长也要分担一部分高等教育的成本。他认为可以通过各种方式实现由学生和家长分担高等教育成本，成本分担到学生和学生家长身上后自然会加重他们的生活负担，尤其对于那些家庭经济条件比较困难的学生而言更是一笔不小的负担，因此，要实行高等教育成本分担就必须要有与之相配套的学生奖助体系。高等教育成本分担理论创造性地从经济学的角度出发，为我们阐明了高等教育的成本应当由高等教育的"收益人"进行承担，在各个主体进行成本分担的同时还应考虑到各个主体的经济支付能力。高等教育成本分担理论是进行研究生教育在收费背景之下奖助政策研究的有力理论支撑。

2. 激励理论

激励是通过持续激发人的行为动机，使其始终保持在激动和兴奋的心理状态中，始终保持高昂的热情。常用的激励理论有三类：内容型激励理论、过程型激励理论和调整型激励理论。三种类型的激励理论各有侧重，内容型激励理论强调动机的产生；过程型激励理论重视目标的设定；调整型激励理论则侧重于行为的调整。内容型激励理论主要包括马斯洛的需要层次理论、赫茨伯格的双因素理论和戴维、麦克里兰的成就需要理论。过程型激励理论主要包括弗隆的期望理论和亚当斯的公平理论。调整型激励理论比较著名的是斯金纳的强化理论，包括正面强化和负面强化两种类型。激励的过程是一个复杂的过程。人的行为不仅受到内在因素的影响，也受到外部环境的影响。

内在激励是通过学习和工作本身带给人的责任感、使命感、荣誉感等促使人为了达到既定目标，实现自我认同和价值的一种激励方式，是一种自发的源于人的内部世界的意识，往往比较稳定。研究生在学校里潜心学习和科研，不仅是为了学业要求从而取得相应的学位，更深层的意义是，通过这样一个过程来实现自我价值，获得一种对自我社会身份的认同，对自我学习和研究能力的肯定。外在激励来源于外部世界，根据人们学习或工作的表现，给予与其表现相对应的外部刺激。一般而言，外在激励的主要形式是物质刺激，有奖励也有处罚。外在激励尽管是外部的、物质的，却和内在激励一样对激励对象造成一种心理导向，让受激励的对象在进行学习和科研时更有动力。对于研究生而言，通过个人的努力获得相应的奖助学金，这种行为本身就是一种受到激励的过程。

二、研究生奖助体系演变的历史回顾

新中国成立以来，我国研究生教育发展经历了五个时期：初始探索期（1949—1977年）、恢复发展期（1978—1988年）、稳步发展期（1989—1998年）、快速发展期（1999—2009年）、内涵发展期（2010年至今）。随着研究生教育改革不断纵深发展，研究生奖助体系也随之发生重大变化。从1978年至今，我国研究生培养大致经历了公费培养研究生、公费与委培共存、公费到自筹过渡、全面收费四个阶段。

公费培养研究生阶段（1978—1984年），这一阶段的研究生培养为公费培养，实行"人民助学金"制度，研究生的学费由国家统一承担，并给予研究生生活补助，毕业以后对研究生的工作进行统一分配。委培与公费共存阶段（1985—1991年）：1984年研究生委培模式出现，由用人单位提供费用进行研究生的培养，1985年开始实行研究生双轨收费模式，在此期间仍旧以公费培养研究生为主。公费向自筹过渡阶段（1992—2013年）：将研究生全日制研究生分为计划内研究生和计划外研究生两大类，在计划内研究生又分为非定向和定向两类，计划外的研究生分为委培和自筹两类，对于后三种培养模式研究生收取相应的培养费用。全面收费阶段（2014年至今），这一模式为现行的研究生培养模式，在招生计划之列的学生都需要为其所接受的研究生教育支付一定的费用，确立了我国新时期研究生奖助政策，标志着公费研究生的时代正式结束，公费研究生奖助政策也正式宣告终结。

研究生奖助政策经历了数十载的变迁，研究生奖助制度也进行了较长时期的嬗变，这是一个不断发展与完善以顺应高等教育需要与变化的过程。自2014年国家开始推行研究生全面收取学费，研究生资助不再是以往简单的

"全包"模式,而是实行国家奖学金、助学金、助学贷款、学业奖学金、"三助一辅"、学费补偿贷款代偿、困难补助等多种方式并行的"奖、助、贷、勤、免、补"多元资助模式,高校研究生资助工作趋于复杂。在研究生教育进行全面收费之后,研究生奖助政策更加多样化与多元化,各高校都依据相关文件和自身的实际情况,制定了一系列自身的奖助政策以激励学生更多地将精力投入到学习与科研工作之中。研究生助学金体系是研究生顺利就学的重要保障,是整个研究生教育体系的"底线";而研究生奖学金体系则是引领最优秀研究生发展方向的"指挥棒",可谓是整个研究生教育体系的"天线"。由此可见,新时代研究生奖助体系的构建是整个研究生教育培养体系最值得关注的领域之一。

三、研究生奖助体系研究的概述

以"研究生奖助体系"为主题对CNKI数据库进行全文检索,共检索出学位论文10篇,学术期刊132篇;自2003年起,有关"研究生奖助体系"研究开始出现,并在2013年后一直保持着较高的研究热度,并在2016年前后达到顶峰。目前有关研究生奖助体系的研究成果主要集中在:从工作实际出发阐述研究生奖助体系存在的问题,探究研究生奖助体系所具有的重要功能,并从理论、实践、国外经验等视角探究研究生奖助体系的构建。详见图1。

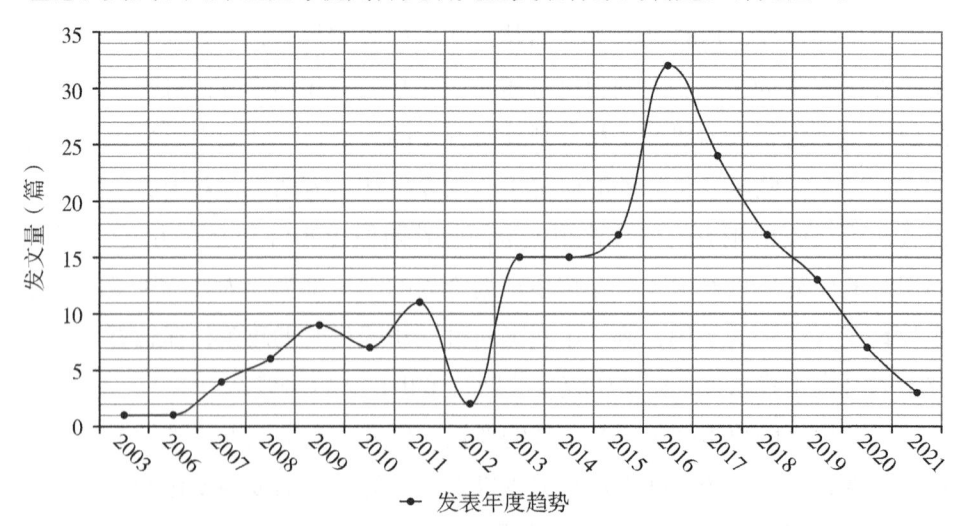

图1 中国知网研究生奖助体系研究文献数量年度趋势图

随着时代的变迁和高等教育的发展，研究生奖助体系在实行过程中出现了诸多亟待解决的问题。伴随研究生收费制度的全面实行，诸多研究者认为研究生奖助体系不仅在经费来源、评选过程和指标体系上存在一系列问题，特殊群体和不同学科的诉求也值得进一步关注，而资助背后的育人问题更需要重点关注。

面对我国研究生奖助体系存在的主要问题，基于研究生奖助体系的保障和激励—导向功能对于研究生培养的重要作用，国内学者主要从理论研究、实践探索和国外经验介绍等视角探究研究生奖助体系的构建。对于研究生奖助体系的构建，从理论视角出发，活跃度最高、应用最广泛的理论是双因素理论，基于创新驱动发展需求和系统化理念的理论也有一定的应用。众多研究者从实践出发，以工作实际为案例，探索研究生奖助体系的构建。部分学者通过分析，认为所在高校已经建立了较为行之有效的研究生奖助体系。而更多的学者通过分析，认为所在高校虽然建立了比较完善的奖助体系，但仍然存在诸多问题亟待解决。

对于研究生奖助体系的构建，国内有部分学者从国外经验的引进介绍出发。目前对国外经验的引进介绍主要聚焦在高等教育发达的欧美等发达国家，其成熟的研究生奖助体系对我国具有较大的借鉴意义，但仍应结合我国高等教育发展的实际情况推进改革。目前对研究生奖助体系的研究，主要以存在的问题、重要功能与体系构建为研究视角。除此之外，还有学者从研究生奖助体系的变迁逻辑和指标体系等方面进行探索。

通过文献梳理发现，目前有关研究生奖助体系的研究主要集中在：从工作实际出发阐述研究生奖助体系存在的问题，探究研究生奖助体系所具有的重要功能，并从理论、实践、国外经验等视角探究研究生奖助体系的构建。研究者从实践经验出发，提炼了目前我国研究生奖助体系存在的诸多现实问题，以及基于经验的方法总结。然而对于问题的探讨大多还处于就实际问题层面的讨论，对于奖助体系与研究生教育和社会主义人才培养的探讨还不够深入。有关方法的总结，也多限于对实际经验的总结，理论总结和科学归纳的深度还有待提高。相关研究虽从数量上看还算可观，但在质量上、理论深度上和指标体系化上还存在一定的不足，未来可在研究生奖助体系的理论研究、指标体系和价值导向等内容上进一步开展研究。

四、研究生奖助体系工作中存在的不足与问题

（一）奖助评价指标较为单一，存在功利性倾向

研究生培养注重的不仅是科学研究能力，更重要的是培养其诚实守信、求真务实、踏实进取等优良品质，塑造德才兼备的社会主义建设者和接班人。但是在实际培养过程中往往偏离这一方向，只注重科研能力的培养与提升。奖助学金政策是提高研究生培养质量的重要手段，能够吸引研究生将更多的注意力集中到科研上来，切实提高研究生的学术科研能力。但在奖学金评定过程中也对整个研究生培养产生了一些消极影响。研究生培养中对科研的要求会成为研究生奖学金评定的约束导向，对奖学金评定起着至关重要影响。由于评定奖学金除去学业成绩这一指标外，参考的主要指标是学生的科研成果，就会出现"以科研论英雄"的现象，忽视了不同学科之间培养人才的区别。学生出于争评各类奖学金的利益需要，在功利性目标的引导下急功近利地发表论文，在这种情况下，很难保证科研的纯洁性与创新性，更不要说高水平的科研能力。对于奖学金的评定要回归到我们"培养什么样的人"的问题，奖学金的评定需要与研究生日常管理和思想政治教育工作协同联动，将研究生的思想道德、人文素质贯穿于奖学金的制度拟定以及评定操作过程之中，确保真正品学兼优的研究生能够在评奖中脱颖而出。

（二）部分评价指标难以量化，缺乏有效性科学性

目前的研究生奖助评价指标在很大程度上还是本科生奖助评价指标的简单延伸，在资助理念和方式上没有紧密结合研究生的特点，影响了奖助体系的作用发挥。从奖学金评定操作层面的实际情况来看，"思想道德品质"这一评价指标由于缺乏客观的评价标准且具有一定的隐蔽性，无法具体量化，很难客观真实地反映出研究生个体真实的综合素质情况。高校通常采取学生互评、导师评价和辅导员评价等方式进行量化处理，而这种方式很容易受主观因素影响，导致评价结果往往和真实情况吻合度不高；若简单的以是否担任学生干部或者参与学生活动的情况来衡量，势必会助长研究生的功利性行为，使奖学金的覆盖面以少数学生干部为主。

（三）资助育人作用发挥不充分，感恩意识有待加强

研究生国家助学金主要针对学生的基本生活需求，它不同于奖学金，无须经过筛选评定，凡是经过全国研究生招生计划的所有全日制研究生（有固定工资收入的除外）都能享受到的国家政策，保障了研究生在校期间基本的生活支出，为研究生潜心科研提供了一定的物质支持。根据《财政部、国家发展改革委、教育部关于完善研究生教育投入机制的意见》（财教〔2013〕19号）精神，财政部、教育部制定了《研究生国家助学金管理暂行办法》。依据《研究生国家助学金管理暂行办法》中的规定，博士研究生与硕士研究生在读期间内每年均可领取到一定数额的补助，费用由中央财政和地方财政共同承担。然而目前很多研究生对于国家助学金都持有一种"这钱是我考上研究生应得"的错误观点，将其看为一笔可以不劳而获的财富，感恩意识比较薄弱，失去了研究生助学金物质方面和精神方面双重激励的正导向作用。

（四）"三助一辅"岗位供需不平衡，育人功能有待提升

研究生"三助一辅"是指在读研究生担任助理教学人员（助教）、助理科研人员（助研）、助理管理人员（助管）和学生兼职辅导员，并获得相应劳动报酬。《教育部关于做好研究生担任助研、助教、助管和学生辅导员工作的意见》（教研〔2014〕6号）明确把研究生担任助研、助教、助管和学生辅导员工作简称为"三助一辅"。"三助一辅"岗位的设立也是研究生奖助之中的重要组成部分"三助一辅"工作具有两大主要功能：培养和资助。

从"三助一辅"岗位出发对研究生奖助政策的相关问题进行探讨。"三助一辅"岗位的设立从最初的帮助困难学生到现在强调其培养功能，在具体的实行过程之中存在偏差。在诸多高校中，助研津贴是每位学术型研究生都享受的，很多研究生将津贴与生活补助等同起来，存在参与助研工作抱有消极的态度等问题。助管岗位在部分学生看来是"打杂"的，更愿意去申请"三助"之中的另外两类岗位。担任助管岗位的部分学生也是抱着拿钱干活的态度，责任心和主动性上都有所匮乏。"一辅"是指研究生在读期间担任本专科生、研究生的兼职辅导员或班主任工作。发挥研究生与大学生身份相同、年龄相近、专业相同的优势，使得研究生在担任学生辅导员的工作中同受教育，共同提高。在实际推行过程中，存在研究生虽然具有较高的综合素

质和专业优势,但其担任兼职辅导员或班主任工作的胜任力不足。大多数研究生都只是本科阶段担任过学生干部,作为老师的助手,很少亲自参与学生事务的管理,对大学生思想政治教育的规律和特点了解得还不够深入,分析和解决具体业务问题的能力还不强。

五、构建新时代研究生奖助体系的对策与建议

2012—2014年,财政部和教育部相继印发了《研究生国家奖学金管理暂行办法》《研究生国家助学金管理暂行办法》《研究生学业奖学金管理暂行办法》《关于做好研究生担任助研、助教、助管和辅导员工作的意见》,标志着我国研究生奖助政策体系初步完善。

目前我国研究生奖助政策总体分为三个层面:国家奖学金和学业奖学金注重奖优,激励研究生潜心学习研究、积极进取;国家助学金、国家助学贷款、特殊困难补助等注重公平,资助研究生基本生活和学习费用;助研、助教、助管和辅导员(简称"三助一辅")津贴注重酬劳和能力锻炼,调动学生参与科学研究、教学实践、管理工作的积极性,培养学生综合能力。

(一)完善奖助指标体系,建立科学评价方法

国家文件《研究生国家奖学金管理暂行办法》和《普通高等学校研究生国家奖学金评审办法》规定,研究生奖学金评定主要依据"道德品质、学习成绩和科研能力"三个基本指标,通过奖励让"学习成绩优异、科研能力显著、发展潜力突出"的研究生得到激励,实现激励机制的正向作用。行为主义学家斯金纳的激励强化理论认为激励涉及:S(刺激)→R(反应)和R(反应)→S(刺激)两种反射过程。"刺激→反应"模式是先有刺激,后有行为;"反应→刺激"模式是指激励来自于行为后果的强化。研究生国家奖学金的奖金和荣誉作为研究生奖学金的物质和精神先期刺激,鼓励研究生努力学习,潜心科研,奋发有为;奖励获得后的丰厚物质获得和学校对奖学金获得者的宣传,使其获得荣誉感、个人成就感等的精神激励。运用好激励的正向作用,对研究生培养质量提升起到至关重要的作用。

在国家奖学金、学业奖学金的评定中,各高校主要依据国家政策性文件

制定相关制度和管理办法，但国家文件对于评定的标准描述比较笼统宽泛，需要科学合理地制定评审指标体系。在将道德品质、学习成绩和科研能力这三个指标细化的过程中，有的高校偏重学习成绩、有的高校偏重科研成果表达，有的实行三者综合考量。各高校在对于评定方案的实际操作过程中，通常要求二级学院参照学校的管理办法基础上制定符合本学院实际的实施细则，充分体现分层次、分年级、分类别的综合评价办法。

研究生的思想道德品质考核指标上，高校采用的方法各有特色。主要以除第一课堂以外的第二、第三课堂活动或者课程作为考核的要素。有的高校将社会服务作为重要考核指标，规定每学年完成一定学时的劳动服务作为基本要求，甚至将其纳入学分体系，作为劳动教育课程；有的高校将各类人文社科讲座、志愿者服务、各类活动作为定量考核指标，规定每学年完成一定次数或学分；有的高校将学生担任干部，参与学校教育管理工作作为考核指标。

研究生的学习成绩考核指标制定上，高校基本都以研究生第一课堂所包含的课程体系要求的各科学习成绩为考核内容，以年度学习成绩加权分为指标作为评价体系的组成部分。其学习成绩加权分一般占据整个评价指标的50%以上比重。

在对研究生科研能力的评价上，指标体系考核内容相对较多。研究生科研能力是指研究生顺利完成科研活动任务所需的能力，这是一种独立的创造性解决问题的综合能力，主要包括科研创新能力、发现问题和解决问题的能力、资料搜集和处理能力、逻辑思维能力、口头和书面表达能力、动手操作能力六个方面。首先，通过对研究生参加系统科研训练进行考核，具体来说，可以通过设立学术新人项目、科技创新项目等科研项目；资助学生参加国内外学术会议；组织论文写作与发表的培训、交流和讲座；举办高水平学术论坛等方式，注重科研基础素养培养。其次，通过对研究生在校期间开展科学研究情况进行评价，以论文、专著、技能证书、专利成果、重大竞赛获奖等成果为主要评价内容，注重实践运用和科研成果转化与表达。

（二）完善资金投入机制，统筹经费渠道及管理

研究生奖助工作涉及研究生、研究生导师、辅导员、管理人员、专业教师等个体，学校相关职能部门如学生工作部门、财务部门、教学管理部门、二级学院等部门的通力合作是本项工作得以顺利开展的先决条件。各高校均已完善建立研究生奖学金制度、研究生助学金制度、研究生"三助一辅"工作制度、研究生帮困制度等制度建设，不断完善校院二级管理办法，在组织领导、经费保障、奖助学金评审办法、"三助一辅"实施细则、奖助学金发放等方面形成有效管理模式。总的来说，各高校均采用学校统筹、职能部门管理、各二级学院落实实施的三级管理模式。

《关于进一步加强高校资助经济困难学生工作的通知》《关于进一步加强高校科研经费管理的若干意见》等文件从制度上保障了研究生"三助"津贴的来源。研究生奖助体系作为研究生培养制度改革的重要组成部分，是实现研究生教育内涵式发展的经费保障。当前我国研究生奖助体系主要是以研究生奖学金、研究生助学金、研究生国家助学贷款、"三助"岗位津贴、特殊困难补助等为主，经费来源渠道由财政资金、国家助学贷款、学校从事业收入中提取资金以及社会团体、企事业单位和个人捐助的社会资金组成，财政资金是主要的投入渠道。目前各高校的奖助体系经费来源具体有以下几个渠道：

（1）国家奖学金由中央财政承担，博士研究生奖励标准为每生每年3万元，硕士研究生为每生每年2万元。

（2）学业奖学金由财政资金、学费、社会捐助（企业、公益基金）等组成。其中，中央财政对中央部属高校按照博士研究生和硕士研究生不同标准以及在校生人数一定比例给予补贴，地方高校由地方财政按照资助覆盖面和资助标准等确定补贴标准。

（3）研究生国家助学金由中央财政以及地方财政共同承担，中央部属高校由中央财政全部承担，地方所属高校由中央财政以及地方财政参照普通本专科生国家助学金资金分担办法共同承担。

（4）研究生"三助"岗位津贴来源由高校科研经费（导师科研课题）、学费收入、社会捐助等资金组成。其中，助研津贴主要由研究生导师科研经费承担，助教津贴和助管津贴由高校学费收入的一部分承担。

（5）服义务兵役国家资助、基层就业学费补偿贷款代偿、退役士兵教育资助等均由中央财政承担。

各级财政部门会同教育部门建立根据经济发展水平和物价变动情况适时调整资助标准的动态调整机制。因此，多元化经费来源渠道和多元化奖助评审体系需要建立统筹性的经费管理模式，实现资助效应最大化。

（1）进一步加大资金投入，完善多渠道投入体系。建立政府投入为主、社会资助为辅的多渠道投入机制。政府通过公共政策和货币政策工具，调动社会各界对研究生资助投入的积极性；各高校可通过产学研合作方式，鼓励、调动合作企业对研究生教育的支持和资助。

（2）合理配置资助资源，动态调整资助标准。高校通过统筹财政拨款、学校自筹经费、科研经费和社会捐助等资金，结合物价水平、激励和资助目标等因素，统筹经费管理、优化资源配置，建立资助标准动态调整制度。

（3）开展绩效评价，提高资助绩效。高校在统筹研究生奖助体系基础上，针对各奖助项目经费绩效评价对象，制定绩效评价体系。通过自查和引入第三方绩效评价，整体掌握研究生资助取得的成效及存在的问题，为高校及时改进研究生奖助体系的不足，提高绩效提供遵循。

（三）构建资助育人新模式，实现育人成效内涵式发展

2020年12月，教育部举行第二场教育2020"收官"系列新闻发布会，会上，教育部学位管理与研究生教育司司长洪大用在发布会上对研究生教育总结时指出，"十三五"期间研究生教育改革发展不断深化，"双一流"建设高校与地方高水平大学相互衔接、相互促进的发展格局已经形成，各高校准确把握"双一流"建设战略定位，全面加强党的领导，不断改进内部治理体系，治理能力得到较大提升；以立德树人为根本，推进体制机制改革，人才培养质量明显提高。党的十九大报告强调要"健全学生资助制度"。教育部等八部门《关于加快构建高校思想政治工作体系的意见》中明确要求，"建设发展型资助体系，加大家庭经济困难学生能力素养培育力度"。

"十四五"规划开启之际，高校要牢牢把握新时代研究生教育的新起点、新方向，重视研究生创新内在能动力激发和培养，服务国家需求，学科布局；鼓励研究生潜心科研，在一些关键技术领域取得新突破；坚持开放合作，拓宽国际视野。

（1）立足育人，促进发展。立足时代要求、革新教育理念、完善资助制

度，充分发挥奖学金激励作用，建立和完善以围绕立德树人根本目标，培养研究生科研能力、助力研究生综合能力提升为主的资助制度，更好地服务于研究生培养高质量、内涵式发展。

（2）完善制度，精准施策。一是突出高校"高精尖"专业研究生资助金的"含金量"，发挥资助的"奖优引领"功能。二是科学构建贫困生认定体系标准，确保应助尽助全覆盖，筑牢学生资助的"固本保障"作用。三是把握"易助易退、可多可少、灵活严格"的原则，实现资助的"动态调节"。

（3）协同育人，提升质量。一是发挥宣传教育的精神激励机制，挖掘资助育人典型、讲好资助育人故事、宣传资助育人事迹，彰显资助的"精神激励"价值。二是融合爱国主义教育、红色基因传承、优秀传统文化教育，让"扶困"与"扶智""扶志"相促进。三是用好朋辈教育，搭建研究生学习共同体，在自我管理、自我教育、自我服务中积聚发展潜能，实现人生梦想。

新时代大学生勤工助学管理工作体系研究

新时代大学生勤工助学管理工作体系研究组

高等教育的核心目标是培养人才，为帮助学生更好地完成学业并成才，国家制定了一系列资助政策。勤工助学作为高校资助政策重要组成部分，从资助贫困生为主的单一模式，逐渐发展为覆盖全体学生的资助体系，积极推动了大学生的全面发展。

课题组在系统梳理勤工助学工作的历史沿革、探讨大学生勤工助学管理工作的时代内涵、归纳基本经验的基础上，通过深入调查研究总结这项工作在实践落实过程中存在的问题并分析其产生原因，有针对性提出进一步提升新时代大学生勤工助学管理体系效能，实现资助育人目标的对策建议。

一、大学生勤工助学工作的历史考察

勤工助学由勤工俭学发展而来，起源于留法勤工俭学运动，从爱国青年工读救国图强，到新中国成立后的教育实践结合服务国家发展，到社会转型时期紧密联系勤工助学实践活动与思想政治教育，再到新时代"助困""育人"相结合五育并举促进大学生综合素质发展。在我国不同的历史发展的过程中，勤工助学都在不同的阶段为民族的发展、国家的振兴贡献着积极的力量。

（一）新中国成立到改革开放时期的高校勤工助学发展

中华人民共和国成立初期，勤工俭学尚未纳入高校学生资助体系中，各高校以积极引导学生参加体力劳动改造思想为主，组织学生在工厂、农场参与生产劳动重点培养学生的劳动意识，无偿劳动为主。通过引导学生半工半读的方式参与到社会主义建设中去，部分学生通过参与生产劳动获得资金，减少了助学金的申领。文化大革命时期，高等教育停招、职业教育停办，教学被劳动所替代，高校勤工俭学工作陷入停滞。十一届三中全会后，社会主义市场经济的全面展开，勤工俭学也进入蓬勃发展时期。1984年复旦大学科技咨询开发中心首先提出勤工助学的概念，"勤工助学，是将所从事的劳动与知识学习、能力培养、提高素质等结合起来的致力于自立成才的活动"。伴随着改革开放的全面推开，在高等院校出现了勤工助学的热潮。大学生自发地走向社会，参与到社会工作中，同时大批学生自筹的勤工助学组织（开发公司、服务中心等）出现。1986年7月，国务院批准《国家教委、财政部关于改革现行普通高等学校人民助学金制度的报告》全面取消助学金制度，改为奖学金和贷学金并行。1988年9月，国家教委发布《国家教委关于加强对高校学生勤工俭学活动管理的几点意见》指出：学生勤工俭学的主要内容是开展与专业学习相结合的科学技术文化服务，也要提倡有利于培养劳动观点和自立精神的劳务服务。强调学校要对勤工助学工作加强管理，同时明确学校要为家庭经济困难学生提供勤工助学岗位，不提倡学生从事经商活动，不得影响学校教学、科研、生产、生活的正常秩序和校园校容管理；也不能影响自身的学习。

（二）经济转型时期的勤工助学工作

20世纪90年代以后，社会主义市场经济体制确立，教育体制改革快速推进。勤工俭学相关规定要求写入《普通高等学校学生管理规定》（1990版）。随着高校办学机制改革，高校收费模式开始推行。1993年8月，国家教委、财政部印发《关于进一步做好高等学校勤工助学工作意见》指出：勤工助学活动，是高等学校收费制度改革的一项重要配套措施，同时对勤工助学工作的组织领导、机构设置、报酬标准、资金来源、岗位设置等都作出了明确的要求。1994年5月，国家教委、财政部印发《关于在普通高等学校设立勤工助学基金的通知》，文件对勤工助学基金的经费来源，资金使用保障都做了明确的要求。1996年6月，教育部、财政部印发《关于进一步加强高校资助经济困难学生工作的通知》，文件进一步要求各学校每年须从学费收入中划出10%的经费,专门用于勤工助学工作,适当提高勤工助学补助标准,加大对特殊困难学生的补助力度。同时,要求积极推进研究生兼任"助教、助研、助管"工作,力争用两至三年的时间,使50%以上的在校研究生能够拥有"三助"岗位。1998年,"勤工助学"被写入《高等教育法》。2005年4月,教育部、团中央联合印发《关于进一步做好大学生勤工助学工作的意见》,进一步明确勤工助学的工时标准、酬金标准。积极推进学生兼任"助教、助研、助管"工作,并将研究生的"三助"岗位比例提升为60%。并把大学生勤工助学工作与大学生思想政治教育联系在一起。2007年5月,教育部、财政部印发《高等学校学生勤工助学管理办法》,对实施高等学历教育的全日制普通本科高等学校、高等职业学校和高等专科学校的本专科(含高职、第二学士学位)学生和研究生勤工助学组织管理、岗位设置、薪酬标准、法律责任等方面做了明确的说明,并强调通过勤工助学要培养学生自立自强精神,增强学生社会实践能力,帮助学生顺利完成学业。

(三)新时代高校勤工助学工作的发展

党的十八大以来,勤工助学工作迎来了新的跨越式的发展。2018年8月,教育部、财政部印发《高等学校勤工助学管理办法(2018年修订)》,提出"勤工助学是实现全过程育人、全方位育人的有效平台""培养学生创新创业的奋斗精神、增强学生综合素质、充分发挥勤工助学育人功能"。党的十九大指出"健全学生资助制度",为学生资助工作进一步指明方向。高校认真贯彻落实党的十九大精神,以习近平新时代中国特色社会主义思想为指导,突出立德树人根本任务,全面推进精准资助和资助育人工作。勤工助学作为这一工作中的重要组成部分,突出对勤工助学各个环节的育人实效性的考察。新时代通过新技术的运用,勤工助学的管理也突出信息化、便捷化。

通过总结梳理高校勤工助学的发展脉络显示,勤工助学在我国发展的不同时期都与国家和社会的发展息息相关,在服务人才培养和国家建设的过程中都发挥了积极的作用,勤工助学也实现了功能的转变,育人的教育功能正在不断的发展。

二、新时代大学生勤工助学工作的育人价值与意义

培养什么样的人、怎样培养人、为谁培养人是新时代教育要解决的根本问题。习近平总书记在全国教育大会上指出"要培育德智体美劳全面发展的社会主义建设者和接班人",这为高校指明了育人方向。新时代教育方针也明确提出"教育必须与生产劳动和社会实践相结合"。也就是说,高校不仅要重视对学生专业知识和科研方面的教育,道德品质、审美能力和劳动素养同样必不可少,而高校勤工助学在促进大学生全面发展上发挥着重要作用。

勤工助学又叫勤工俭学,顾明远在《教育大辞典》中将其解释为学校组织或个人从事用以助学的有酬劳动,主体是大学生。早期勤工助学以"助困"为主要特点,但随着时代的发展,新时代背景下我国的资助体系越来越完善,大学生上学期间的奖助学金、助学贷款等便可以支撑他们的生活开销。但高校勤工助学的热度只增不减,关键在于其有着特殊的育人价值。

《高等学校学生勤工助学管理办法(2018年修订)》指出,勤工助学是实现全程育人、全方位育人的有效平台,高校需发挥勤工助学的育人功能。可见,新时代勤工助学有着丰富的育人价值和意义,值得深入分析。

(一)勤工助学蕴含着新时代劳动教育的价值理念

《高等学校勤工助学管理办法(2018年修订)》规定,勤工助学是学生在学校的组织下利用课余时间,通过劳动取得合法报酬,用于改善学习和生活条件的实践活动。马克思主义劳动观指出,劳动是创造一切物质财富和精神财富的活动,是人类文明进步发展的源泉,也是人们实现人生价值、走向幸福生活的前提条件。大学生在勤工助学中亲身感受靠自己劳动获得报酬,这是个体主动积极的行为过程,对于培养大学正确的劳动价值观,树立尊崇劳动的价值理念,促进学生尊重劳动、崇尚劳动、尊敬劳动者具有重要作用。中华民族自古就有"民生在勤,勤则不匮""一勤天下无难事"的传统美德。目前,我国家庭大都是独生子女,尤其是在"6+1"家庭模式下,大学生享受着长辈们独宠,习惯于信息化、智能化的高科技物质生活带来的便利,对劳动的感知触觉越来越淡,对劳动的自觉性、主动性越来越弱,更多关注自我、更少独立自主,不懂得美好生活来之不易,存在一定的劳动价值观扭曲

现象。勤工助学让大学生在拼搏中展示自己，在劳动中创造个人价值，让大学生厚植"劳动最光荣、劳动最美丽的"观念，增强贫困学生自尊心和自信心，实践中形成和培育勤俭节约、吃苦耐劳、自立自强、诚实守信、知恩感恩、勇于担当新时代大学生良好品质。

（二）勤工助学对大学生道德素养的养成有重要作用

素养是一种道德修养，需要通过训练和实践而获得。勤工助学面向的服务对象重点是家庭经济困难学生群体，他们相比非困难学生存在不同程度自卑心理。心理学家阿德勒认为，自卑是指以一个人认为自己或自己的环境不如别人的自卑观念为核心的潜意识欲望、情感所组成能够的一种复杂心理。

勤工助学是学生在课堂学习之外增加知识、增加才干的重要途径，学生不仅能减轻经济上的负担，还能锻炼个人道德素养，培养综合素质能力，是发展性的资助形式。勤工助学作为资助育人的重要内容，最终目的在于帮助家庭经济困难学生成长成才。勤工助学使家庭经济困难学生，能正确认识自我，培养积极乐观的人生态度，克服负面心理，促进个人心理健康。在工作中，他们需要接触不同人群、不同部门、不同工作内容，这就需要他们与他人主动敞开心扉交流、沟通、倾听，学会控制情绪，不再自我封闭，从而逐渐增强人际交往能力，培养吃苦耐劳的适应能力，建立乐观向上的健康心理状态，最终客观公正看待人和事，树立正确道德素养。

（三）勤工助学助力大学生创新创业能力的培养

随着社会分工日益精细化、产业结构转型升级，社会对大学生能力要求也越来越专业。可以说，新时代社会人力资源竞争愈演愈烈，而很多高校和家庭为了使孩子脱颖而出，过多关注他们的成绩而忽略了其实践能力的培养。直到上大学之前，很多大学生都没有参加过任何社会实践锻炼，"高分低能"的情况在大学生中屡见不鲜。2018年教育部修订的《高等学校勤工助学管理办法》明确提出高校勤工助学校内以"教学助理、科研助理、行政管理助理和学校公共服务等"为主，校外勤工助学则要与学生学业相结合。也就是说，大学生通过参与社会调查、生产劳动、社会服务、科技发明等形式的勤工助学，可以在实践中加深对专业知识的理解，并且能够将专业知识与时代发展接轨，以应对瞬息万变的社会需要。与此同时，大学生在勤工助学中还可以学到很多书本上没有的宝贵知识，这会为大学生未来职业生涯打下良好的知识基础。

总之，新时代高校勤工助学工作有其特定的育人优势，随着国家对综合型人才的需求日益扩大，勤工助学工作也会在实践中不断完善和发展。

三、高校在大学生勤工助学管理工作中积累的基本经验

2007年教育部、财政部印发《高等学校勤工助学管理办法》2018年教育部、财政部印发《高等学校学生勤工助学管理办法（2018年修订）》，这两份文件都明确提出，勤工助学是学校学生资助工作的重要组成部分，是提高学生综合素质和资助家庭经济困难学生的有效途径，是实现全程育人、全方位育人的有效平台。经过多年不懈努力，上海高校在勤工助学管理工作逐步形成了不少好的做法，积累了大量成功经验，总结起来，主要有以下四方面：

（一）加强顶层设计，实现了勤工助学管理体系从基本保障型向发展型转变

2020年消灭绝对贫困的任务完成后，我国减贫战略的基本定位是在巩固脱贫攻坚成果的基础上解决相对贫困的问题。从此，我国开启"后扶贫时代"。教育扶贫是国家脱贫攻坚的有机组成部分。随着中国减贫战略的转型，贫困的内涵不断深化，高校学生资助创新教育扶贫方式，优化教育帮扶政策，由绝对贫困视域下重点解决物质贫困，逐渐演变为解决相对贫困视域下的意识贫困和能力贫困，着眼于学生多维贫困的问题，最终实现学生的全面发展。

构建新时代发展型勤工助学管理体系成为高校资助育人工作重心。在不断地摸索总结中，高校已逐步探索出构建发展型勤工助学管理体系的基本规律，即坚持精准施策、完善制度建设，坚持协同联动、提升育人质量，坚持实事求是、强化底线保障。

遵循资助育人的基本规律同时，高校把勤工助学作为强化思想政治工作的有效载体。根据学校自身特色和育人目标，建立符合自身需求的勤工助学育人体系，完善相应的规章制度，从宏观层面统领全校勤工助学管理工作的

有序开展。思路决定出路，有什么样的理念，就有什么样的工作方法。通过不断完善和创新工作理念，积极整合资源、挖掘潜力、改进方式、丰富内容，在工作实践中下功夫、求实效，积极有效推进发展型勤工助学管理体系纵深发展。

（二）聚焦"精准"，实现了勤工助学育人工作的有效性

2016年，教育部发布《教育部办公厅关于进一步加强和规范高校家庭经济困难学生认定工作的通知》，提出资助工作标准合理、责任明确、对象精准、保护自尊工作要求，力求及时、准确、全面落实资助政策。

首先，做到勤工助学对象精准。依托技术手段和创新形式，对于不同困难的学生进行不同的资助和帮扶。对家庭经济特别困难学生，专门建档立卡，对贫困学生的家庭经济状况，学生本人的性格、特长、生活和学习需求情况详细记载，有针对性地提供相应的岗位，做到精准施策。对就业困难学生，通过学工部系统数据库、调查问卷，摸清学生就业困难的原因和类别，安排学生在校内外就业岗位实习，实现就业困难学生的精准管理。对学业困难学生，安排在学院教学助理岗位实习，与任课老师建立联系，及时答疑解惑。

其次，做到勤工助学的额度精准。依据不同地区、不同高校，制定校内勤工助学报酬标准，不低于当地规定的最低工资标准。结合学期与寒暑假岗位需求，制定勤工助学报酬标准。

最后，做到勤工助学的时间精准。在每学期开学初第一周招录学期内的长期性校设勤工助学岗位；在每学期的十五、十六周招录寒暑假的连续性设勤工助学岗位，家庭经济困难的学生优先安排。临时性短期劳动岗位、一次性集体劳动岗位以及各院系各单位安排的其他临时性勤工助学岗位通常是提前一周招录。

（三）更新育人理念，注重发展型勤工助学管理，从授人以鱼转变为授人以渔

《高等学校勤工助学管理办法（2018年修订）》提出，帮助学生顺利完成学业，发挥勤工助学育人功能，培养学生自立自强、创新创业精神，增强学生社会实践能力。结合贫困生个体成长发展需求和教育规律，上海高校勤工

助学管理方式已转变为发展型资助,通过经济资助、精神帮扶、实践锻炼、能力提升、项目驱动等多种形式,帮助学生克服经济困难、提高综合能力、健全人格品质、促进全面发展的一种资助工作模式。以经济资助为基础、以精神帮扶为依托、以能力培养为核心,实现资助工作从"他助"向"自助"转变,培育全面发展的励志型大学生,落实立德树人、推进勤工助学育人。

1. 生成"育志"场域,强化精神培育

加强励志教育、诚信教育和社会责任感教育,培养青年学生自立自强、诚实守信、勇于担当的良好品质。同时,帮助家庭经济困难学生正确面对困难,引导他们积极主动地利用国家资助完成学业,增强受助学生就业创业能力,促进受助学生成长成才。

2. 生成"育智"场域,提升综合素养

一是推进能力素质提升。遵循高等教育特点和学生成长成才规律,尤其针对家庭经济困难学生的特点和需求,精心设计育人方案,实施能力素养提升计划。在学校学业发展、心理帮扶、就业指导等部门设置勤工助学岗位,实现困难学生能力的拓展和提升,帮助他们锤炼自我、铸造才干。二是培养创新创业能力。高校整合了各方创新创业资源,积极开展家庭经济困难学生创新创业勤工俭学工作岗位整合。依托学校国家科技园和地方政府,打造学生创新创业实践基地。通过岗位提供,激发家庭经济困难学生的创新创业热情,在工作中培养他们的创新创业能力,从而有能力走出适合自己的创新创业之路。三是增强服务社会能力。学校为家庭经济困难学生组建具有资助育人特色的社会实践勤工助学岗位,并予以经费支持。鼓励学生在岗位工作中,用自身受助经历宣传国家资助政策,通过政策宣讲和走访经济困难学生家庭,做国家资助代言人,让更多人了解国家的资助政策,增强学生了解国情、了解社会,培养社会责任感和使命感,增强学生适应社会、服务社会的能力。

(四)坚持立德树人、不断创新育人方式方法

1. 打造一站式窗口服务,创新服务模式

打造一站式窗口式服务,设立了学生资助服务大厅,勤工助学学生在老师的指导下,独立承担大厅工作,以"服务承诺制、首问责任制、限时办结制"为要求,实行"一站式"服务模式和"柜台式"办公模式,用人单位、

学生、老师直接到学生服务大厅办理相关事务，实现"面对面"咨询与服务。模式的转变培养勤工助学学生服务意识，同时极大提高了工作效率和服务水平。

2.营造勤工助学团队文化，创新发展模式

学校在勤工助学团队建设中重视团队文化建设。以勤工助学中心为例，中心坚持发挥学生"自我教育、自我管理、自我服务、自我监督"的作用，编制了《勤工助学中心员工手册》，制定了《勤工助学中心工作细则》，严格周例会、月总结等制度，规范从招聘、培训到日常工作、绩效考核等各工作环节。中心为新入队的学生提供岗前培训，进行"传、帮、带"，定期组织在岗学生开展培训、交流活动，帮助学生在"勤工"过程中学习新知识，提升实践能力；工作期间统一着装，佩戴工牌，规范礼貌用语，逐步培养学生的归属感和责任感；在绩效考核上制定了《勤工助学中心绩效考核办法》，细化标准，评选优秀员工，进行奖励。爱岗敬业、团结奉献的团队文化生根在每位学生心中，打造了一支团结友爱、感恩奉献的学生勤工助学团队。

3.将信息化管理融入勤工助学的全过程

随着信息技术的高速发展，高校智慧校园建设逐渐深入，为勤工助学管理的智慧化带来了新的契机。通过勤工助学系统智慧化建设，在信息推送、智能匹配、困难生推荐、管理数据化方面实现智慧化。在消息推送上，关注勤工助学的学生通过移动端可以第一时间收到勤工助学岗位信息，可以直接申请。智能匹配，大数据可智能进行岗位与申请者之间的匹配。大数据让困难生推荐变得更为简单准确，让发布岗位的部门管理人员直接查看家庭困难学生，并根据岗位情况酌情优先选择困难生。通过系统完成助学岗位、在岗学生、岗位考勤、日常管理、工资发放等数据实时统计，在移动端通过微校园分角色多终端查看。信息化管理有效节省时间和成本，使勤工助学管理更精准、更人性化。

四、新时代大学生勤工助学管理体系存在的主要问题及原因分析

我国自20世纪90年代至今逐渐实现了资助政策在各个教育阶段及不同

性质学校的全覆盖，形成了政府主导、学校和社会为补充的多方位的资助格局。校内勤工助学旨在通过高校的组织，以助教、助研、助管等生产劳动的方式帮助学生解决经济困难的同时，在实践工作中培养学生各方面的综合素质。

校内勤工助学是大学生参与社会实践的重要组成部分，已成为高校开展思想政治教育的新平台，其规范化管理是促进勤助工作的基本所在。为掌握大学生勤工助管理工作现状，对这项工作作出全面、客观的分析和评价，并在此基础上，进一步建立完善的校内勤工助学管理体系。课题组选取上海市部属高校、市属高校、民办高校共计10所，兼顾学科背景、学历层次、年龄结构等因素，以问卷调研为主，同时兼顾访谈方法，全面了解这项工作在实践推进中的现实状况。

（一）调研的基本情况

1. 调研对象

本次调研对象为在校大学生，包括了本科生和研究生，并综合考虑了调研对象的学校背景、学科背景和学生结构等因素，全面反映调研对象的实际情况，从而获得大学生对学校勤工助学管理体系认知评价的真实数据。

2. 调研方法

本次调研综合考量了主体、指标、方法和发放回收等四个维度的多元性，从而保证调研过程的科学性。在主体选择上选取了上海市十所部属、市属和民办高校的本科生和研究生，综合考虑了各高校资助管理的特点和学生的学科背景。在调研指标体系设计上，设计了基础数据和目标宗旨、组织机构、学校职责、管理服务组织职责、校内岗位设置、酬金标准及支付、总体评价8项一级指标和24项二级指标，充分抓取资助管理体系的关键特征。在调研方法上，通过问卷星的形式发放并回收问卷，获取数据，同时采用非结构访谈的方式获得关键信息。在资料发放及回收方面，本次调研总共发放2000份问卷，回收有效问卷共计1775份，问卷有效回收率为88.75%。

（二）调研反映的基本情况

1. 总体评价

从受访者对勤工助学工作的整体满意度调查数据显示，84.06%的受访者表示对勤工助学较为满意或者非常满意。从具体内容来看，93.13%的受访者反馈高校按时支付酬金并持有非常满意的评价。97.69%的受访者反馈所在高校设立了专门的机构，具有良好的招聘和管理方式。90.48%的受访者认为勤工助学可以提升自我责任方面的品格，有利于个人的综合发展。96.56%的受访者认为高校勤工助学岗位稳定性较好，既有总体上的稳定性，也可以支撑起高校勤工助学活动的灵活需求。

2. 存在的问题及原因分析

（1）对新时代大学生勤工助学育人功能认识尚不充分

勤工助学是从作为单纯满足经济报酬的勤工俭学发展起来的，带着强烈的扶贫帮困的特征，因此很多高校的相关部门往往把大学生勤工助学作为学校资助体系的一项配套措施来抓，不能从它的本质上来进行考察，忽略了它在培育全面发展的人上所应有的作用。从调研可知，在一些学生和个别管理人员中，认为勤工助学只是扶贫助困的一个手段，对其具有育人功能认识不足。调研显示，受访者对"勤工助学具有育人功能"这一选项的排序非常靠后，并且综合得分低，这反映出大多数调研对象认为育人功能并不是勤工助学的主要功能。在对"勤工助学工作还需要优化哪些方面"的调研中，超过半数（51.44%）的学生选择了育人功能，在所有选项中排在最后。这说明，受访者认为勤工助学具有育人功能，但高校勤工助学在该方面既没有满足同学的需求，又没有引导同学给予足够的重视。

因此，一方面学校相关部门需要加强宣传教育引导，提高全体教师和学生对勤工助学育人功能的认识。要引导师生认识到，勤工助学不仅是重要的扶贫助困手段，还具有育人功能，它是提高学生思想认识、工作经验和个人能力的重要途径。另一方面学校相关管理、服务和保障部门要强化育人意识，突出勤工助学的育人作用，在招聘、面试、录用、酬劳、奖惩等环节融入育人要素，强化育人功能，帮助参加勤工助学的学生树立正确的方向，将其视为提高综合素质的重要途径，而不仅仅将其视为常规工作。

（2）大学生勤工助学岗位供应难以体现育人功能

勤工助学是家庭经济困难学生通过有偿劳动来获取报酬，且很多岗位在校内设置，因此很受学生欢迎。但是，现有的勤工助学岗位在数量供应和功能实现上均不能有效满足学生需求。

从岗位供应的数量来看，尚无法满足学生需求。通过课题组对勤工助学的岗位来源进行的调查，发现在校内校外两种岗位来源中，98.56%的学生认为高校勤工助学岗位来源主要是高校内部。但随着高校后勤社会化改革的推进，校内可提供的勤工助学岗位逐渐减少，高校无法完全满足家庭经济困难学生对勤工助学岗位的需求，加之学校也不能完全确保校外岗位的安全性、可靠性，因此，校外勤工助学岗位逐渐减少。随着时间推进，勤工助学的岗位需求和岗位供给之间会逐渐失去平衡。与此同时，从勤工助学的固定岗和临时岗两种主要岗位类型来看，76.29%的学生认为两种岗位的结构不平衡，同时还有3.44%的学生认为两种岗位都不足，这在很大程度上反映出高校勤工助学岗位和名额有限，希望增加不同岗位的岗位数量。同时，随着近年来全国各高校研究生所占学生总数比例持续上升，研究生已经成为高校管理中不可忽视的一个重要群体。研究生中贫困学生的比例并不显著低于本科生，但研究生参与高校勤工助学工作的比例却显著低于本科生。不少勤工助学高校负责人在调研中反映"研究生参与勤工助学工作的热情度相对较低""研究生中存在责任意识淡薄、功利主义较强的现象"。尽管研究生占学生总比例持续走高，近些年的研究却揭示了研究生参与高校勤工助学的比例却并未得到相应提升，目前高校勤工助学岗位仍然以本科生为主要参与对象，出现研究生与勤工助学的"脱钩"现象。

从岗位设置的时间来看，一定程度存在勤工助学的时间安排与学生学习时间要求相冲突的现象。调研数据显示，27.89%的学生表示勤工助学会影响学业，而在这部分同学中有56.15%的学生认为勤工助学导致了时间的碎片化，不利于完成学习任务和学习目标。在设置的开放性问答题中，不少受访学生希望学校能合理安排勤工助学的工作时间。同时，调研还显示，现有勤工助学岗位与所学专业、特长有效结合度不高。

从岗位设置的功能来看，尚无法满足不同类型学生群体的需求。在本次调研中发现，高校勤工助学岗位设置仍存在"门槛较低""专业水平不高""机械性劳动比例高"的现状。现有的勤工助学岗位多集中于事务类工作，专业性较弱，体力型岗位多，技能型岗位少，与学业发展的紧密度不够。偏重服务型岗位，知识含量和专业性不强。现有勤工助学岗位无法满足研究生对提升自身科研能力与专业技能的需求，这也是造成研究生参与勤工助学工作比例较低的一大重要原因。

勤工助学岗位设置是落实勤工助学管理体系工作成效的实现形式，高校相关管理部门要不断提升岗位育人功能，从学生的实际需求出发设置合理的岗位类型，赋予岗位更多育人实效，在实现勤工助学的经济功能的同时也促进学生全面发展。

（3）大学生勤工助学管理体系尚不健全

目前，全国各高校基本上建立了以学生资助中心为主体的勤工助学管理机构，在全体大学生中开展了统一化的勤工助学活动，确保相关管理及服务发展满足一致性要求。然而一些高校在勤工助学的机构设置、规章制度、人员配备、监督机制等方面的不健全，影响了勤工助学工作的效率，也无法起到实践育人的效果。例如：有的高校虽然成立了专门的勤工助学管理部门，但编制有限，配备的人员很少，甚至请兼职人员或大学生来进行管理，导致勤工助学岗位的严肃性和权威性受到影响，因而起不到应有的育人作用。课题组对"所在高校为学生勤工助学活动所提供的指导、服务和保障工作的整体满意度"进行了调查，结果显示，"非常满意"的占比仅为45.46%，其中有接近10%的学生对指导、服务和保障工作持有负面评价。这说明，高校的相关服务和保障工作还有较大的提升空间。

首先，有的高校对学生的相关培训教育、工作内容的考核缺少相应的闭环管理，缺少相关落实细则。尽管有87.38%的受访者认为所在高校的勤工助学工作设置了奖惩机制，仍有12.62%的调研对象表示所有高校没有开展相关的工作。其次，调查中发现，受访者认为目前勤工助学管理工作最需要优化的是与制度机制等相关的管理方案（73.13%）和与培训工作相关的管理途径（63.61%）。这说明，相关管理工作还需要不断完善。最后，高校层面的组织宣传保障工作力度不足。通过受访者对高校提供的组织工作、宣传工作、工作安排、人员配备、资金、办公场地、活动场所支持、岗位设置等八项内容的评价来看，调研对象对所在高校的指导、服务和保障工作满意度并不高，有超过四成的受访者没有打出最高分。宣传渠道不畅、组织工作乏力，直接导致很多大学生对岗位性质、工作内容存在众多不确定，进而影响了勤工助学活动的发展效果。

高校要进一步理顺体制机制，为勤工助学工作提供更为全面、扎实的支持和保障,不仅让学生有勤工助学工作可以做,更要健全完善勤工助学管理体系,激发出制度的生产力。

(4)大学生勤工助学管理体系协同性尚显乏力

勤工助学管理体系是一个需要多部门协同的系统,但高校内部的协同运转并不充分。学校分管领导、资助中心和用工部门管理应形成工作合力,共同促进勤工助学工作健康有序开展。从调研来看,各部门间的协同性还不够。课题组向受访者询问对于宣传、学工、研工、财务、人事、二级学院等部门在勤工助学问题上协同配合的问题,结果显示,受访学生认为高校部门间的配合程度"非常高效"占32.56%,仍有15.6%的受访学生认为系统配合一般、比较低效,甚至非常低效。院系是做好高校勤工助学工作的重要支撑。目前,院系在大学生勤工助学管理体系中的作用尚未有效发挥,主要表现在:一是经费投入不够,人员保障不足;二是缺少细致有效的评价机制,激励手段有限;三是管理人员不稳定,工作无法深入扎实开展,院系的管理优势没有得到有效发挥。

勤工助学活动应在高校多部门的协调配合下有序、高效推进,对勤工助学活动的宣传、岗前培训、岗位设置、薪资发放等各个环节都应落实到位。对于高校勤工助学管理来说,一方面要确保专项资金、办公场地、活动场地、相关工作人员配备等保障措施到位,只有在具有一定条件和基础之上,勤工助学的效果才能发挥。另一方面要激发勤工助学的效能,制度体系和条件保障的建设最终是为了提升学生的综合素质,只有在多部门的系统配合之下,才能保证制度运转顺畅,投入的资金、场地得到充分运用,学生的物质报酬、情感体验和认知态度才能有进一步的发展。

五、加强新时代大学生勤工助学管理体系建设的对策研究

加强新时代大学生勤工助学管理体系建设,坚持党的领导是根本,完善制度建设是保障,加强队伍建设是关键,促进信息化建设是支撑。必须坚持以人为本、德育为先的育人理念,坚持把勤工助学作为思想价值引领的重要实践,让学生在勤工助学中受教育、长才干、做贡献,立大志、明大德,做奋斗者和实干家,提升思想政治素质,不断释放勤工助学"三全育人"效

能，着力彰显加强新时代大学生勤工助学管理体系建设的时代意义。

（一）坚持和加强党对大学生勤工助学工作的组织领导

坚持和加强党对大学生勤工助学工作的组织领导，是实现党对高校全面领导的根本遵循，也是建立健全新时代大学生勤工助学管理体系的根本保障。新时代大学生勤工助学作为铸魂育人工程，举旗定向至关重要。实现党对高校工作全方位的领导与管理，要求强化党对大学生勤工助学工作的领导与管理，发挥把方向、作决策、保落实的作用。

高校党委要充分认识做好勤工助学管理的领导责任和政治责任。一方面要加强顶层设计与整体谋划，强化部门联动。建立健全勤工助学管理体制，成立专门的校院勤工助学机构、勤工助学领导小组，形成合力。另一方面要加强智力支持与经费保障。聚集专家、学者，成立勤工助学研究小组，深化工作研究。设立勤工助学专项资金，加大配套设施和经费保障投入，在工作安排、人员配备、资金落实、办公场地、活动场所及助学岗位设置等方面给予大力支持，为学生勤工助学活动提供指导、服务和保障。

高校要将勤工助学工作作为大学生思想政治教育的重要途径，作为全员育人、全过程育人的有效平台，把勤工助学活动与理论知识教育、社会实践、思想政治教育、校园文化建设等环节结合起来。在廓清内涵上下功夫，把思想教育与价值引领放在首位，纠正"参加勤工助学就是家庭经济贫困学生""参加勤工助学就是为了赚钱"等认知偏差，引导广大师生准确把握勤工助学的工作内涵。要在育人赋能上下功夫，把自立自强、无私奉献、艰苦奋斗等精神融入勤工助学全过程。

（二）建立健全大学生勤工助学工作的管理机制

建立健全新时代大学生勤工助学管理体系既要发挥党组织在铸魂育人的领导核心作用，提升各级领导干部的思想认识，也需要增强制度供给，释放制度激励与治理效能，实现勤工助学本质回归。

1. 完善勤工助学制度体系。制度是责任的保障

任何一项工作的有效开展都离不开明确的规章制度，完善规章制度是勤工助学规范化管理的保障，着力把规章制度贯穿勤工助学管理的全过程、各方面，使得勤工助学工作在管理过程中有章可循、有法可依。一是要遵循劳

动育人与思政教育相融合的原则，突出立德树人根本任务，彰显新时代勤工助学的指导思想与宗旨。二是要遵循工时定岗和需求定岗相结合的原则，厘清实施主体与参与主体的基本职责。三是要遵循目标管理与过程管理相统一的原则，从招聘办法、岗前培训、在岗监管、效果反馈等环节着手，体现程序正义，明确工作内容，增强责任意识。

2. 完善科学的岗位设置体系

科学合理的岗位是释放勤工助学育人功能的前提和基础。新时代勤工助学岗位的设置要与社会需要适应，与校园文化相融合，与学生发展相对接，增强知识型、创新型、技能型岗位供应，以岗位的科学性疏导"造血"功能。倡导勤工助学与专业学习相结合，使勤工助学成为学业赋能的有效途径；倡导勤工助学与实践锻炼相结合，使勤工助学成为增长见识、增长才干的重要平台；倡导勤工助学与创新创业相结合，使勤工助学成为能力拓展的实践基地；倡导勤工助学与科研育人相结合，使勤工助学更好助力研究生成长成才。在勤工助学管理体系设计中结合大学生自身专业科研发展，实现"资助"与"科研""教学"相结合，在参与勤工助学的过程中系统性地培养研究生科研能力、教学助理能力与科学家精神，打造具有科研与教学意义的专业化资助平台，将参与勤工助学大学生的学科特点贯穿于勤工助学岗位设计之中。通过完善科学的岗位设置体系，将"勤工"重心转移至"育人"，"助学"重心转移至"赋能"，凸显出发展型资助工作的本质。

3. 完善考核评价机制

贯彻落实《高等学校勤工助学管理办法（2018年修订）》文件精神，发挥勤工助学育人功能，建立一套以"育人"为核心的科学、完整的勤工助学评估考核指标体系。坚持把思想政治素质放在首位，将季度考核与年度考核相结合，构建能力、素质、品德、知识于一体的四维评价体系。注重过程评价和正面肯定，坚持正面激励与反面教育相结合，物质激励与精神激励相结合。

（三）加强勤工助学管理队伍建设

加强勤工助学管理队伍建设是建立健全勤工助学管理体系的关键。高校应将勤工助学管理队伍建设作为勤工助学管理的基础工作，遵循育人规律和学生主体地位，坚持教师管理与学生自我管理相结合，发挥教师在勤工助学管理中的主导作用和学生自我管理的主体作用。

1. 加强勤工助学用工部门教师管理队伍建设

坚持做到让每"一段渠"履行"教育育人、服务育人、管理育人"的职责。抓好教育培训，用好价值导向。坚持把思想政治教育摆在勤工助学用工部门教师管理队伍建设的首位，用社会主义核心价值体系武装用工部门教师管理队伍的头脑，提高做思想政治工作的意识和能力，让用工部门教师在勤工助学活动中坚持思想教育与业务指导相结合的原则，发挥育人作用。

2. 加强勤工助学专职管理人员队伍的建设

配齐配强专职管理人员，增强勤工助学管理力量。严把素质能力关，聚焦"培育、选用、管理、使用、考核"等环节加大政策支持力度，作出制度安排，引导专职管理工作人员在勤工助学管理岗位上走向职业化、专业化的发展道路。

3. 加强勤工助学学生管理队伍建设

着力构建"自我管理、自我教育、自我服务"的助学模式。高校应采取多种多样的教育方式，打造出一支信仰坚定、思想觉悟高、专业能力强的学生管理组织，发挥学生在勤工助学日常管理、过程跟踪、监督反馈中的主体作用。

（四）加强勤工助学管理信息系统建设

建设勤工助学管理信息系统，是解决勤工助学管理问题的有效途径。以信息化支撑勤工助学管理体系建设，是建立健全勤工助学管理体系的重要手段。高校应重视运用现代信息技术，积极推动勤工助学管理与互联网融合发展，推动现代信息技术在勤工助学管理中的应用，提高基础设施支撑能力，促进勤工助学管理现代化。一方面要加大信息化建设经费投入，强化经费投入的育人导向。建立集用户管理、岗位管理、申请管理、审核管理、酬金管理、统计分析、经费管理于一体的勤工助学信息化平台，打造"一站式"勤工助学服务体系，打通审批服务"中梗阻"，促进大学生勤工助学管理工作的科学化、效率化和智能化。加强勤工助学数据规范管理，促进勤工助学数据开放共享，强化勤工助学数据质量保障，提升勤工助学管理效能，让网络信息化在完善档案、动态管理、跟踪培养环节中发挥作用。另一方面要加强"两微一端"建设，与勤工助学信息化平台互联互通，形成符合学生思想特点的勤工助学信息化管理体系，实现管理审批服务"一站办"，申请查询服务"指尖办"，满足学生对更精准、高效、便捷、周到的勤工助学信息服务需求，使高频事项"打包即办"、所有事项"线上可办"，更好将勤工助学服务触角延伸到学生身边。

大学生勤工助学是高校学生资助体系的一部分，是目前高校最具有生命力的资助方式之一。与其他资助方式相比，这种资助方式的生命力价值不只是体现在"输血式"的显现结果，让学生能够摆脱求学过程中物质上的困扰；更可贵的是具有"造血式"资助的隐性结果，即通过勤工助学实践活动达到育人的目的。只有把育人理念贯穿于大学生勤工助学组织领导、管理服务、思想引领的全过程，才能把这个隐性功能发挥好，培养合格的社会主义的建设者和接班人。

（执笔：上海中医药大学课题组）

后　记

为总结宣传推广上海高校资助育人工作的好做法和好经验，不断提升上海高校资助工作水平，加强资助工作队伍建设，特出版本书。

2021年3月，上海市教育委员会印发《关于征集2020年度上海高校资助育人典型案例的通知》，得到了上海各高校相关部门及资助工作者的鼎力支持和热烈响应，提供了诸多有特色、有创新、有实效、可借鉴、可推广的理论研究和典型案例。次年，东华大学在此基础上牵头征集，上海各高校进一步供稿，使得本书在编撰过程中获得大量宝贵素材和优秀成果。上海市教育委员会联合东华大学共同策划和主持了本书的选编工作。东华大学出版社周德红、周慧慧负责全书的编辑整理，并为本书的出版提供了大力支持。在此向各位付出辛劳的同志表示衷心的感谢。

由于本书篇幅有限，还有一些优秀稿件未能收入，恳请作者谅解。同时由于时间仓促，不足之处在所难免，恳请广大读者批评指正。

本书编委会
2022年12月